Compreensão da Realidade Brasileira

CONSELHO EDITORIAL
Ana Paula Torres Megiani
Eunice Ostrensky
Haroldo Ceravolo Sereza
Joana Monteleone
Maria Luiza Ferreira de Oliveira
Ruy Braga

Compreensão da Realidade Brasileira

Marcello Simão Branco
(Organização)

2ª edição

Copyright © 2020 Marcello Simão Branco (org.)

Grafia atualizada segundo o Acordo Ortográfico da Língua Portuguesa de 1990, que entrou em vigor no Brasil em 2009.

Edição: Haroldo Ceravolo Sereza
Editora assistente: Danielly de Jesus Teles
Projeto gráfico, diagramação e capa: Danielly de Jesus Teles
Assistente de produção: Emerson Dylan
Assistente acadêmica: Tamara Santos
Revisão: Alexandra Colontini
Imagens da capa: *Fotografia de Daniel Monteiro Huertas*

CIP-BRASIL. CATALOGAÇÃO NA PUBLICAÇÃO
SINDICATO NACIONAL DOS EDITORES DE LIVROS, RJ

C736
2. ED.

Compreensão da realidade brasileira / organização Marcello Simão Branco. - 2. ed. - São Paulo : Alameda, 2020.

364 p. ; 21 cm.

Inclui bibliografia

ISBN 978-65-86081-74-9

1. Brasil - Condições sociais. 2. Brasil - Condições econômicas. 3. Brasil - Condições políticas. I. Branco, Marcello Simão.

20-62190   CDD: 320.981
              CDU: 32(81)

ALAMEDA CASA EDITORIAL
Rua 13 de Maio, 353 – Bela Vista
CEP 01327-000 – São Paulo, SP
Tel. (11) 3012-2403
www.alamedaeditorial.com.br

Sumário

7   Apresentação: perspectiva multidisciplinar sobre a realidade brasileira
Marcello Simão Branco

15   Formação do Estado e identidade no Brasil
Julio Cesar Zorzenon Costa

45   Cidadania e movimentos sociais no Brasil: da Monarquia à República dos privilegiados (1822-1930)
Claudia Moraes de Souza

79   Tradição autoritária e prática democrática no Brasil
Fábio Venturini

101   Democracia e instituições políticas brasileiras pós-1988
Marcello Simão Branco

137   O processo de desenvolvimento do capitalismo no Brasil
Julio Cesar Zorzenon Costa e Cláudia Alessandra Tessari

201	A fratura das desigualdades e o papel do Estado
	Murilo Leal Pereira Neto
225	Do "arquipélago econômico" ao padrão urbano-industrial: explosão demográfica e urbanização caótica
	Daniel Monteiro Huertas
279	A Política Externa Brasileira e a Busca por autonomia no Sistema Internacional (1961-2010)
	Ismara Izepe de Souza
309	As políticas externa e de defesa do governo Lula
	Flávio Rocha de Oliveira
331	O Brasil ainda é um país de Terceiro Mundo?
	Daniel Monteiro Huertas
357	Sobre os autores

Perspectiva multidisciplinar sobre a realidade brasileira

Marcello Simão Branco

País grande em termos territoriais, com fartos recursos naturais e biodiversidade, população com pouco mais de duzentos milhões de habitantes, entre as maiores economias do mundo, com alta desigualdade social e regional, num regime democrático ainda em processo de amadurecimento, e com atuação externa influente do ponto de vista regional.[1]

Pois se seria possível sintetizar nestas quatro linhas um perfil instantâneo das características do Brasil contemporâneo, estaríamos

---

1 Parte destas características faria do Brasil um "país-baleia", como chamou George Keenan aqueles com território continental, superpopulação, fartos recursos naturais e economia pujante. Os outros seriam Austrália, Canadá, China, Estados Unidos, Índia e Rússia. Ver George Keenan em *Around the Cragged Hill*. W.W. Norton, 1993.

correndo sério risco de simplificação. E o que sugere justamente as peculiaridades acima é que nosso país não é simples de se explicar. Afinal já não dizia Tom Jobim que "o Brasil não é para principiantes"?

Neste início de século XXI, próximo de completar duzentos anos de independência política, o Brasil apresenta grandes transformações em termos políticos, sociais e econômicos que impressionam em termos quantitativos em qualquer plano de comparação internacional. Mas aos supostos êxitos de algumas áreas, o país convive com profundas contradições, que permanece desafiando os políticos, empresários, sindicalistas, ambientalistas, professores, cientistas, jornalistas e intelectuais que buscam alternativas para o país convergir nos mais diferentes segmentos. Como entre crescimento econômico e desenvolvimento social, instituições políticas estáveis e com mais participação popular, um Estado mais republicano e aberto às demandas sociais, além de uma inserção internacional mais soberana e integrada aos problemas internacionais, seja de caráter regional ou global.

Este livro, *Compreensão da Realidade Brasileira* procura se debruçar sobre estas questões não resolvidas, em processo de desenvolvimento, e que pedem mais pesquisa e reflexão da parte, em particular, dos historiadores, cientistas sociais e economistas preocupados com as diferentes realidades, contradições e perspectivas sempre abertas numa sociedade como a brasileira.

Nesse sentido se o país está eivado de grandes questões e algumas de complexa solução ou encaminhamento, nada mais promissor do que adotarmos uma linha de reflexão e abordagem multidisciplinar, que congregue diferentes saberes, de forma ora convergente, ora divergente para ajudar a procurar respostas e possíveis caminhos para os problemas brasileiros.

Menos do que o resultado de um projeto de pesquisa, este volume reúne a reflexão realizada por professores que têm se voltado às questões brasileiras nas salas de aula, de forma didática, reflexiva e sempre atentos às constantes transformações que ocorrem no Brasil, principalmente na política, na economia e nas relações internacionais. Mas tendo sempre em perspectiva o contexto social e histórico que informa e condiciona as mudanças em curso.

A ideia deste livro surgiu em decorrência da experiência letiva dos docentes do Departamento Multidisciplinar da Escola Paulista de Política, Economia e Negócios da Universidade Federal de São Paulo (Eppen/Unifesp), campus de Osasco, que trabalham (ou já trabalharam) com esta disciplina cujo nome completo é "Compreensão da Realidade Brasileira e as Relações Internacionais", e é oferecida aos cursos de graduação do campus.

Contudo, pela abrangência dos temas tratados, acreditamos que este livro também pode ser útil para alunos de cursos de graduação em Ciências Sociais, Geografia e História, mais voltados a uma ciência social (ou humana) *strictu sensu*.

Como o título do livro já sugere, ele é vasto e aberto a diferentes abordagens e recortes. Podem-se abordar problemas brasileiros sobre a perspectiva histórica, política, sociológica, antropológica, geográfica, econômica, só para citarmos as abordagens do conhecimento acadêmico que, por certo, não esgota ou limita outras abordagens. É só lembrarmos as vigorosas contribuições das artes e, em particular, da literatura de nosso país.

Nesse sentido o conjunto de capítulos deste livro aborda criticamente os problemas da realidade brasileira a partir de três recortes temáticos que se relacionam entre si, porque influem uns nos outros.

O primeiro analisa os fatos políticos mais relevantes do país, procurando entender as grandes características da formação do Estado nacional e de nossa identidade até a emergência do Brasil de meados do século XX, marcado por grande instabilidade política, o que nos levou a ciclos de crescimento do eleitorado por um lado, e regimes discricionários por outro. Até chegarmos ao momento histórico mais recente, o da redemocratização, em que temas como justiça social, cidadania, governos e instituições políticas são estudados dentro de uma concepção que valoriza a democracia como tendo valor em si mesma. Uma das grandes questões da trajetória política brasileira tem sido sobre quem tem o poder, como chega a ele e o exerce. Como se sabe a experiência democrática, em termos históricos, é minoritária, chega à cerca de um quarto da vida do país independente, e várias tentativas de mais participação popular nas instâncias de poder resultaram em crises institucionais e regimes de exclusão. Como garantir mais participação política com respeito a todos os segmentos e traduzir esta participação em políticas públicas que democratizem de fato as instâncias da sociedade? Vivemos, de fato, o mais longo período de regime democrático no país, mas esta questão continua sensível, como atesta as crises institucionais que vez por outra resurge, como a recente de 2016.

O segundo tópico temático analisa as características socioeconômicas que marcam o desenvolvimento do capitalismo no país. Talvez a questão central a ser formulada é por que o Brasil é um país tão concentrado em sua renda e, por consequência, tão desigual em termos sociais e regionais? O que permitiu que o Brasil construísse um capitalismo vigoroso num ciclo de crescimento de aproximadamente meio século, mas que, ao invés de melhorar a qualidade de vida da população, em muitos sentidos só aumentou a distância social entre os ricos e os mais pobres? Em que sentido podemos pensar que esta alta desigualdade de renda é responsável pela instabilidade política do país que vez por outra ressurge? Mais recentemente, de 1988 para cá, o país tem enfrentado o desafio de reduzir esta desigualdade, mas ainda a passos lentos, embora possamos afirmar que, independentemente da estratégia de ação de governo adotada, é uma questão que está na agenda política do país neste século XXI.

O terceiro recorte temático de *Compreensão da Realidade Brasileira* procura abordar a história do país da perspectiva dos temas da política externa. Desde a formação do território nacional e suas fronteiras, até questões importantes que permeiam o pensamento político brasileiro em termos internacionais, como a valorização de relações pacíficas, influência na América do Sul e na África Sub-Saariana, temas geopolíticos como, por exemplo, a Amazônia e a defesa dos recursos energéticos e da biodiversidade, são analisadas por diferentes prismas, próprios de um país grande e complexo como o Brasil.

Por sua própria natureza geográfica o país sempre ocupou uma posição estratégica no *mapa mundi* das nações, evidente por representar sozinho o quarto país com a maior extensão territorial contínua do mundo. Mas nem sempre os temas tradicionalmente defendidos pela diplomacia do Itamaraty foram seguidos pelas ações dos governos, em especial quando nos períodos de populismo e autoritarismo. Ao jogo de interesses de Getúlio Vargas para obter o melhor quinhão entre os Aliados e as forças do Eixo para decidir a quem apoiar na Segunda Guerra Mundial, às ambiguidades entre uma política externa mais independente e outra mais alinhada aos interesses norte-americanos no contexto da Guerra Fria, até a busca por uma reorientação de rumos a partir da redemocratização, ora numa linha mais globalizada, ora numa mais nacionalista, o Brasil vive uma espécie de pêndulo como a que traduzir as diferentes orientações ideológicas dos grupos que chegam ao poder, a despeito de procurar seguir alguns conceitos tradicionalmente definidos pela diplomacia desde longa data.

Procuramos contemplar cada um destes três recortes temáticos abordando com a vantagem de uma perspectiva multidisciplinar, que vá além dos conhecimentos muito segmentados, mas que não recaiam numa generalização excessiva. Ao contrário, pela própria dificuldade do Brasil em superar problemas históricos ao mesmo tempo em que convive com desafios contemporâneos, estas diferentes análises podem ajudar a compor um mosaico mais integrado sobre os diversos aspectos que compõe uma compreensão mais acurada e estimulante das possíveis realidades brasileiras.

O livro está organizado de acordo com os temas tratados pelos autores, com o intuito de acentuar um diálogo entre os capítulos, mas com preservação do recorte sequencial da disciplina, entre política, economia e relações externas. Em todo caso, nada impede que os textos sejam lidos e aproveitados de forma aleatória conforme a opção ou necessidade do leitor.

Assim, os quatro primeiros textos tratam de temas e problemáticas voltadas a questões históricas, políticas e sociais: formação do Estado e identidade nacional, histórico das lutas sociais no contexto de um Estado política e socialmente excludente, tensão entre uma tradição autoritária e os desafios por mais cidadania e participação, das características e desafios do presente momento democrático, principalmente do ponto de vista do funcionamento das instituições políticas, e da relação sempre problemática entre Estado e sociedade.

O texto seguinte adentra nos temas socioeconômicos. São apresentadas as principais características da formação e desenvolvimento do capitalismo industrial brasileiro, responsável pelo salto de crescimento de transformação material que permitiu ao país realizar sua transformação do modelo tradicional para o moderno. Mas que, não reduziu de forma importante as mesmas carências sociais e contradições historicamente estabelecidas do período pré-industrial. Afinal como crescer no contexto do capitalismo com desenvolvimento socioeconômico?

Já o texto seguinte aborda a questão da concentração de renda e das desigualdades que se transformam historicamente, com uma contínua redução, mas a patamares modestos, que não se resolvem. Com isso o capítulo procura expor um quadro mais claro sobre as contradições e possíveis rumos para a economia e a sociedade brasileira. Na sequência o terceiro texto analisa questões relacionadas com o processo de integração territorial do país, a partir do enorme crescimento da população brasileira – especialmente a partir da segunda metade do século passado –, e das estratégias para dinamizar a produção econômica. Discute-se a formação e desenvolvimento de um arquipélago econômico, que procurou aproximar em termos de infraestrutura – transportes, sobretudo –, as diferentes regiões do país. Como os problemas não resolvidos desta estratégia ajudou a conformar uma explosão demográfica e, por consequência, uma urbanização considerada caótica, menos fruto uma ação corretiva do Estado, e mais de interesses capitalistas de curto prazo. Neste quadro o país segue desigual em termos regionais e com metrópoles que acumulam problemas sociais de toda ordem.

Já os três capítulos finais trabalham com assuntos voltados às relações internacionais do país. O primeiro texto traça uma breve trajetória dos principais temas do desenvolvimento da política externa no país, e o amadurecimento dos seus principais conceitos e ações, para a seguir explorar de forma mais específica as diferentes estratégias adotadas de meados do século XX para cá. Ora com uma política externa independente, ora com um alinhamento automático, até mais recentemente com debates e rumos buscados a partir da redemocratização, seja mais internacionalista ou nacionalista. Toda uma tradição que continua influindo nos dias de hoje sobre as políticas e decisões sobre o papel do Brasil nos mais diversos e complexos assuntos da agenda internacional neste início de século XXI.

Após este primeiro texto, os dois seguintes procuram problematizar alguns temas mais contemporâneos sobre o Brasil em termos de sua política externa e relevância no mundo. O segundo faz uma análise sobre as políticas de defesa e externa a partir da chegada do Partido dos Trabalhadores (PT) ao poder em 2003, em especial no primeiro de seus governos, o de Luiz Inácio Lula da Silva. Já o texto que encerra o livro faz uma reflexão mais geral a respeito de qual a condição política e econômica do Brasil no concerto internacional, para além dos rótulos e classificações mais ligeiras, de modo a refletir se somos ou não ainda um país periférico no contexto global. Afinal, em que posição se encontra o Brasil no contexto político e econômico nesta primeira metade do século XXI?

Compreensão da Realidade Brasileira vem a se somar aos muitos esforços no sentido de melhor entender os problemas e perspectivas do país. Sem a ingênua pretensão de apresentar respostas definitivas, procuramos, ao menos, partir de uma perspectiva multidisciplinar para, ao invés, estimularmos novas perguntas sobre a nossa realidade. Com isso, esperamos que o livro possa ser um guia útil e instigante em que os saberes dialoguem entre si nesta tentativa de esclarecimentos sobre alguns dos principais problemas do Brasil. Seja do ponto de vista da formação dos alunos de graduação dos mais diferentes cursos de ciências humanas e sociais, quanto para possíveis aplicações didáticas dos professores e pesquisadores voltados a estas áreas, assim como, e principalmente, para todo pesquisador e cidadão consciente preocupado com as várias realidades brasileiras que desafiam a nossa ansiedade e imaginação em busca de um país mais justo, igualitário e desenvolvido.

Formação do Estado e identidade no Brasil

Julio Cesar Zorzenon Costa

A questão da relação entre formação do Estado e identidade no Brasil remete à convivência de um conjunto numeroso de pessoas, num determinado território, sob as mesmas instituições, com hábitos, valores, produção cultural e sentimentos que as unifiquem. Sendo assim, essa questão remete, também, à clássica problemática da relação entre Estado e Nação na América Latina, particularmente, no caso deste texto, no Brasil.

Isso porque, embora a expressão Estado nacional indique a imbricação entre Estado e Nação, essas duas instâncias apresentam evidente autonomia entre si. O conceito de Estado refere-se à existência de um poder político que exerce soberania no interior de um território definido (Bresser-Pereira, 2010:5). Já o conceito de Nação envolve os aspectos que procuram estabelecer a coesão e unificar os habitantes desse território definido, como afirma Octávio Ianni (1988:1):

> A Nação pode ser vista como uma configuração histórica, em que se organizam, sintetizam e desenvolvem forças sociais, atividades econômicas, arranjos políticos, produções culturais, diversidades regionais, multiplicidades raciais. Tanto o hino, a bandeira, o idioma, os heróis e os santos, como a moeda, o mercado, o território e a população adquirem sentido no contexto das relações e forças que configuram a Nação.

O Estado nacional, ou seja, o poder político e a organização jurídica impessoal atuantes de maneira centralizada, num território de dimensões mais amplas, ou seja, de um território que ultrapassa os antigos domínios provinciais, onde se exerce um poder de características senhoriais e particularistas, no qual as leis e as instituições baseavam-se nos costumes locais, é um fenômeno cuja gênese e desenvolvimento estão claramente demarcados no espaço e no tempo. Sua origem localiza-se na Europa Ocidental, no período final do feudalismo e de paulatino desenvolvimento do capitalismo. A emergência do Estado nacional, também conhecido como Estado Moderno vincula-se, pois, às transformações socioeconômicas e culturais ocorridas na passagem das chamadas Idades Média e Moderna, a partir do final do século XIV e início do século XV, mas principalmente a partir do século XVI.

Do ponto de vista social, o desenvolvimento do Estado nacional esteve relacionado ao contínuo crescimento numérico, do prestígio e da importância de uma camada social que estava se especializando em praticar atividades comerciais, tanto de longa quanto de média e curta distâncias. Camada social essa que ganhava forte impulso nos períodos acima discriminados, de crise e dissolução das relações sociais de produção baseadas na servidão e nos quais ocorria, também, o enfraquecimento social e político dos nobres provinciais.

Do ponto de vista econômico, o surgimento do Estado nacional esteve relacionado à necessidade de superação dos obstáculos que dificultavam o desenvolvimento do comércio, o que ensejou a necessidade de padronização de pesos, medidas e moedas num território definido, onde se estabeleciam intercâmbios comerciais. Tal processo implicou, simultaneamente, a garantia de exclusividade no mercado, definido por esse território, a um determinado grupo de mercadores, aqueles que atuavam naquele território nacional. Além disso, para que os fluxos comerciais se intensificassem, era necessário, também, superar as barreiras senhoriais, que se estabeleciam por meio de cobranças de taxas e pedágios, ao livre trânsito de mercadorias, concentrar recursos para investimentos em estradas que ligassem mais rapidamente os pontos de comercio e constituir um corpo de funcionários que garantisse a segurança no transporte e certa lisura nas negociações. Daí a necessidade de centralização da administração dos recursos e da arrecadação de tributos.

Do ponto de vista cultural, o Estado nacional vai assumindo um papel importante na articulação e estabelecimento de padrões de convivência entre grupos sociais culturalmente distintos que passaram, devido ao maior intercâmbio de mercadorias e deslocamento de trabalhadores, a estabelecer relações mais constantes entre si. Dessa forma, o Estado Moderno foi construindo instituições que, aos poucos, foram criando um domínio público nacional. Domínio esse que começará a atingir sua plenitude no século XVIII, quando os princípios do liberalismo, principalmente os do individualismo, da liberdade e da igualdade jurídicas, passam a ter a sua validade legal fortemente reivindicada e, em alguns casos, conquistada por expressivos setores de distintas sociedades europeias.

É possível afirmar, portanto, que o Estado nacional configurou-se no processo de gênese e desenvolvimento do capitalismo moderno e, reversivamente, também se tornou um elemento essencial no processo de constituição dessa forma de organização societária que é o capitalismo.

Assim, o processo de formação do Estado nacional, em consonância com o desenvolvimento histórico do capitalismo, é também o processo de constituição de territórios que foram definindo suas fronteiras políticas; que passaram a ser regulados por instituições que foram se tornando racionalmente orientadas; e habitados por um conjunto de pessoas que vão se reconhecendo como um povo, criando novas relações sociais que, apesar de terem o individualismo e a impessoalidade por base, foram ensejando, também, valores, sentimentos e expressões culturais comuns. Tudo isso articulado por intercâmbios internos, sustentados por economias de mercado cada vez mais complexas.[1] Enfim, o Estado Nacional pressupõe a existência de uma identidade entre contingentes os quais que habitam o mesmo território politicamente organizado e que, pelo menos em sua maioria, aceitam e se identificam com as instituições operantes.

Entretanto, essa modalidade de capitalismo e sua forma correspondente de Estado, o chamado Estado moderno, que foram acima apresentados, de maneira bastante estereotipada e modelar, são frutos de um determinado tipo de relações econômicas, arranjos sociais e estruturas políticas que se realizaram, somente, em uma pequena parte do globo: a Europa ocidental, principalmente em sua parte Norte (Nunes, 2010:25).

A América Latina, e o Brasil em particular, resultam de outra variante histórica no processo de sua inserção no capitalismo.

---

[1] É importante lembrar que esse processo não ocorreu sem traumas. A definição das fronteiras dos Estados europeus resultou em grandes conflitos bélicos. Até os dias atuais existem conflitos nacionais no interior de vários Estados europeus.

O capitalismo cuja gênese se deu na Europa Ocidental foi, em seu desenvolvimento histórico, submetendo outras partes do mundo à sua estrutura de funcionamento, pois "tendo como característica essencial de sua espacialidade a expansão constante, esse modo de produção (o capitalismo) tende a colocar cada vez mais lugares sob a órbita do capital" (Moraes, 2011:19). Assim, a característica expansionista desse sistema socioeconômico, a sua tendência em ocupar e a se estabelecer em todos os quadrantes do globo, nos permite falar em diferentes vias históricas de desenvolvimento e inserção de capitalismo (Moraes, 2011:23).

A via histórica de desenvolvimento do capitalismo na América Latina, e no Brasil em particular, foi a chamada Via Colonial,[2] ou seja, o desenvolvimento histórico do capitalismo nessa porção específica do globo associou-se ao processo de colonização praticado e patrocinado pelas por alguns Estados Nacionais europeus, principalmente os pioneiros na Expansão marítima-comercial: Portugal e Espanha.[3] Isso implica reconhecer que a relação entre Estado e Nação, na América Latina e no Brasil apresentará diferentes características e problemáticas próprias, devidas ao seu enquadramento histórico, que é distinto do caso europeu.

Colonização e formação do Estado nacional na América Latina e no Brasil

A formação das sociedades, das nações e dos Estados Nacionais latino-americanos é resultado do longo e contraditório processo de colonização empreendido pelos Estados Nacionais europeus sobre as terras americanas. Esse processo localizou-se historicamente du-

---

2 Antonio Barros de Castro apresenta a possibilidade de 5 vias de desenvolvimento histórico do capitalismo nas diferentes partes do mundo (Castro, 1968, cap. 1).

3 Outros estados nacionais participaram da conquista e da exploração colonial na América, mas a primazia coube a esses estados nacionais

rante o chamado período moderno, entre o início do século XVI e o período logo posterior às Revoluções Industrial e Francesa, nas três primeiras décadas século XIX. Tal processo colonizador, que esteve sob a influência das concepções mercantilistas e acelerou a acumulação primitiva de capital em mãos da burguesia comercial europeia, foi denominado, por alguns de seus principais estudiosos, de "Antigo Sistema Colonial".[4]

O antigo sistema colonial foi resultado do processo de expansão marítimo-comercial de jovens Estados Nacionais europeus, ocorrido a partir de finais do século XV, no início, portanto, dos chamados tempos modernos. Essa expansão marítimo-comercial teve dois desdobramentos fundamentais: a exploração comercial e a exploração colonial. O primeiro destes desdobramentos ocorreu nos entrepostos comerciais das costas africanas e principalmente na parte leste do oceano índico. Não necessitou do estabelecimento de posses territoriais de grandes dimensões, pois as mercadorias a serem transferidas ao mercado europeu eram produzidas pelos povos habitantes dessas regiões (Novais, 1988:48).

O segundo processo ocorreu na América, principalmente na região situada em sua zona intertropical. Tais áreas não apresentavam, de início, interesses comerciais. Os primeiros habitantes encontrados possuíam pequeno desenvolvimento das forças produtivas, viviam quase em sua totalidade da caça e da coleta, e, por isso, não praticavam comércio. Tal território, dessa forma, num primeiro momento, foi sendo lentamente devassado e permaneceu muito pouco povoado.

---

4 Caio Prado Jr, Fernando Novais, José Roberto do Amaral Lapa são exemplos de autores que denominam o conjunto de relações estabelecidas entre as metrópoles europeias e as colônias americanas, no período situado entre o século XVI e o início do século XIX, de Antigo Sistema Colonial.

O interesse e a necessidade de garantir a posse de territórios, o que fazia parte da lógica geopolítica dos impérios que os modernos Estados Nacionais estavam constituindo, e a descoberta, por conquistadores espanhóis, de metais preciosos na meseta mexicana e, posteriormente, nos altiplanos andinos, fizeram com que a Espanha e Portugal organizassem estratégias econômicas que viabilizassem a posse territorial da América intertropical, garantindo seu poder sobre essas áreas. É importante ressaltar que as regiões onde os metais preciosos foram encontrados, eram habitadas por povos bastante desenvolvidos do ponto de vista das forças produtivas, que apresentavam, também, alta densidade populacional, especialização ocupacional, com estratificação social e distinção entre vida rural e urbana

Essas estratégias de ocupação territorial levaram à necessidade de organização de uma estrutura mais complexa. Essa estrutura não se voltava a intervir, apenas, na esfera da circulação de mercadorias, como ocorria com a exploração comercial nas costas africanas e na região índica, mas a organizar, também, um novo sistema econômico que envolvia a posse e o povoamento do território e a produção, a distribuição, a circulação e o consumo de mercadorias (Novais, 1988:47). Dessa forma, a viabilidade da ocupação territorial das terras americanas seria garantida pela extração e principalmente pela produção, nas colônias, de mercadorias destinadas a serem comercializadas no mercado europeu.

A exploração colonial, dessa forma, além de garantir a efetiva posse territorial e o povoamento de grandes áreas na América, permitindo a cobertura dos custos impostos por essa ocupaçao, comportou-se, também, com a criação de capacidade produtiva, como retaguarda econômica dos Estados Nacionais europeus infantes. Ao permitirem a produção ou extração, em suas colônias, de mercadorias sem similares em outras economias nacionais europeias, a exploração colonial favorecia a sua metrópole na acirrada disputa comercial pelos mercados na Europa.⁵ Para tal, a produção da colônia deveria ser realizada a baixo custo e em grande quantidade. Essa condição necessária da produção da colônia levou ao estabelecimento de uma organização econômica baseada na grande propriedade, na priorização da produção monocultora destinada ao mercado externo e na introdução de relações não livres, ou compulsórias, de trabalho. Tal organização econômica foi submetida a rígidas normas que explicitavam as tentativas de controle, tanto no que refere à subordinação política quanto à exclusividade do comércio das áreas coloniais, pelas diferentes metrópoles.

Nas áreas onde, no início da colonização, foram encontrados metais preciosos, os espanhóis introduziram relações de produção servis ou semi-servis, tendo por base o trabalho dos habitantes originais dessas áreas, ou seja, dos povos indígenas. Nas outras partes da América, onde não havia, à primeira vista, mercadorias de alto valor para serem extraídas e onde seria necessário produzir mercadorias agrícolas foram introduzidas, principalmente na parte correspondente ao Império português, relações de produção escravistas com trabalhadores escravizados, traficados do continente africano.

Tal diferenciação, que deu origem a duas modalidades de exploração colonial, é explicada pelas características da população original

---

5   O metalismo, ou seja: a procura da maior concentração de metal nobre em seu país era um dos principais objetivos da concepção econômica mercantilista. Uma das formas de alcançá-lo era por meio da prática do protecionismo aduaneiro. A produção e oferta de mercadorias sem similares nas economias nacionais europeias era a forma de superar o protecionismo praticado por essas economias. Daí a importância das colônias localizadas em regiões climáticas distintas da Europa. Essas colônias permitiam a oferta de mercadorias agrícolas que não eram possíveis de serem produzidas na Europa.

das diferentes partes da América. A primeira modalidade, conhecida como *hacienda*, tornou-se possível pela existência de populações indígenas numerosas, com grande densidade demográfica para a época, que por se encontrarem, basicamente, em áreas anteriormente dominadas pelos impérios Asteca e Inca, praticavam economia de excedentes, possuíam desigualdades sociais e conhecimento das técnicas de extração e de trabalho com mercadorias altamente valorizadas e procuradas no mercado europeu (Moraes, 2011:27). Os conquistadores, nesse caso, tiveram menores dificuldades de utilizar o trabalho dos povos autóctones na exploração colonial.

A segunda modalidade, conhecida por *plantation* ou plantagem, realizou-se em áreas habitadas por povos indígenas que tinham pequeno desenvolvimento das forças produtivas e, por isso, viviam, em sua maior parte, da caça e da coleta, não produziam excedentes econômicos e não possuíam desigualdades sociais e estruturas verticais de dominação. Os grupos tinham um número limitado de pessoas, eram nômades ou sazonais, e espalhavam-se por grandes extensões territoriais, tendo, por isso, baixíssimas densidades demográficas (Moraes, 2011:26). Como conheciam bem o território, a sua captura e seu apresamento eram bastante difíceis e custosos para os conquistadores. Mesmo que fossem capturados, a sua quantidade era geralmente insuficiente para as necessidades de uma agricultura de exportação em larga escala e, por não terem a prática agrícola, a sua produtividade era menor do que a dos trabalhadores escravizados traficados da África. Tais características dos povos indígenas dessas áreas tornavam viáveis, do ponto de vista econômico, o tráfico de escravos africanos, cujas rotas eram dominadas por comerciantes europeus, principalmente, no momento inicial, por portugueses.

A existência dessas duas modalidades de exploração colonial, *haciendas* e plantagem, é de suma importância para o entendimento da relação entre a formação do Estado e identidade na América Latina e, no nosso caso específico, no Brasil. A maior parte das sociedades nacionais da América Latina, principalmente em sua zona intertropical, resulta historicamente de um processo de exploração colonial, que reviveu em seu território determinadas relações sociais que já se encontravam superadas ou em vias de superação na Europa. Ao mesmo tempo estabeleceu formas de relação e de dominação entre seus dois polos do sistema (metrópole e colônia) que, ao longo do tempo, foram assumindo as características de uma relação entre um centro (as metrópoles europeias) e uma periferia (colônias americanas).

Isso porque, como pudemos observar até agora, a exploração colonial, consubstanciada no denominado Antigo Sistema Colonial e organizada na América pelos emergentes Estados Nacionais europeus, durante o chamado período moderno, fez parte de um processo mais amplo. A exploração colonial insere-se no processo histórico de constituição do capitalismo.

Tal processo, vinculado às características expansivas desse sistema, implicou que nas colônias, a estruturação e a dinâmica da exploração colonial, sustentassem-se em relações sociais não capitalistas. Isso porque o capitalismo, mesmo em estágio inicial de sua formação, ao expandir-se territorialmente convive, cria ou recria, nas regiões anexadas, relações sociais que podem, em princípio, parecer incompatíveis ou estranhas a ele, como, por exemplo, as relações compulsórias impostas na América, por meio das duas modalidades de exploração colonial, *haciendas* e plantagem, explicitadas anteriormente.

> [...]a expansividade e plasticidade desse modo de produção (o capitalismo) vem ao centro da análise, como qualidades caracterizadoras dos processos de produção e apro-

priação espaciais. Esse sistema, como posto, possui uma lógica que visa subordinar todas as formas de produção defrontadas em seu avanço territorial, o que não significa de imediato em destruí-las. Ao contrário, o capitalismo em sua expansão demonstrou uma grande capacidade de adaptação e convivência com estruturas que lhes eram estranhas, associando-se ou criando subsistemas que em tese negavam as características constituintes de sua essência. O 'escravismo moderno' intensamente praticado na colonização da América bem exemplifica o quão diversificado podem ser os arranjos produtivos associados ao capital, notadamente nas zonas de expansão recente de sua presença (Moraes, 2011:19).

Dessa maneira, ao contrário da Europa, o processo de desenvolvimento histórico do capitalismo na América, nas áreas onde ocorreu a exploração colonial, não se baseou no desenvolvimento de novas formas de liberdades, no desenvolvimento paulatino dos princípios da igualdade jurídica e do individualismo, como ocorreu na Europa centro-ocidental. Na América Latina, como o outro polo desse mesmo processo, o desenvolvimento capitalista, em sua via colonial, gerou novas formas de sociabilidade que mantinham, criavam, recriavam e intensificavam relações sociais vinculadas à subordinação e à dependência pessoal; à negação da individualidade; e à repressão e ao controle social. Afinal a exploração colonial, vinculada ao processo de desenvolvimento do capitalismo na Europa manteve e/ou (re)criou formas de trabalho compulsório que estavam cedendo espaços no continente europeu ao trabalho livre.

Dessa forma, as identidades, as relações entre grupos sociais, as ideias e as concepções a respeito do povo, bem como as possibilidades de construção do Estado nacional, de suas características e de sua relação com a sociedade sob a qual exercerá poder, foram sendo construídas a partir das especificidades do processo histórico de desenvolvimento e de formação das sociedades latino-americanas que sofreram a exploração colonial.

Embora, portanto, a centralização estatal na Europa, com a correspondente emergência do Estado nacional, e o sistema colonial na América fizessem parte e expressassem duas faces polarizadas de um mesmo processo, ou seja: a formação histórica do capitalismo (Novais, 1988:52), é evidente que a Europa e América Latina conheceram vias distintas de desenvolvimento histórico para esse sistema. Dessa forma, a constituição do Estado nacional e a formação de identidades nacionais na América Latina, e no nosso caso específico, no Brasil, apresentaram, e continuam apresentando, características diferentes do que ocorreu no caso europeu. No caso latino-americano, essas características apresentaram-se com uma complexidade muito maior. Sobre isso, assim se referiu Agustín Cueva (1983:42):

> [...]a edificação de um Estado nacional jamais se realiza no vazio, nem a partir de um maná que se chamaria ´maturidade política´, e sim sobre a base de uma estrutura econômico-social historicamente dada e dentro de um contexto internacional concreto, fatores que não só determinam as modalidades históricas de cada entidade estatal, mas também a maior ou menor tortuosidade do caminho que conduz à sua organização. Construir um Estado sobre o cimento relativamente firme de um modo de produção capitalista implantado em toda a extensão de um corpo social não é o mesmo que edificá-lo sobre a sinuosa topografia de estruturas pré-capitalistas que, por sua própria natureza, são incapazes de proporcionar o fundamento objetivo de qualquer unidade nacional, isto é um mercado interno de amplas proporções.

Tais características não poderiam deixar de se expressar quando o Estados e as Nações latino-americanas se formaram, a partir das lutas e dos processos de independência ocorridos no início do século XIX. A existência de relações sociais extremamente rígidas em sua hierarquia, a inexistência de aceitação de qualquer princípio semelhante à liberdade e igualdade jurídicas e ao individualismo em relação aos trabalhadores servis e/ou escravos, o isolamento e exclusão de grupos sociais marginalizados, tudo isso deu ensejo a uma tônica peculiar às modalidades de exercício do poder político, ao monopólio desse exercício para determinados grupos sociais, à expressão da soberania nacional e ao estabelecimento de identidades entre os grupos que anteriormente eram considerados habitantes de uma colônia e, a partir dos processos de emancipação do século XIX, passarão a formar o povo de uma nova sociedade nacional.

O caso brasileiro: formação do Estado e identidade nacional

Apesar de os processos de independência e de formação do Estado brasileiro terem feito parte, numa perspectiva geral, do processo histórico de emancipação e de constituição dos Estados Nacionais latino-americanos, a partir de uma história de exploração colonial comum, o caso brasileiro expressa características concretas específicas, que o distingue do restante da América Latina. Inicialmente, é possível percebê-las em seus elementos mais aparentes:

> O processo brasileiro de independência foi relativamente pacífico. Houve conflitos, mas esses tiveram intensidade muito menor do que ocorreu na maior parte restante da América Latina;
> O Brasil manteve a integridade do território do antigo Império Colonial português;

O Brasil manteve e aprofundou a relações sociais escravistas; O Brasil preservou o aparelho político-administrativo preexistente, inclusive com a manutenção da forma monárquica de governo. O que recebeu influência da transferência da corte portuguesa para o Rio de Janeiro em 1808.

Tais elementos estiveram, desde o início, inter-relacionados, uma vez que foram resultados de um "acordo pelo alto" estabelecido entre o antigo príncipe regente, que se tornaria o primeiro monarca brasileiro, Dom Pedro I, e a elite exportadora e grande proprietária de terras, principalmente aquela que se vinculava à cafeicultura que começava a assumir grande importância na região próxima à capital do novo Estado brasileiro (Basile, 2000:210).

Nesse acordo, o príncipe regente aceitava exercer a função de "instrumento da emancipação brasileira", resistindo e fazendo frente às exigências e pressões recolonizadoras das cortes portuguesas, introduzidas como desdobramentos da Revolução do Porto de 1820. Ao resistir às exigências portuguesas, em nome da elite grande proprietária brasileira, o príncipe regente evitou que os grupos dominantes coloniais tivessem de recorrer a outros segmentos da sociedade, como aconteceu nas antigas colônias espanholas, para alcançar a independência, por meio de conflitos armados. Permitiu, ainda, que se isolassem os grupos pró-independência mais radicais que preconizavam reformas sociais e na estrutura de propriedade. Em troca disso, recebeu a manutenção da monarquia e o reconhecimento com chefe do novo Estado que surgia, com o título de imperador.[6]

---

6   É verdade que o primeiro reinado foi um período de conflitos muito intensos, entre o Monarca e os representantes dos grandes proprietários, para se estabelecer quem deteria maior parcela de poder. Os episódios de fechamento da Assembleia Nacional Constituinte em 1823 e a outorga da Constituição de 1824 são exemplos desses conflitos.

Esse acordo garantiu, pois, que não se fizessem concessões ao restante da sociedade brasileira, ao chamado povo. O escravismo foi preservado e se aprofundou até 1850, ano da proibição do tráfico de escravos para o país; a atividade agrícola exportadora permaneceu como principal atividade econômica; a estrutura fundiária latifundiária voltada à principal atividade econômica foi mantida. Como a integridade do território do antigo império colonial português se manteve e como a escravidão também continuou existindo, o monopólio de acesso à propriedade da terra e, consequentemente, a exclusividade de acesso às estruturas de poder estiveram, desde o início, nas mãos dos grupos dirigentes brasileiros. A propriedade da terra era elemento central de possibilidade de acesso à estrutura de poder. Tal questão tornou-se evidente, a partir da introdução do voto e dos critérios censitários de candidatura expressos na constituição de 1824.

O acordo político, acima descrito, visando um processo de emancipação política sem a necessidade de concessões a outros setores sociais, deixa claro que a permanência do escravismo e a manutenção da integridade do território anteriormente pertencente ao Império Colonial português fizeram parte, desde o início, dos objetivos estratégicos das elites dirigentes brasileiras. Explicam, dessa forma, o caráter diferenciado da emancipação brasileira, em relação ao processo de independência de outros países latino-americanos e nos auxilia, por meio da aliança com o antigo príncipe regente, na compreensão do porquê da opção pela forma monárquica de governo.

Os objetivos relativos à conservação dos enormes fundos territoriais brasileiros, juntamente com a manutenção da escravatura, evidenciam, também, que, no processo de formação do Estado e da sociedade nacionais, os grupos dominantes identificavam o Brasil muito mais como um território do que como uma sociedade (Moraes, 1988:99). Para esses grupos, a visão de construção da nação foi identificada com a apropriação, ocupação e conquista paulatina de seu território.

A identificação acima cumpriu importantes propósitos políticos, econômicos e sociais: a) permitiu unificar elites regionais heterogêneas, uma vez que as diferentes regiões brasileiras vinculavam-se muito mais com o exterior do que entre si; b) legitimar o Estado dirigido por elas, que passou a ser considerado como artifície da construção nacional; c) monopolizar o acesso à terra pelos grandes proprietários e suas classes clientelísticas; d) e, principalmente, atribuir ao chamado povo – escravos e homens livres pobres –, a função de instrumentos da construção do país.

É importante frisar que a construção do país, a partir de um macro- território, presente no ideário e na prática das elites dirigentes, não apresentou incompatibilidade com a construção de poderes locais uma vez que a permanência, durante o Império, do regime de escravidão, criou, entre boa parte dos homens livres pequenos proprietários e não proprietários, aquilo que podemos denominar de identidade negativa (Moraes, 1988:100). Ou seja, eles não se identificavam com os trabalhadores, na maior parte das vezes escravos, e, por isso, procuravam se aproximar e estabelecer relações de proteção e dependência pessoal com os grandes proprietários rurais.

A proteção, aos homens livres pobres, baseada na troca de favores, ou o seu contrário: a possibilidade de sua perseguição e exclusão, levaram as pessoas livres e pobres a aceitarem o exercício de poderes locais pelos grandes proprietários, por meio de relações de favor e compadrio (Moraes, 1988:100). Assim, os poderes locais, de características clientelistas, exercido por grandes proprietários rurais escravistas, foram se constituindo juntamente com o projeto de construção nacional, nos poros deste mesmo projeto, como elos menores da cadeia de poder.

A relação existente entre o poder central e as frações locais da elite é o que se convencionou chamar de pacto oligárquico. Tal pacto se afirmou, com algumas alterações, até 1930. "A consolidação do Estado, longe de ser incompatível com a afirmação de um poder local ou regional de cunho privatista, ao contrário com ele se afirma e dele depende, transformando-o de opositor potencial em colaborador ativo" (Camargo, 1981:128). O objetivo primordial desse pacto era o de se evitar a quebra do monopólio de acesso à terra e, simultaneamente, estabelecer formas de controle político e social sobre parcelas significativas das pessoas livres pobres e dos pequenos proprietários.

É possível argumentar, a partir do que foi escrito anteriormente, que a assunção ao poder e à propriedade da terra, ou a concessão de permissão para se ter acesso e manter pequenas posses de terra, no novo Estado nacional brasileiro que se formava, eram exclusividades dos grupos dominantes. O Estado nacional que se formava correspondia, assim, a um núcleo de grandes proprietários que se relacionavam, entre si, por uma rede hierárquica de elos de poder, que se estabelecia em escala nacional, regional e local e que se sustentava na exploração do trabalho escravo e, do ponto de vista do alcance da legitimidade, nas formas clientelísticas do exercício da dominação política.

Ao mesmo tempo, os trabalhadores escravizados, mantidos na disciplina do trabalho pelo domínio autoritário, violento e excludente e em luta pela liberdade, pela posse da terra e contra as formas de trabalho forçado, não tinham qualquer razão para nutrir sentimentos de pertencimento a uma comunidade nacional. Além disso, existiam inúmeros grupos indígenas que não se integravam ou não eram integrados à nacionalidade, de maneira a serem reconhecidos em sua especificidade social. Quando eram alcançados pelos processos de avanço das fronteiras econômicas e populacionais, o seu destino mais comum era o da incorporação subordinada forçada ou do extermínio. A esses grupos acima citados, escravos e índios, não existiam estímulos ao estabelecimento de um sentimento de identidade nacional: "como convencê-los que formavam parte, junto com a minoria nativa, da mesma 'nação', de uma mesma 'pátria'" (Pierre Vilar, *apud* Ianni, 1988:2).

Dessa forma, operavam no Brasil, entre os diferentes segmentos sociais, forças importantes no sentido da segregação. Havia fortes obstáculos políticos, econômicos, sociais e raciais que dificultavam muitíssimo, se não impediam completamente, a afirmação de uma identidade comum entre os diferentes segmentos sociais que compunham a jovem nação oriunda de um processo de colonização e sobre a qual atuava um Estado excludente, monopolizado pelos grupos dominantes.

Diferentemente do processo de constituição dos Estados nacionais na Europa, onde, juntamente com o processo de constituição da sociedade capitalista, ocorreu um processo de conquista de liberdades e igualdades jurídicas que desembocou na formação dos chamados direitos de cidadania e no estabelecimento de uma legislação comum a todos os indivíduos, independentemente de seu posicionamento social, não havia no Brasil, durante a maior parte do século XIX, uma dinâmica que favorecesse a afirmação de uma identidade nacional. Pelo contrário, o que havia era a afirmação de antagonismos: raciais, legais, políticos, econômicos e sociais (Ianni, 1988:2), aos quais foram se somando, ao longo do tempo, as diversidades regionais e, também, algumas dualidades estruturais importantes como, por exemplo, as existentes entre a cidade e o campo, o cosmopolitismo e o provincianismo, o litoral e o interior.

Não é à toa, portanto, que os grupos dominantes e os setores a eles associados, principalmente os urbanos, foram, ao longo do processo de consolidação do Estado nacional, assumindo as sociedades europeias como um modelo, como um exemplo, para eles, de modernidade e civilização (Neves, 2011:19). A existência de tal modelo, por sua vez, expressava a presença de outras dualidades na realidade brasileira: as oposições entre moderno e arcaico, civilização e barbárie. Os primeiros polos das dualidades acima apresentadas estiveram sempre associados aos grupos dominantes, às cidades e às regiões mais prósperas e economicamente mais dinâmicas; os segundos polos, por sua vez, estiveram associados ao povo, ao interior e às regiões estagnadas. Euclides da Cunha, como um importante intérprete da sociedade brasileira da virada dos séculos XIX e XX, logo após à proclamação da República, se referiu a essa situação da seguinte maneira:

> Vivendo quatrocentos anos no litoral vastíssimo, em que palejam reflexos de vida civilizada, tivemos de improviso, como herança inesperada, a República. Ascendemos de chofre, arrebatados no caudal dos ideais modernos, deixando na penumbra secular em que jazem no âmago do país um terço de nossa gente. Iludidos por uma civilização de empréstimo, respingando, em faina cega de copistas, tudo o que de melhor existe nos códigos orgânicos de outras nações, tornamos, revolucionariamente, fugindo ao transigir mais ligeiro com as exigências da nossa própria nacionalidade, mais fundo o contraste entre o nosso modo de viver e o daqueles rudes patrícios mais estrangeiros nessa terra que os imigrantes da Europa. Porque não no-los separa um mar, separam-no-los três séculos (Euclides da Cunha, *apud* Neves, 2011:18).

No final do século XIX, a fixação das dualidades acima mencionadas, num contexto de significativas mudanças econômicas e sociais: transição das relações escravistas para as relações livres de trabalho; ascensão de São Paulo como importante polo econômico nacional, a partir do avanço da economia cafeeira ao Oeste paulista; a acelerada urbanização da cidade do Rio de Janeiro; e a ascensão dos militares como expressão política no Brasil, contribuiu para uma importante mudança na estrutura do Estado brasileiro, com a instauração da forma republicana de governo. Tal mudança na organização do Estado brasileiro foi, contudo, uma maneira de preservar os elementos essenciais do pacto oligárquico estabelecido no período da independência, numa forma de aplicação da célebre formula da prática política conservadora: mudar a aparência para conservar a essência. Dessa forma, para manter a sua legitimidade, o Estado nacional se descentralizou, sob a liderança dos estados (antigas províncias) mais poderosos econômica e politicamente, mas as relações entre as classes sociais não se alterou, apesar da chegada de um importante contingente de trabalhadores estrangeiros.

Assim, com a instauração da República que, em suas décadas iniciais, caracterizou-se por um forte federalismo, com extrema autonomia concedida aos estados (que substituíram às antigas províncias do período monárquico), as diversidades regionais se avolumaram, pois as lutas políticas entre frações do grupo dominante assumiram, muitas vezes, um caráter regional. Embora essas lutas entre as frações dominantes quase sempre se desdobrassem em conciliações pelo alto, logrando a unidade entre elas no plano nacional, a agitação de temas e de valores e estereótipos regionais, levava os outros segmentos sociais a aceitarem e exaltarem valores do regionalismo, funcionando como verdadeira ideologia geográfica que impedia uma maior identidade nacional por parte dos setores populares e uma maior identidade social e política entre esses mesmo grupos. Como afirmou Antonio Carlos Robert Moraes:

> A construção das identidades regionais é uma manifestação plena daquele campo cultural que se está denominando de

ideologias geográficas. O estabelecimento de laços entre os indivíduos tendo por referência os locais de origem ou de residência atua no sentido de criar falsas comunidades de interesse, veiculando uma ilusão de identidade sem referência social objetiva. As desigualdades de classe diluem-se na identidade regional. [...] Tal eficácia advém do fato de esses valores servirem à fragmentação da organização popular. As identidades restritas obstaculizam a soldagem dos interesses políticos dos dominados em escalas maiores. O regionalismo é, assim, um grande instrumento de separação e de diferenciação. Observa-se que a identificação pelo espaço, ao mesmo tempo que cimenta concepções nacionais ao nível das classes dominantes, atua na dispersão dos dominados em seu secionamento no território. Para as elites, o nacional como horizonte geográfico, para as classes populares, o local ou no máximo o regional como perspectiva de espacialização. Portanto, a concepção do território unindo ou dividindo os sujeitos políticos (Moraes, 1988:101).

É importante ressaltar que no período inicial da República, a necessidade de se resolver o problema da carência de oferta de força de trabalho, principalmente, mas não só, no Oeste paulista; a incipiência do mercado nacional de trabalho; e a incorporação de valores do "cientificismo" e de algumas ideias de supremacia racial pelos grupos dominantes, que tinham a Europa como modelo, estimularam uma política de atração de trabalhadores migrantes estrangeiros. Nesse contexto, os trabalhadores estrangeiros, embora durante um breve período e de maneira irregular, passaram a ser identificados como elementos modelares para a construção do povo brasileiro. A valorização inicial dos trabalhadores estrangeiros implicou a permanência da depreciação do nacional (Tessari, 2012:63). Os trabalhadores estrangeiros, entretanto, não foram também integrados, em sua totalidade, à sociedade e à nação brasileira.

Assim, mesmo durante o processo de formação do mercado de trabalho capitalista no Brasil, quando, devido à necessidade de compra e venda da força de trabalho, a admissão teórica dos princípios de liberdade e de igualdade jurídicas entre os indivíduos começou a se tornar um componente essencial das relações sociais de produção, o profundo hiato entre os segmentos sociais brasileiros foi mantido. Tal situação implicou a manutenção da dificuldade de formação de uma identidade nacional e cultural entre os diferentes setores sociais componentes do povo brasileiro.

Os grupos dirigentes e os segmentos a ele associados: intelectuais, profissionais liberais, classes médias urbanas, oficialato militar e clientes em geral, continuavam se posicionando como seres estranhos e alheios a todos aqueles que exerciam trabalhos manuais. Estes, para além de sua divisão entre nacionais e estrangeiros, bem como o que encontravam dificuldades de fixação empregatícia no mercado de trabalho, resistiam a uma presença institucional mais marcante, uma vez que o Estado oligárquico e excludente dificultava, sobremaneira, a sua participação nas formas tradicionais de exercício institucionalizado dos direitos de cidadania. De tal maneira que Carvalho (2002:44 e 45) afirma:

> Sendo função social antes que direito, o voto era concedido àqueles a quem a sociedade julgava poder confiar sua preservação. No império como na República, foram excluídos os pobres (seja pela renda, seja pela exigência da alfabetização), os mendigos, as mulheres, os menores de idade, as praças de pré, os membros de ordens religiosas. Ficava de fora da sociedade política a grande maioria da população. A exclusão dos analfabetos era particularmente discriminatória, pois ao mesmo tempo se retirava a obrigação do governo (republicano) de fornecer instrução primária, que constava do texto imperial, exigia-se para a cidadania política uma

qualidade que só o direito social da educação poderia fornecer e, simultaneamente, desconhecia-se este direito. Era uma ordem liberal, mas profundamente antidemocrática e resistente a esforços de democratização.

A exclusão dos trabalhadores e das camadas sociais mais pobres na participação política institucional e a segregação dos espaços nos centros urbanos que, naquele período, se desenvolviam no Brasil possibilitaram aos segmentos sociais populares o desenvolvimento de formas próprias de sociabilidade, de expressão cultural e de participação política. O Rio de Janeiro como centro urbano mais importante e representativo do período, é o exemplo mais evidente dessa situação: a sociabilidade, a cultura e os espaços de convívio populares permitiram a preservação e o desenvolvimento de expressões marcantes da identidade popular, tais como a capoeira, o futebol e o samba. Expressões essas que se tornaram as principais expressões da identidade nacional brasileira, numa perspectiva geral, a partir dos nos anos após 1930.

Tal quadro político, de monopólio absoluto da participação política institucional e de controle do Estado pelas frações dominantes, lideradas pelos setores mercantis, agrários e exportadores, e de significativa segregação social entre as classes proprietárias e não proprietárias começou a mudar lentamente a partir das crises ocorridas no final dos anos 1920 e, principalmente, a partir dos anos 1930.

O período pós-1930

A estrutura do Estado brasileiro, criada a partir do processo de independência e modificada no aparente e preservada no essencial com a Proclamação da República, que se encontrava assentada no monopólio de poder por parte oligarquias primário-exportadoras passou a apresentar sinais de esgotamento e a mudar, mais aceleradamente, durante a década de 1920.

O processo de acumulação de capital e de desenvolvimento do capitalismo no Brasil, apesar de terem as atividades exportadoras, principalmente a do café, como o seu elemento dinâmico, permitiu o surgimento de uma certa industrialização, o crescimento urbano e, consequentemente, um alargamento das estruturas sociais do país.

Este processo permitiu a consolidação de uma burguesia industrial, ainda que dependente de outras frações da burguesia, como a agroexportadora e a mercantil-financeira, e a emergência das chamadas classes médias e do proletariado urbano (Draibe, 1985:13).

O desenvolvimento desse novo quadro social demonstrou como a institucionalidade estabelecida no país se apresentava de forma extremamente restrita, uma vez que somente a elite agroexportadora, controlando o voto e monopolizando a participação política institucional, lograva dirigir o aparelho de Estado.

A chamada Revolução de 1930 é, em parte, uma resposta a esta situação. Explicitou a necessidade de rompimento dos estreitos limites políticos e institucionais, de acordo com o alargamento da base social do país e a consequente necessidade de estabelecimento de novas instituições estatais e de um novo pacto político no país. Dessa maneira, apesar da política conturbada que se prolongou durante boa parte dos anos 1930, é possível afirmar que, paulatinamente, uma nova estrutura estatal foi se configurando no período.

Assim, nos anos 1930, a partir da crise do capitalismo primário-exportador, principalmente com a crise da economia cafeeira, e dos impactos da depressão econômica mundial, iniciada em 1929, o Brasil ingressou de forma mais evidente num novo padrão de desenvolvimento capitalista, de perfil cada vez mais centrado no desenvolvimento industrial e no mercado interno. Tal processo foi intencionalmente apoiado pelo Estado, que, como se afirmou acima, foi se reorganizando para dar início à construção de estruturas sócio-políticas de uma dominação burguesa de novo tipo (Fonseca, 2003:134).

Dominação essa que procurava, cada vez mais, incorporar os trabalhadores nacionais, já que o novo padrão de desenvolvimento capitalista, por se basear no mercado interno, necessitava estabelecer uma efetiva unidade nacional. Para alguns autores, essa intenção de se alcançar a unidade nacional permitiu a ampla difusão e, até mesmo, a dominância de visões de sociedade baseadas no organicismo social:

> A necessidade de se manter o controle da ordem social possuía, nos anos 30 e 40, uma gênese peculiar. Azevedo Amaral, um dos grandes ideólogos do Estado Novo, defendeu a ideia de que no Estado Autoritário 'todos os indivíduos e todos os grupos sociais estão integrados com ele como parte integrante que são da coletividade nacional'. Encontramos nessa assertiva um elemento importante de explicação do organicismo social (Paiva, 2002:39).

Dessa forma, difundidos por instituições oficiais, como o DIP (Departamento de Imprensa e Propaganda) e seus predecessores, criadas com a preocupação de forjar uma consciência social favorável ao novo modelo de Estado e ao novo padrão de desenvolvimento capitalista, elementos da cultura e identidade populares, como o samba e o futebol, foram alçados à condição de expressões da identidade nacional.

Nesse mesmo período, e também vinculada à intenção de se alcançar uma forte unidade nacional, a ideia do nacionalismo passou a se impor aos regionalismos. Embora tenham permanecido, os regionalismos passaram a ser vistos como expressões da diversidade e da exuberância da nacionalidade brasileira e não como elementos possivelmente isolacionistas e fragmentadores da sociedade e dos sentimentos nacionais.

Fechando esse círculo ocorreram, ainda, no sentido da preocupação com a unidade nacional, o reconhecimento e a introdução, pelo Estado brasileiro, de alguns direitos sociais. Esses direitos sociais foram, introduzidos, fundamentalmente, via legislação trabalhista destinada, unicamente, aos trabalhadores urbanos. Essa legislação, embora limitada e com objetivos tuteladores, significou a incorporação institucional dos trabalhadores urbanos e, portanto, de parte dos setores populares da sociedade brasileira.

As modificações estruturais nos campos da economia, da sociedade e da cultura iniciadas nos anos 1930 implicaram o desenvolvimento de um novo tipo de Estado no Brasil. Estado que permaneceu excludente e autoritário, haja vista a existência de dois regimes ditatoriais daquele período até os dias atuais, que, no entanto, incorporou novos interesses sociais em sua institucionalidade, tais como os interesses ligados a diferentes frações da burguesia, aos da tecnoburocracia e aos das chamadas classes médias e, mesmo que de maneira muito limitada, passou a ter que assimilar e dar algumas respostas às reivindicações e pressões dos trabalhadores e dos segmentos populares.

Com maior integração e comunicação interna entre as diferentes regiões do país, com o desenvolvimento e mobilização de diferentes setores sociais, com as transformações institucionais e culturais ocorridas é possível afirmar, pois, que houve ao longo do tempo, e de acordo com a maior complexização da sociedade, uma maior aproximação no sentido da formação de uma identidade nacional. É por isso que os anos 1930 ficaram conhecidos como os anos da origem do Brasil moderno. Isso não quer dizer, contudo, que daquele período para os dias atuais, as relações entre regiões, grupos sociais e etnias tenham passado a ser simétricas e que os direitos de cidadania tenham sido plenamente alcançados. Ainda persistem, e profundamente, cisões entre o povo brasileiro, a ponto de José Murilo de Carvalho afirmar a existência, nos dias atuais, em pleno século XXI, de três tipos de cidadãos no Brasil atual: 1) os doutores, que não possuem direitos, mas sim privilégios; 2) os cidadãos simples, que vivem de acordo com o universo legal; 3) e os elementos, "os suspeitos usuais", os controlados pelas forças repressivas do Estado e praticamente excluídos dos direitos de cidadania (Carvalho, 2013:215).

Conclusões

Procurou-se nesse texto apresentar, a partir de uma perspectiva de longa duração, plurissecular, o processo de formação do Estado brasileiro, os condicionantes históricos que explicam o seu caráter excludente, autoritário e, na maior parte do tempo, repressivo em relação aos trabalhadores e demais segmentos sociais populares e, ao mesmo tempo, procurou-se, também, abordar a dificuldade de formação de uma identidade nacional no país, de um sentimento comum a diferentes grupos sociais, de pertencimento à mesma sociedade e de aceitação das mesmas normas, símbolos e valores.

O procedimento adotado no texto, no sentido de alcançar os objetivos propostos, foi o de tratar as questões relativas à formação do Estado e de uma possível a identidade nacional no Brasil a partir de uma abordagem genética, estrutural e dinâmica. É evidente que tal solução implicou, como pode ser percebido ao longo do texto, num tratamento pouco detalhado dos temas em questão, nos diferentes contextos históricos. Entende-se, por outro lado, que o procedimento adotado permitiu, no tamanho limitado do texto, caracterizar tais problemas enfatizando as especificidades brasileiras. Caracterizar a problemática do Estado e da identidade nacional, que são questoes ligadas ao desenvolvimento histórico das sociedades capitalistas, às particularidades do desenvolvimento do capitalismo na América Latina e no Brasil, à via colonial de desenvolvimento capitalista ocorrida nesta parte do planeta.

A particularidade histórica do Brasil: Estado e nação herdeiros de um longo processo de exploração colonial no chamado período moderno e de um processo de emancipação política que não transformou as características socioeconômicas coloniais, chegando, até mesmo, como em relação ao escravismo e ao latifúndio, a intensifica-las durante certo tempo, explica as distinções existentes em relação a outras partes do mundo, especialmente em relação à parte centro-ocidental da Europa, que conheceram a chamada via clássica de desenvolvimento para o capitalismo.

A questão essencial que se tentou apresentar neste texto é que as nossas especificidades e os nossos problemas devem ser compreendidos a partir da observação, analise e reflexão de nossas particularidades históricas. Apesar de todas as mudanças, que foram muitas em quantidade e enormes em intensidade, persiste no Brasil elementos estruturais herdados que exercem influências, ainda hoje, nos nossos modos de pensar e agir e em nossas instituições. A inserção periférica de nossa economia nas relações econômicas mundiais, o caráter associado dos nossos grupos dominantes, a hierarquização rígida das estruturas sociais, a concentração de poderes e os privilégios, ou a exclusão, conferidos a de determinados grupos sociais ou étnicos, as dicotomias e diversidades regionais, tudo isso tem uma origem histórica precisa e interferem nas possibilidades e nas necessidades de intervenção do Estado, nas formas de relacionamento social e nas possibilidades de construção de uma identidade nacional. Como afirma José Roberto do Amaral Lapa:

> Não se projeta o futuro, sem viver o presente e conhecer o passado. O nosso passado colonial pesa sobre a formação social brasileira como um fardo, do qual só conseguiremos desembaraçar-nos se resolvermos esse tempo remoto com o sentido de interpretá-lo, colocando-o a serviço de nossa compreensão do Brasil contemporâneo (Lapa, 1982:88).

É nesse enquadramento histórico, pois, que devemos refletir sobre a natureza do Estado brasileiro e sobre a sua capacidade de responder aos nossos problemas mais prementes no momento e, ao mesmo tempo, sobre a nossa identidade como povo e nação, frente aos outros povos e nações, sobre os fatores explicativos de alguns de nossos antagonismos, mas, especialmente, sobre as principais possibilidades de sua superação.

Referências

BASILE, Marcello Otávio N. de C. "O Império brasileiro: panorama político". In: LINHARES, Maria Yedda (org). *História geral do Brasil*. 9ª edição. Rio de Janeiro: Campus, 2000.

BRESSER- PEREIRA, Luiz Carlos. *Estado, Estado-nação e revolução capitalista*. Escola de Economia de São Paulo da Fundação Getúlio Vargas – Texto para discussão, 2010.

CAMARGO, Aspásia A. "A questão agrária: crise de poder e reformas de base (1930-1964)". In: FAUSTO, Boris (org.). *História geral da civilização brasileira*. Rio de Janeiro: Difel, Tomo III, vol.3, 1981.

CARVALHO, José Murilo de Carvalho. *Os bestializados: o Rio de Janeiro e a República que não foi*. São Paulo: Companhia das Letras, 2002.

CARVALHO, José Murilo de Carvalho. *Cidadania no Brasil*: o longo caminho. 17ª edição. Rio de. Janeiro: Civilização Brasileira, 2013.

CASTRO, Antonio Barros de. *Sete ensaios sobre a economia brasileira*, vol.1. Rio de Janeiro: Forense Universitária, 1968.

CUEVA, Agustin. *O desenvolvimento do capitalismo na América Latina*. São Paulo: Global, 1983.

DRAIBE, Sônia Miriam. *Rumos e metamorfoses: as alternativas de industrialização no Brasil, 1930-1960*. Rio de Janeiro: Paz e Terra, 1985.

FONSECA, Pedro Cezar Dutra da. "Sobre a intencionalidade da política industrializante no Brasil na década de 1930". *Revista de Economia Política*, São Paulo: Editora 34, vol. 23, no. 1. jan/mar. de 2003.

IANNI, Octávio. *A questão nacional na América Latina*. São Paulo: Estudos Avançados, vol. 2, no.1, jan./mar., 1988.

LAPA, José Roberto do Amaral. *O antigo sistema colonial*. São Paulo: Brasiliense, 1982.

MORAES, Antonio Carlos Robert. *Geografia histórica do Brasil: capitalismo, território e periferia*. São Paulo: Annablume, 2011.

MORAES, Antonio Carlos Robert. *Ideologias geográficas*. São Paulo: Hucitec, 1988.

NEVES, Margarida de Souza. "Os cenários da República: o Brasil na virada do século XIX para o século XX". In: DELGADO, Lucila de Almeida Neves; FERREIRA, Jorge (orgs). *O Brasil republicano: tempo do liberalismo excludente – da proclamação da República à Revolução de 1930*. 5ª edição. Rio de Janeiro: Civilização Brasileira, 2011.

NOVAIS, Fernando Antonio. "O Brasil nos quadros do antigo sistema colonial". In: MOTA, Carlos Guilherme (org). *Brasil em perspectiva*. Rio de Janeiro: Bertrand Brasil, 1988.

NUNES, Edson. *A gramática política do Brasil*. 4ª edição. Rio de Janeiro: Garamond, 2010.

PAIVA, Odair da Cruz. *Colonização e (des)povoamento*. São Paulo: Pulsar, 2002.

TESSARI, Cláudia. Alessandra. *Braços para a colheita: sazonalidade e permanência do trabalho temporário na agricultura paulista (1890-1915)*. São Paulo: Alameda, 2012.

Cidadania e movimentos sociais no Brasil: da Monarquia à República dos privilegiados (1822/1930)

Claudia Moraes de Souza

A cidadania no Brasil já percorreu uma trajetória secular. De fato, os eventos políticos da Independência, responsáveis pela formação do Estado nacional em 1822, inauguraram a cidadania no Brasil, ratificada, em 1824, pela Constituição outorgada por D. Pedro I. Neste capítulo abordamos os primeiros cem anos de estabelecimento dos marcos constitucionais da cidadania brasileira e sua relação com movimentos e lutas sociais, em um recorte temporal que se inicia em 1822 e se encerra em 1930. Sobre o evento inaugural da nação, em 1822, cabe nos demarcar o fato de que, acessam o poder do Estado os representantes dos protagonistas de nossa economia de exportação articulada a setores importadores e financeiros, cuja base e princípios da acumulação mantinham-se pelas estruturas tradicionais da produção colonial, qual sejam, o latifúndio, o sistema de trabalho escravo e a monocultura exportadora. A respeito de 1930, tratamos seus eventos como marco divisório, que mais do que o evento da proclamação da República em 1889, representou um conjunto de rupturas sociais econômicas e políticas dignas de serem analisadas em suas particularidades.

Para o tema da cidadania no Brasil, a inauguração do Estado nacional e suas bases política, econômica e sociocultural são fundamentais: o estabelecimento das instituições políticas e administrativas do Estado Monárquico e da ideologia liberal foi responsável pela edificação dos preceitos de nossa cidadania que se conecta ao processo republicano e a história decorrente dos processos de organização social e cultural da sociedade brasileira nas três primeiras décadas do século XX.

Neste breve texto, o foco central do debate é a cidadania em sua relação com os movimentos sociais e a configuração do Estado nacional Brasileiro, da Independência até a Revolução de 1930. Sob a égide da História Problema,[1] preocupada acima de tudo com o tempo presente, levantamos os seguintes questionamentos: qual cidadania foi possível construir a partir de um Estado inaugurado sob a escravidão e o latifúndio? E, qual o papel dos movimentos sociais na construção da cidadania brasileira?

Uma preocupação central com a construção de uma cidadania plena para todos os indivíduos da nação atribui qualidade ao questionamento proposto e aponta o problema a ser abordado ao longo do

---

1 No rompimento da historiografia com a história eminentemente política e diplomática Marc Bloch (s/d) e Lucien Febvre (1989) inauguram a História Problema como pratica responsável da historiografia em voltar-se para a abordagem de problemas, questões ligadas à vida social, a vida coletiva contemporânea, às transformações ocorrida na sociedade formada por sujeitos coletivos, grupos sociais e massas urbanas numa sociedade onde economia, política e relações socioculturais tem centralidade consonantes na formação histórica. Essa abordagem conduz a linha de raciocínio e produção deste texto.

texto, qual seja: o entendimento do processo de construção de nossa cidadania em suas contradições e idiossincrasias articulado à história dos movimentos sociais no Brasil. Assumindo a perspectiva da história como ciência problematizadora e encarregada de refletir, na duração temporal, o desenvolvimento de ações humanas, buscamos o entendimento dos preceitos da cidadania brasileira na sua relação com a baixa densidade democrática[2] nas instituições políticas e as peculiaridades da ideologia liberal brasileira presente nas práticas da exclusão social, exploração econômica e criminalização política de amplos setores da sociedade responsáveis pelo trabalho e pela produção.

Em uma perspectiva genérica propomos uma narrativa histórica que combina a busca de esclarecimentos acerca do processo de construção da cidadania brasileira envolvido com os diferentes projetos de construção da Nação, o que diretamente contrapõe, as elites condutoras do processo político à sociedade civil e movimentos sociais.

Isto posto, cabe a este texto refletir sobre a trajetória da construção da cidadania brasileira. Seu início se dá no embate entre a liberdade e a ausência dela, uma vez que em 1822 inauguramos nossa cidadania sob os grilhões da escravidão. Entre 1822 e 1888 a desigualdade civil mantinha um terço da população nacional sob as regras do sistema escravista. Neste momento, se deu o embate entre autonomia e sujeição, sob a égide da conservação da unidade territorial e da preponderância do latifúndio. O centralismo monárquico impediu a autonomia econômica de territórios, autonomia política dos grupos sociais, autonomia política de indivíduos sujeitando homens e mulheres livres à desigualdade de direito civis e po-

---

2 Boaventura de Sousa Santos (2007) denomina "democracia de baixa intensidade" àquela que não reconhece as formas de participação do todo social, ela bloqueia a cidadania através da exclusão política e econômica, de imposições culturais, de intervenções nacionais e internacionais e pelo esvaziamento e a trivialização da participação onde os cidadãos não são chamados a decidir ou são chamados a decidir em temas cada vez menos importantes.

líticos expressos no voto censitário, na exclusão do direito ao voto para mulheres, no voto indireto, dentre outras restrições de direitos. Desta forma a luta por direitos vincula-se à ausência da cidadania plena boicotada por preceitos legais do documento inaugural da nação brasileira – a Constituição de 1824. Na amplitude do território e na hierarquia das classes sociais uma cidadania desigual se estabeleceu, dividindo, fragmentando, separando, demarcando a nação em um número ínfimo de portadores de direitos versus batalhões de indivíduos e imensos grupos econômicos, sexuais, religiosos e étnicos destituídos de direitos civis, políticos, sociais e econômicos.

A trajetória da cidadania se desenvolveu concretamente associada à luta e ao embate social, uma vez que o Estado foi o protagonista de uma cidadania da desigualdade. Indivíduos, categorias de trabalhadores e da produção, grupos sociais, grupos religiosos e culturais, etnias, toda uma multidão de homens e mulheres foram, logo de saída em 1824, destituídos do conjunto de direitos estabelecidos por leis excludentes e exclusivistas somando as fileiras do movimento social que se tornou o maior protagonista e o elemento central da conquista de direitos e do estabelecimento da democracia e da cidadania no Brasil, desde seu momento inaugural como Nação independente até os dias atuais.

Neste ensaio trataremos de dois diferentes momentos da história em que o movimento social foi responsável pelo embate direto com o Estado ou com estruturas econômicas e políticas no intento de conquistar ou ampliar direitos, civis, políticos, do trabalho, sociais, econômicos ou culturais. Iniciaremos a reflexão pelo período monárquico e o conjunto de lutas e movimentos sociais vinculados ao estabelecimento dos construtos da cidadania no país recém emancipado, e, num segundo momento refletiremos sobre os movimentos sociais republicanos, objetivando apresentar o campo diverso e múltiplo em que as lutas sociais se aventuraram em busca de ampliar e sedimentar direitos para uma maioria da população no Brasil das três primeiras décadas do século XX.

1822-1889: lutas pela liberdade, lutas pela autonomia

No Brasil e América Latina o tema da formação dos Estados nacionais insere-se como fenômeno político central do século XIX. A configuração político-institucional das nações envolveu um contexto histórico que implica no entendimento da gradativa perda da operacionalidade do antigo sistema colonial somado ao entendimento do processo de ascensão da política urbano-industrialista implantada na Europa numa "Era das Revoluções" e do "Capital".[3]

No caso brasileiro, a formação do Estado nacional enfrentou variáveis múltiplas decorrentes da colonização portuguesa e, logo após a independência, se assentou sob o controle de um poder imperial, centralizador e conservador protagonizado pelo herdeiro da monarquia metropolitana em associação com elites colonialistas insatisfeitas. Na historiografia clássica desde Caio Prado Jr. (1986), passando por Jacob Gorender (2000) e Emilia Viotti da Costa (1999) a questão central na formação do Estado Monárquico para as elites emancipadoras era a de manter intactos a unidade territorial e o escravismo. Assim, logo de saída a cidadania irá se estabelecer no interior dos limites postos pela baliza: unidade territorial e escravidão.

Sobre a emancipação política a interpretação de Caio Prado Jr (1986) tratou da independência como um conflito tenso e protagonizado por classes e grupos sociais dominantes. Dessa forma, a formação do Estado nacional imperial dependeu da operação de um

---

3 Para Hobsbawm, as eras das Revoluções e do Capital tratam-se do período dos desenvolvimentos históricos de construção da sociedade produzida pelas 'revoluções' e pelo capital burguês europeu responsáveis pela industrialização europeia, pela urbanização, pelo neocolonialismo, pelo nacionalismo e imperialismo, etc.

pacto de elites (antigos colonizadores e colonizados em ascensão) na crise do pacto colonial, assim como da superação das distinções e impulsos separatistas das províncias e seus interesses. Eram vários "Brasis" e não somente um. O projeto de Estado e de cidadania não se estabeleceu de forma a atender processos de lutas como na França e nos EUA. Na Revolução Americana e Francesa, que culminaram com a *Declaração dos Direitos do Homem e do Cidadão* e com o preceito contemporâneo de constitucionalismo republicano, rompeu-se o princípio de legitimidade que vigia na monarquia baseada nos deveres dos súditos, o que fazia emergir os preceitos dos direitos do cidadão. A partir deste momento crucial da história destes países, as lutas sociais foram travadas para que se ampliasse o conceito e a prática de cidadania e o mundo ocidental o estendesse para mulheres, crianças, minorias nacionais, étnicas, sexuais, etárias.

Nas teses historiográficas clássicas sobre a formação do Estado nacional e preservação da unidade territorial no Brasil, Prado Jr (1986), Gorender (2000), Viotti (1999) e Novaes (1979) consideraram a crise do antigo sistema colonial como o processo que desencadeou a necessidade brasileira de consolidação de sua soberania política. Na configuração de um novo Estado figurou um conjunto de lutas e articulações entre grupos sociais da diversa sociedade colonial e seus diferentes interesses econômicos marcados pela questão da propriedade da terra, do comercio exterior, da produção agrícola monocultora e da escravidão.

Latifúndio, produção agrícola monocultora e escravidão constituíram o tripé de interesses que sustentaram o pacto das elites nacionais em prol do Estado soberano. Na formação da nação cada uma destas características compôs o Estado edificado pelo centralismo e autoritarismo político; pelo caráter patrimonialista da gestão; pelo sistema clientelístico e principalmente por sua característica não popular responsável pela fragilidade da sociedade de civil e da democracia brasileira.

Viotti (1999) enxerga na crise do pacto colonial e na demanda da formação da nação atrelada a manutenção do território, as razões pelas quais as elites brasileiras se mostraram receptivas às ideologias liberais e ao projeto emancipatório europeu. O ressentimento ao domínio colonial e os entraves econômicos alimentaram o projeto de emancipação e aguçaram o desejo da conquista da soberania política.

O projeto de soberania e construção do Estado se desenvolveu no seio das elites ilustradas e em classes urbanas dotadas de pequenos privilégios, materializando-se em sedições e conjuras, desde o XVIII, em 1789 (mineira); 1797 (baiana); e no XIX, 1817 (pernambucana), até se consolidar no evento da independência em 1822. O liberalismo revolucionário que alimentou o projeto de emancipação, logo após o episódio de 1822, assumiu significados peculiares e resultou em fato *sui generis*, negando as bases sociais do liberalismo popular e revolucionário francês e adotando nuances conservadoras do centralismo autoritário presente num sistema monárquico constitucionalista limitado pelo poder moderador.

Na formação do Estado nacional brasileiro prevaleceu os interesses das camadas senhoriais empenhadas em garantir liberdades de comércio, jurídicas e administrativas. Não houve disposição em renunciar ao monopólio da propriedade da terra, a vocação agroexportadora e ao sistema escravista o que marcou profundamente o Estado nacional e os limites de nossa cidadania.

Para Gorender (2000), as questões escravista e da unidade territorial se estabeleceram com centralidade. A solução monárquica de caráter centralista pautada no poder moderador foi responsável pela estruturação de uma máquina repressora dos movimentos sociais evitando separatismos e controlando e exaurindo os poderes populares e suas sedições.

Entre 1824 e 1840 podemos identificar, atentando-nos para elementos centrais dos conflitos e lutas sociais do período, que um conjunto de reivindicações e pautas recorrentes caracterizaram os movimentos sociais do XIX. Neste conjunto estariam: as lutas relativas à construção da autonomia econômica e política das províncias, lutas de populações pobres destituídas de direitos de acesso à terra e sobrevivência econômica, lutas em torna da questão escravista, lutas republicanas, sedições de escravos. Seus protagonistas reuniam elites separatistas, elites provinciais conservadoras, republicanos, abolicionistas e as classes populares representadas por trabalhadores urbanos pobres, mascates, vaqueiros, ribeirinhos, mestiços libertos, grupos indígenas, quilombolas e escravos.

Os motins de Pedroso (1823) em Pernambuco, a Confederação do Equador(1824, a Cabanada da Amazônia (1830), Balaiada de Maranhão e Piauí (1838) , Guerra dos Cabanos de Pernambuco e Alagoas (1832), Revolta dos Malês na Bahia (1835), por décadas e décadas foram abolidos como temática da historiografia tradicional, citadas *en passant* como rebeliões ou revoltas populares marginais associadas sempre à disfunções da ordem política e estereotipadas como ações da turba ou grupos populares descontrolados, sem objetivos políticos com configuração aceitável . No entanto, sob o olhar historiográfico da história-problema e da historiografia marxista da segunda metade do século XX,[4] preocupadas com a construção da identidade cultural das classes populares e com a dimensão política de suas lutas, organização social, institucional, este

---

4 Nossa abordagem historiográfica se estrutura a partir de dois movimentos da historiografia considerados centrais no século XX: a proposição da história – problema de Marc Bloch , no movimentos da École des Annales e na historiografia marxista inglesa voltada ao estudo das identidades culturais, à interposição entre cultura, política e vida cotidiana na ação humana, das resistências políticas e formas de organização populares, representadas por Christopher Hill, George Rudé, E.P. Thompsom e E. Hobsbawm.

conjunto de movimentos sociais passam a revelar um momento da história do Brasil em que ações coletivas, articulações em frentes de lutas, movimentos políticos, protestos, organizações políticas e culturais, manifestações de ruas, rebeliões, se estruturaram a partir de atores da sociedade civil e de grupos populares destituídos de direitos básicos (como escravos e indígenas) que organizados politicamente atuaram em prol da configuração de uma cidadania de direitos civis, políticos, sociais e econômicos.

Além dos movimentos de maior visibilidade citados acima – Cabanada, Balaiada, Guerra dos Cabanos, a Revolta dos Males, Conferência do Equador uma extensa lista poderia ser apresentado, clamando ainda hoje, pelo desenvolvimento de pesquisas históricas mais aprofundadas na temática dos movimentos sociais brasileiros do século XIX: Carneiradas, em Pernambuco, 1834-1835; Revolta do Guanais, na Bahia, 1832-1833; Insurreição do Crato, no Ceará, 1832; Abrilada, em Pernambuco, 1832; Setembrada, em Pernambuco, em 1831; Novembrada, em Pernambuco, em 1831; Revolta de Carrancas, em Minas Gerais, em 1833; Revolta de Manuel Congo, em 1838, no Rio de Janeiro; Rusgas, no Mato Grosso, em 1834; Setembrada, no Maranhão, em 1831, Revolta dos Exaltados, Rio de Janeiro, Minas Gerais, São Paulo, Bahia em 1832.

Sobre todos estes movimentos consideramos em primeiro lugar, o fato de que: no processo de formação política da nação foram varridos da memória social, encobertos pela história oficial e por mecanismos da história tradicional, como forma de desprezar, apagar ou fazer esquecer a centralidade dos movimentos sociais populares e de movimentos sociais mais amplos, como eventos centrais do processo de construção e conquista da cidadania plena de direitos no país. Apagar a memória ou estabelecer movimentos historiográficos que minimizam tais acontecimentos levaram a sociedade civil e política no Brasil a desconhecer o significado e relevância destas lutas para a configuração das lutas presentes e para a cidadania contemporânea e seus desafios.

Sobre os movimentos sociais aqui retomados cabem inúmeras observações: suas características e configurações são múltiplas, dada a multiplicidade e diversidade de classes sociais, campos culturais, lugares sociais, territorialidades, identidades religiosas e étnicas que se sobrepõem aos seus participantes.

As diferentes territorialidades revelam o caráter regional que demarca cada um deles, mas suas ações, mesmo que regionais, expõem as capacidades de comunicação destes grupos nos territórios que atuaram demonstrando sua interação com a política nacional. Suas estratégias de articulação local e regional para ações e planos faziam uso da imprensa e de mecanismos diversos de propaganda e agitação política. Da analise das revoltas, sedições e levantes extraímos ações organizadas como a da documentação de planos e estratégias de tomada de poder revelando a produção de ideias políticas, táticas e proposições práticas de governança. Assim foi com o plano de ataque dos Malês – assinado por um escravo de nome Mala Abubaker. Podemos também visualizar preocupações com agitação política, propagação de princípios e preceitos do liberalismo radical e do republicanismo nas práticas de propaganda e agitação política do jornal de caráter liberal popular que dava voz aos Praieiros, por exemplo, além das práticas de agremiação/associação para promoção de grupos sociais e princípios comuns como a "Sociedade Federal" organizada por ativistas intelectuais – Cipriano Barata e Teófilo Otoni – do grupo liberal radical que se professava pela descentralização política da monarquia Bragança.

No que diz respeito às pautas e reivindicações, a multiplicidade e a diversidade novamente se fazem presentes. Nos movimentos sociais do período abordado duas linhas mestras podem ser apontadas: autonomia econômica e política – o que atrelava as lutas aos desígnios da descentralização política; e, a conquista e o acesso a direitos – sejam direitos civis, políticos, sociais ou econômicos.

Das sedições e revoltas escravas, os Malês e a Revolta de Manoel do Congo (1839) representam as rebeliões escravas que contestaram a estrutura central do poder econômico da monarquia e da economia cafeeira, na medida em que, escravos em revolta, praticando rebeldias, fugindo, matando capatazes, organizando quilombos e almejando tomar o poder de uma cidade como Salvador, no século XIX, constitui-se um processo claro de luta por liberdade, pela quebra de grilhões, a contestação do poder da elite branca, a reivindicação do direito de ser igual na lei e na ordem social e econômica.

Nos movimentos regionais liberais populares compostos por um rol de conflitos armados, manifestações de ruas e verdadeiras guerras – como a dos Cabanos no Pará – grupos populares, agregando indígenas, negros, mestiços e moradores pobres de áreas economicamente degradadas em cidades e vilas, empreenderam uma luta social contestadora do poder centralizado da monarquia, revelando ao mesmo tempo, objetivos separatistas, anseios por autonomia política e as reivindicações de direitos sociais e econômicos que passavam pela contestação do monopólio da propriedade da terra e questões do trabalho e da moradia.

Na diversidade de pautas e objetivos dos movimentos e lutas sociais do XIX, cabe ainda destacar os movimentos de caráter claramente republicano, pois, sob o discurso do republicanismo a luta por direitos civis, políticos, sociais e econômicos se fez. A Sabinada (1837), na Bahia, revolta de caráter urbano resultou dos desmandos do poder central em relação aos anseios de autonomia provincial da Bahia. A Sabinada se destacou como um movimento urbano coordenado por uma ampla campanha de opinião, com a presença marcante de radicais liberais representantes das classes médias urbanas. A liberdade de imprensa foi o grande motor do movimento, calcula-se que a Bahia possuía mais de 60 jornais circulantes na época, que preconizavam a autonomia provincial, liberdade de imprensa, controle do poder central. Sob a bandeira do republicanismo a Sabinada eclodiu com a finalidade de tornar a Bahia uma república e instalar ao povo baiano os direitos civis e políticos preconizados no liberalismo clássico europeu.

A participação social de amplas camadas e classes foi expressivamente diversa nos movimentos sociais do período. Membros da elite econômica, como fazendeiros e comerciantes de porte exportador, membros do clero, militares, intelectuais, profissionais liberais urbanos das camadas médias, lutaram, muitas das vezes, ao lado de trabalhadores pobres, posseiros, agregados de fazendas, mestiços libertos, indígenas e escravos. Em diferentes momentos do processo de sedimentação do Estado nacional alianças muito amplas foram possíveis entre segmentos sociais e classes diversas, tornando os movimentos híbridos e de caráter amplo. A Guerra dos Farrapos (1835) foi a mais significativa luta social que se caracterizou por uma liderança de grupos economicamente privilegiados sob um matiz social que variava entre agregados da terra, classes trabalhadoras urbanas, liberais radicais intelectualizados e mestiços e escravos.

No Rio Grande do Sul entre 1835 e 1845 um exército formado por um contingente de 5000 homens liderados por caudilhos locais instauraram um governo que se manteve autônomo por praticamente uma década expulsando as tropas e o próprio governo imperial do território gaúcho.

Efetivamente, na série de lutas e movimentos sociais registrados na história da monarquia brasileira, quando consideramos os desafios do tempo histórico e do contexto das lutas, devemos compreender que, do ponto de vista da configuração do Estado nacional, foram a unidade nacional e o controle social os elementos fundamentais do projeto de nação. Em consonância, a repressão violenta das sedições, movimentos, rebeliões e a organização de verdadeiras guerras contra as sedições separatistas se justificaram como forma de assegurar o projeto conservador e elitista de nação. De outro lado, os movimentos sociais desse período se desenvolveram tendo como amálgama o seu próprio projeto nacional articulado à consolidação da cidadania. Em matizes muito mais entusiásticas quanto à vida nacional, assentada em preceitos do liberalismo radical e popular, as lutas sociais fizeram emergir uma polissemia de vozes que inspirou as sedições que clamavam pela autonomia política das províncias, pelas liberdades de expressão e culto, pelo direito ao voto, pela igualdade civil para todos os homens e mulheres (inclusive escravos), pelo direito ao acesso e permanência na terra, pela moradia decente.

De fato, diante de um Estado e de classes dirigentes empenhadas em conservar estruturas que remetiam aos domínios coloniais, quanto à propriedade da terra, a propriedade de escravos e a monocultura exportadora, devemos aos movimentos sociais deste período, na sua amplitude de características e objetivos e, em toda a sua polissemia, os aportes da construção de nossa cidadania de direitos no Brasil (Ghon, 1995).

No século XIX, o conjunto de lutas sociais e movimentos emergentes deixaram uma marca na história brasileira como fenômeno histórico, político e social dotado de força suficiente para abrir caminho à República, à Abolição, a sedimentação de direitos civis e políticos e, principalmente, os movimentos do trabalho, dos operários urbanos, de intelectuais, de trabalhadores rurais que teriam o desafio de enfrentar a República Cafeeira.

1889-1930: a República dos privilegiados, e o direito à cidade

Em novembro de 1889 a monarquia dos Bragança chegou ao fim e como vitorioso emergiu o movimento republicano, que, desde 1873, havia instalado o partido republicano. Os partidários do insipiente partido – militares, oligarcas cafeicultores, intelectuais e membros de classes urbanas ascendentes – propagavam a ideia de progresso por meio da ciência e do racionalismo, propondo a extinção da monarquia e estabelecimento do federalismo como forma de descentralização política e autonomia econômica dos territórios federados. As versões tradicionais que tanto republicanos quanto monarquistas, do fim do XIX, proclamaram relacionavam o advento da República as questões do Império e à Guerra do Paraguai (1864). A historiografia tradicional corrente brasileira disseminou a versão de que a proclamação da República resultou das crises que abalaram a monarquia: questão religiosa, questão militar e abolição. As primeiras versões se estabeleceram enfocando as grandes crises a partir do "olhar" dos cronistas da época, afirmou Viotti (1999), o que desviou a possibilidade de entendimento do processo de modernização em curso, este sim, o grande responsável pelos primeiros eventos políticos, socioculturais e econômicos do século XX.

A República resulta dos desafios da modernização cafeeira, da urbanização crescente e, principalmente, do processo de substituição da mão de obra escrava para o trabalho livre. Profundas transformações se operavam no país: a decadência da oligarquia tradicional escravista; abolição; imigração; processo de industrialização e urbanização; antagonismo entre zonas produtoras exportadoras; campanhas federalistas. A ação dos setores mais progressistas da economia eliminando o trabalho escravo expunha relações capitalistas que necessitavam de reformas e vitórias sobre os setores retrógrados, escravistas e monarquistas fazendo da última década do

Império um período de grandes mudanças econômicas. As ferrovias revolucionaram os meios de transportes, os barcos a vela foram substituídos por vapor; os seculares engenhos de açúcar deram lugar à criação das modernas usinas açucareiras graças à energia elétrica; a telefonia revolucionava o setor da comunicação. A introdução da mão de obra livre e imigrante no Oeste paulista e o corrente processo de urbanização, dentre outras questões, imprimiram à sociedade brasileira uma maior diversificação: importadores, surgimento da pequena e média burguesia, profissionais liberais, funcionários públicos, financistas e empregados do setor financeiro, trabalhadores urbanos dos mais diversos setores e a consequente diversificação do pensamento, cultura e das ideias políticas.

A modernização do modelo político administrativo surgia como fórmula da modernização econômica, porém, o pacto entre civis e militares na proclamação da República contemplava as artimanhas necessárias à garantia da ordem pública e social no país e uma repactuação conservadora do conjunto de direitos civis e políticos instituídos na constituição de 1824 (que havia sido regida pelo estatuto da escravidão).

A Constituição de fevereiro de 1891 instituiu a República Federativa dos Estados Unidos do Brasil, atribuindo autonomia aos estados federados, estabelecendo o regime presidencialista como forma de governo, a representatividade pelo voto direto e reconhecendo os direitos civis da liberdade e igualdade jurídica.

O elo entre militares e civis não se sustentou por muito tempo, uma vez que a questão da autonomia dos territórios federados tornou-se o pomo da discórdia entre ambos. O positivismo francês que influenciou fortemente as academias militares brasileiras apontava como necessidade do Estado republicano nascente um governo central forte tendo o presidente da república como figura influente e dotada de poderes. A situação de discórdia se materializou com a queda do governo Marechal Deodoro (1891) após sua tentativa de fechamento do Congresso Nacional, que, por meio da Lei de Responsabilidade, almejava limitar e controlar poderes do presidente da república.

Na crise republicana, gestada em seu próprio berço, o governo Floriano Peixoto (1891-1894) igualmente militar, sustentou-se como guia da nação preocupada em pacificar a Revolta Federalista, no Rio Grande do Sul. Floriano foi financiado pela elite cafeeira paulista no combate à revolta gaúcha e garantiu uma sucessão presidencial que elegeu o primeiro presidente civil – Prudente de Morais (1894-1898) – empenhado em garantir o fortalecimento das oligarquias regionais do Sudeste e a maior autonomia político/econômica dos estados federados.

O momento econômico da virada do século XIX ao XX sedimentava o regime republicano, a construção do federalismo e uma posição econômica do Brasil no capitalismo mundial como grande exportador de café e um mercado importador promissor. A economia cafeeira enriquecia fazendeiros do Sudeste colocando o país na rota dos investimentos internacionais, na medida em que, demandava a ampliação dos investimentos na estruturação do sistema de transporte ferroviário, a modernização de serviços portuários, a estruturação das comunicações, serviços de eletrificação e energia, dentre outros.

A modernização das capitais brasileiras, principalmente São Paulo e Rio de Janeiro, foi o ícone deste momento econômico. Ambas as capitais viveram um processo de reestruturação urbana, de reconstrução de identidades e transformação da organização sociocultural que Nicolau Sevcenko (1992) denominou "processo de metropolização".

A capital da República, o Rio de Janeiro e seu porto, concentrou a comercialização do café vindo do Vale do Paraíba, da região fluminense e de Minas Gerais. Este movimento econômico incrementou o setor de serviços e o comércio propiciando ao Rio de Janeiro um surto industrial que, entre 1840 e 1885, colocou a cidade no centro da insipiente indústria brasileira, englobando a indústria de tecidos, alimentos e bebidas passando a reunir a maior população operária do país.

Em sequência à produção fluminense, o café iniciou sua marcha para o Oeste paulista e a capital do Estado de São Paulo, após a inauguração da estrada de ferro Santos-Jundiaí em 1867, tornou-se a grande capital exportadora através do porto de Santos. São Paulo começou a crescer aceleradamente, e de 30 mil habitantes em 1870, abrigou 286 mil habitantes na virada do 1900. De cidade caipira e de menor importância no período colonial, passou a cidade populosa e representante maior da riqueza cafeeira e, nos idos dos anos 1920, da atividade industrial no país. São Paulo, como centro da economia cafeeira recebeu um número altamente significativo de imigrantes recrutados entre as camadas mais pobres da população europeia, a fim de substituir a mão de obra escrava na lavoura do café e trabalhar na indústria crescente da região.

População crescente e em diversificação caracterizaram o espaço urbano, tratado por Sevcenko (1992) como território do desenraizamento e emersão de identidades múltiplas com a ritualização de movimentos de massa na vida social, cultural e política. A metrópole se constituiu num território de mobilização de massas. Mobilização coletiva ritualizando a concentração de massas nos esportes, através do futebol e das corridas de automóvel, no carnaval de rua, no *footing* urbano, no trânsito de automóveis nas avenidas da área rica da cidade, das festas de rua e nos comícios das organizações populares e de operários.

Em sua diversidade, o espaço público passou a comportar a multiplicidade de sujeitos presentes no processo de metropolização. Aos ex-escravos e seus descendentes livres, à população mestiça pobre e à elite branca juntaram-se uma massa populacional de matizes étnicos, político, nacional, social e religioso múltiplo compondo a mão de obra dos setores, agrícola, de serviços e do setor industrial crescente, ocupando os espaços da cidade e fazendo-a se expandir.

Neste processo, o poder público e econômico procurou recompor e redefinir o espaço urbano como elemento chave da modernização no contexto do fenômeno da metropolização. Fábricas se instalaram ao longo dos trilhos da ferrovia e, em torno das fábricas, os núcleos de habitação populares fazendo surgir os bairros operários do Brás, Mooca, Pari, Belenzinho à leste da cidade; Barra Funda e Bom Retiro à noroeste; Ipiranga ao sul. Do centro em direção às colinas altas e arborizadas de São Paulo, à oeste instalam-se os palacetes das elites cafeeiras, dos importadores e financistas, primeiro Higienópolis, depois a Avenida Paulista e os Jardins.

A partir de 1906, o arquiteto Ramos Azevedo empreendeu o projeto de reurbanização que visava embelezar e sanear o Centro de São Paulo. Intensificaram-se as obras de canalização de córregos e rios, em voga desde 1865; prédios e igrejas coloniais foram demolidos para abrigar construções modernas inspiradas na arquitetura e estilo europeus: as ruas receberam calçamento adequado para os trilhos dos bondes, iluminação elétrica e gás encanado. Vivia-se a imitação das capitais francesa e inglesa nos cafés, bares e teatros, frequentados por estudantes de direito do Largo São Francisco, intelectuais, cafeicultores e representantes dos novos grupos urbanos que tomavam a cena pública.

Desde o fim do Império, e, impulsionado pela República, o Rio de Janeiro também seguia o rumo da metropolização. A capital era centro das transações políticas e sediava o porto mais importante do país. Neste processo, desde 1893, uma verdadeira operação de guerra efetivada pela intendência municipal da capital expulsou cerca de dois mil moradores do famoso cortiço "Cabeça de Porco" que se localizava no centro comercial da cidade. Chalhoub (1996), na obra *Cidade Febril*, narrou o processo de expulsão da população e a consequente ocupação dos morros próximos à região pela população urbana desabrigada na ação pública.

Com o governo de Rodrigues Alves (1902-1906), o Rio intensificou ações de transformação urbana. Com a população crescente, devido à imigração europeia e a concentração de ex-escravos, na cidade os problemas de moradia, falta de condições sanitárias, desemprego, baixos salários, carestia e fome se amplificavam. Moléstias como a febre amarela e a varíola assolavam vidas e assustavam os estrangeiros que vinham ao Brasil à procura de negócios lucrativos. Recebendo vultosos empréstimos estrangeiros, Rodrigues Alves delegou ao prefeito Pereira Passos e ao médico Oswaldo Cruz amplos poderes para uma completa reurbanização no Rio. As obras no porto tiveram início em março de 1904 e empregaram cerca de dois mil trabalhadores. O cais do porto foi reestruturado para comportar os transatlânticos que movimentavam o comercio mundial, as ruas do centro da cidade e as que davam acesso ao porto também foram modificadas, alargadas, tomando aspectos de avenidas com iluminação elétrica, paisagismo e novas linhas de bondes.

As transformações urbanas afetaram profundamente os hábitos e costumes dos moradores da zona central da cidade. Da região do Mangue até a Gamboa a remodelação das ruas acarretou a demolição de várias casas e prédios com finalidade de alargamento da Avenida Central e das ruas do Acre, Visconde de Inhaúma, Sete de Setembro, São Bento. A população mais pobre que se concentrava no Centro e lá vivia de várias ocupações econômicas, desde os tempos da cidade imperial, teve obrigatoriamente de deslocar-se. Por essa época as periferias, ao longo das linhas de trem e os morros foram intensamente ocupados por esse contingente de desabrigados, expulsos e sem tetos urbanos.

O serviço de saúde pública tentava erradicar as doenças epidêmicas – febre amarela, peste bubônica, sarampo e varíola – e o amplo trabalho de combate à febre amarela começou em 1903. Brigadas sanitárias em conjunto com a polícia percorriam ruas e casas limpando, desinfetando e matando mosquitos, com poderes de exigir reformas nas residências, interditar e solicitar demolição de moradias, internar os doentes, prender os resistentes. Os cortiços, a forma massiva da moradia popular do Centro do Rio de Janeiro, tornaram-se o alvo central do poder público.

O programa intensivo de obras públicas e a reforma urbana orientavam-se pela prática higienista advinda do cientificismo eurocêntrico do século XIX, de modo genérico e demarcadas as diferentes bases históricas e teóricas que se abrigaram no pensamento higienista, segundo este, as populações pobres e miseráveis das metrópoles comportavam em sua existência econômica sobrevivências culturais condenáveis a serem extirpadas – as formas de morar, de vestir, de trabalhar, seu lazer, seus hábitos alimentares, seus hábitos de curar, suas manifestações e crenças religiosas.

No Brasil, a visão acerca das classes pobres e das classes perigosas mesclaram-se e frutificaram sob a égide da República. Na leitura de Chalhoub (1996) o regime republicano consolidou uma interpretação historiográfica e política que criticou e caracterizou o regime monárquico como um regime paternalista e propenso a conservar o tradicionalismo e a cultura popular como herança do colonialismo. Desta maneira, a hegemonia republicana foi construída sob a égide do discurso científico e do combate à tradição e a cultura popular baseando-se no higienismo como proposição ideológica de solidificação da hegemonia urbana e modernizadora pretendida pela oligarquia do café.

Na prática, a hegemonia política republicana dependia de um reordenamento estrutural da política e da relação das classes sociais como um todo, principalmente do controle das classes populares e trabalhadoras. O higienismo fundado no princípio do contágio social exprimia a preocupação com as classes pobres como "doença social" e as possibilidades de "contágio político" da sociedade na sua totalidade. A partir dos elementos presentes na pobreza, materializados nas habitações coletivas, ex-escravos, mestiços, estrangeiros e trabalhadores diversos viviam seus próprios hábitos distante do controle dos poderes públicos. O ócio, a vida sexual, o uso do álcool, tabaco, outras drogas e o jogo corporificavam estereótipos sobre o homem comum produzidos pelo higienismo, pensamento responsável pela interpretação do cotidiano da pobreza como uma situação recorrente de perigo: o perigo do contágio de seus hábitos a toda uma geração futura, seus filhos diretos, e, aos "filhos da sociedade brasileira", daí o sentido do termo classes perigosas no Brasil.

De fato, a interpretação republicana sedimentou o conceito de classes pobres como classes perigosas que ofertavam ao todo social os impedidores da organização do trabalho sob a lógica capitalista, a manutenção da ordem pública, a moral e a religião cristã. Na cidade, o popular representava algo perigoso, justificando decretos que regulavam e punham sob alvo os ambulantes, mendigos, os jogos populares, quituteiras, manifestações religiosas tradicionais do candomblé, os batuques, a capoeira.

A criminalização das manifestações estéticas, religiosas e dos costumes da cultura popular somada ao medo da eclosão dos movimentos sociais ocupava o universo de preocupações das classes dominantes que reprimiram toda e qualquer reação e resistência político cultural das classes populares e trabalhadoras do campo e da cidade. A Guerra de Canudos (1896) foi o primeiro e exemplar evento que revela o verdadeiro pavor que o pensamento conservador republicano desenvolveu acerca da *oclocracia*.[5] A república, que

---

5 Como conceito, sobre a olocracia diríamos ser um sistema de governo em que predominam as classes populares. No contexto de nossa abordagem

viveu em seus primeiros momentos o desafio de vencer a Guerra de Canudos, tomou para si o princípio da ordem pública, materializada na máxima da ordem e progresso social. Na verdade, a república declarou a intolerância aos movimentos sociais e a sublevação popular já em seu berço, demonstrando a repulsa ao liberalismo popular e à democracia.

Entre 1889 e 1930, um número significativo de eventos que envolveram as forças repressoras nacionais – o Exército – e as forças repressivas regionais delinearam na história da cidadania brasileira, os limites dos direitos do povo às liberdades civis, à manifestação e ação política e aos direitos sociais.

A partir do evento inaugural de Canudos, a república oligárquica demonstrou sob os eventos da Revolta da Vacina (1904), Revolta da Chibata (1910), Guerra do Contestado (1912) e da repressão às greves operárias das décadas de 1910 e 1920, toda intolerância do Estado patrimonialista[6] em relação ao movimento social. A regra condutora da ação do poder público edificou-se sobre a defesa inconteste do patrimônio privado e repressão policial a todo e qualquer luta social.

A Guerra de Canudos iniciou-se em 1896, quando as forças regionais baianas combateram uma organização de sertanejos que resistiam ao processo de expropriação e expulsão de terras, à ausência de trabalho, à miséria e a fome, em um povoado fundado por eles

---

dizemos que o pensamento conservador brasileiro praticou a intolerância política sobre qualquer possibilidade de predomínio da maioria popular no sistema político republicano.

6   Raimundo Faoro (2014 [1958]) definiu o estado brasileiro como estrutura moldada pelo regime patrimonialista, formado por estamentos sociais dominantes, altos funcionários da Coroa, e depois, pelo grupo funcional que sempre cercou o chefe de Estado, no período republicano, o estamento funcional governante. Em decorrência do domínio estamental este Estado se articula ao tipo tradicional de dominação política, em que o poder não é uma função pública, mas sim objeto de apropriação privada.

na região do Rio Vaza-barris. Tornou-se uma guerra de repercussão internacional empreendida pelas forças armadas nacionais, que mobilizou cerca de 12 mil soldados originais de 17 estados da federação brasileira. Após três expedições derrotadas, o Exército nacional empreendeu um ataque mortal, utilizando dos equipamentos bélicos mais modernos da época, contra os residentes do Arraial de Canudos. O saldo final dos combates foi um número estimado de 25 mil mortos, cerca de 5 mil soldados, contabilizados pelo exército, e, 20 mil sertanejos, na sua maioria mulheres e crianças.

No rastro de Canudos surgiram conflitos que tiveram como palco a cidade e, como amálgama, o contexto da metropolização em curso nas capitais de São Paulo e Rio de Janeiro. Muito mais do que um movimento caótico e desorganizado, a Revolta da Vacina teve seu estopim nos acontecimentos fomentados pelo amplo debate na imprensa nacional e no Congresso acerca da proposição da vacinação obrigatória. O debate generalizado tomou os jornais da época e envolveu políticos e intelectuais, inclusive Rui Barbosa, que se posicionou contra a obrigatoriedade da vacina.

Informações desencontradas, especulação e uma atividade de imprensa preocupada, mais com a polêmica antigoverno do que com a informação, fez repercutir um caso de infecção generalizada pós-vacina que originou a fundação da Liga Contra a Vacina Obrigatória, no Centro da Classe Operária, associação de trabalhadores operários da cidade. No primeiro comício chamado pela Liga, em 5 de novembro de 1904, ampla mobilização popular tomou a cidade do Rio de Janeiro. Em decorrência, múltiplos conflitos com a polícia foram registrados: na rua do Teatro, na rua do Ouvidor, na Praça Tiradentes. As pedras, madeiramentos e entulhos da reforma urbana foram transformados em armas no choque entre a polícia e os manifestantes.

Na noite após o evento, no Centro da Classe Operária, três mil pessoas se reuniram em assembleia e saíram em marcha até o Palácio do Catete. Além da polícia o exército entrou em ação. A cidade se transformou num palco de guerra. Consolidou-se uma rebelião com barricadas populares. Simultaneamente, um golpe das forças militares, estava sendo planejado para o 15 de novembro, movimento em que oposicionistas florianistas, jacobinos (liberais radicais) e inclusive monarquistas – se uniram, aproveitando a rebelião popular para depor o presidente Rodrigues Alves.

A Revolta da Vacina pode ser interpretada como uma luta popular em função e defesa de direitos – o direito a não vacinação – o que atribui à ação dos populares um caráter e um sentido político, não necessariamente um sentido de participação política formal, porém um sentido de questionamento da violação, por parte do Estado, dos preceitos mínimos da cidadania civil.

No rastro da repressão violenta do poder republicano, o saldo da revolta foi de um número de 30 mortos, uma centena de feridos e cerca de mil prisões, às quais se seguiram um número de ao menos 460 deportados do Rio de Janeiro para o chamado "inferno" amazônico no Norte do país.

Em 1910, no governo de Hermes da Fonseca (1910-1914), novamente, a cidade do Rio de Janeiro serviu de cenário a um episódio marcante do confronto entre a república oligárquica e os movimentos populares. Na noite de 22 de novembro, a presidência da república foi comunicada de que o baixo escalão da Marinha brasileira estava rebelado. João Candido, um simples contramestre, negro, compunha o comando central de um conjunto de outras lideranças que assumiram o comando de uma esquadra de guerra formada por dois dos encouraçados mais modernos da tecnologia de guerra náutica no mundo: o Minas Gerais e o São Paulo, e pelo couraçado Deodoro. No escopo da modernização, a Marinha nacional ocupava o terceiro lugar de maior potência naval internacional, em sincronia com a metropolização da capital da república, que havia ultrapassado o número de um milhão de habitantes.

Desde 1908, o encouraçado Minas Gerais compunha a frota nacional, ele havia sido fabricado na Inglaterra, onde marujos brasileiros, entre eles João Candido, acompanharam sua construção, ao mesmo tempo em que foram ensinados a manejá-lo. Os marinheiros de baixa patente eram recrutados entre as classes populares e a massa de descendentes de escravos, num processo compulsório de alistamento gerenciado pelas forças policiais. Negros, mestiços e homens jovens da população pobre em geral eram forçados a servir a armada por um prazo de até quinze anos. A origem social dos marinheiros demarcava a rigidez do código correcional da marinha, em que imperavam os castigos físicos como método de disciplinarização e repressão aos servidores. O fim dos castigos físicos corporais previstos como forma de punição foi a pauta central da Revolta de 1910.

Com a tomada das embarcações os marinheiros procederam manobras apontando os canhões para a orla fluminense e ameaçaram com o bombardeio. A pauta de reivindicações dos rebelados foi imposta à Marinha e uma crise se instituiu no alto comando. Outros navios se subordinaram ao comando dos revoltosos e não haviam forças militares para combater o poderio da força naval rebelada.

No dia 26 de novembro, após um conjunto de negociações o governo republicano acenou com o acordo que acatava as reivindicações dos marujos e a concessão de anistia aos cerca de 800 rebelados.

Em cumprimento do acordo os navios foram devolvidos ao alto comando e as armas entregues. Um conflito público se estabeleceu ao final da revolta, quando o oficialato da Marinha, após conceder a anistia, passou a questioná-la publicamente. Um debate nacional se instituiu envolvendo o governo, a imprensa, políticos e intelectuais divididos em duas opiniões: o cumprimento e o descumprimento do acordo. Novamente a figura de Rui Barbosa surgiu em defesa do cumprimento do acordo com os rebelados, no entanto foi voz vencida.

Em 25 de dezembro de 1910, um navio deixou a baía da Guanabara levando consigo cerca de 250 marinheiros envolvidos diretamente na articulação da rebelião, dentre centenas de presos comuns. O barco se dirigiu à Amazônia, lugar para onde se enviavam deportados. Dos registros desta macabra viagem sabemos que diversos marinheiros foram fuzilados e lançados ao mar, mais de uma centena de presos comuns foram vendidos como mão de obra escrava para exploradores de borracha e o restante foi encarcerado em prisões do dito "inferno verde" onde esteve João Candido, um dos poucos sobreviventes desta viagem.

Em 1911, dois mil marinheiros foram expulsos realizando assim, uma verdadeira limpeza na corporação configurando a violência brutal e a repressão efetivada pelo governo da federação alinhado aos poderes e governos regionais e apoiada pelas elites econômicas contra grupos da base social. As práticas repressivas se intensificaram com o passar da década de 1910, na medida em que, os grupos de trabalhadores de categorias diversas e outros segmentos populares construíam estratégias e ações políticas organizadas no enfrentamento do Estado, na construção de resistências políticas e na conquista de direitos políticos, civis e sociais.

As greves operárias que se estabeleceram entre 1902 até meados de 1920, no eixo metropolitano São Paulo e Rio de Janeiro, complementam o conjunto de movimentos sociais da Primeira República responsáveis: pela coordenação das resistências às práticas repressivas do Estado, pelo advento da construção da sociedade política e pela inauguração da demanda por direitos sociais no país. De maneira muito genérica podemos dizer que, a situação urbana articulada às questões do mundo do trabalho, concretizado na exploração e submissão do trabalhador operário ao sistema fabril, concentram o conjunto necessário de razões que desencadeiam as primeiras organizações operárias do século XX e desenham suas primeiras manifestações públicas.

Os operários do Brasil compunham-se de uma matiz diversa de trabalhadores que pertenciam ao setor público como os ferroviários e trabalhadores do sistema portuário e aos setores privados da tecelagem, indústria alimentícia, indústria química. Eram trabalhadores de origem nacional e imigrantes de múltiplos países – Itália, Espanha e Portugal. Essas múltiplas nuances se refletiram em um movimento operário diversificado com influencias de orientações liberais radicais, socialistas, anarquistas e posteriormente comunistas.

Nos primórdios do processo de substituição de importações no Brasil, o trabalho na indústria não oferecia o mínimo de direitos do trabalho, já conquistado por um rol de trabalhadores europeus. Em sintonia com as conquistas dos trabalhadores europeus tentativas foram empreendidas por este grupo diverso, no sentido de organizar associações, sindicatos, partidos operários e a participação de operários na representação política da democracia liberal brasileira, uma vez que à maioria dos trabalhadores fabris se negava o direito de participarem de forma ativa da atividade política. Para José Murilo de Carvalho (1987) o sistema republicano e seu compromisso com a manutenção do poder oligárquico resistia a uma cidadania ativa para a massa populacional, fato reconhecido, logo no período inicial republicano pela classe trabalhadora urbana, que colocou-se em movimento de ação organizativa. Segundo Carvalho, desde 1890 várias ações de trabalhadores se estruturaram com a finalidade de criação de um Partido Operário, muitas foram as lideranças operárias desde então, diferentes e múltiplas foram as orientações políticas: socialistas, anarquistas, liberais e independentes.

Apesar da diversidade de proposições, os conhecimentos sobre os limites da cidadania e a fragilidades dos direitos civis ofertados pelo poder das oligarquias aninhadas no Estado nacional brasileiro, mesmo que fragmentada e diversificada, a organização operária se instituiu. A organização operária tinha o duplo desafio: garantir direitos políticos e conquistar direitos sociais. Na configuração jurídica republicana o Código Criminal de 1890 instituía a proibição da greve e das associações e entidades representativas operárias.

No que concerne aos direitos sociais, a Constituição de 1891 não legislou sobre a questão do trabalho, fazendo com que as pautas dos trabalhadores operários girassem em torno das reivindicações de direitos mínimos na organização da exploração do trabalho assalariado: remuneração de férias, regulação das horas máximas da jornada semanal e diária, indenizações por mutilações e acidentes de trabalho, pagamento diferenciado pelo trabalho no sábado e domingo, direito a licença médica, fim dos castigos físicos nas fábricas, regulação do trabalho de menores.

Com salários extremamente baixos o operariado enfrentava o desafio de cumprir jornadas de trabalho que duravam até 16 horas diárias, sobreviver com salários parcos, garantir moradia a sua família, custear transporte, o que gerou um movimento de resistência não apenas às condições de trabalho, mas um movimento operário amplo preocupado com o custo de vida, o direito à moradia, os transportes e todo um rol de dificuldades impostas pela cidade ao trabalhador. O período que abarca o final do século XIX e o início dos anos de 1930 foi marcado pela mobilização trabalhadora, dominado por ligas operárias, confederações e associações operárias anarquistas e socialistas. O número de greves nas fábricas de São Paulo foi significativo – entre 1880 e 1900 cerca de 24 greves; entre 1901 a 1914 cerca de 119; entre 1915 a 1929 foram cerca de 116 movimentos grevistas (Simão, 1966).

Sob os efeitos da Primeira Guerra Mundial, em 1917 ocorre uma das maiores greves gerais da história da Primeira República. Ela tem início em São Paulo, no mês de junho, no bairro da Mooca, onde localizava-se a fábrica de tecidos, Crespi. A razão inicial vinculava-se a reivindicação do aumento salarial e ao protesto dos trabalhadores contra a ampliação da jornada de trabalho noturno proposta pela fábrica. Em consonância com os trabalhadores da Mooca, trabalhadores de outra indústria têxtil – a Estamparia Ipiranga – entram em greve no mesmo mês, e em julho, a Cervejaria Antártica, também localizada na Mooca, adere ao movimento.

O movimento grevista se alastrou pela cidade junto com a repressão policial o que culminou no assassinato do sapateiro José Martinez pela polícia. O fato acirrou a cena de conflitos na cidade. O enterro de Martinez levou uma multidão ao Centro de São Paulo e a paralização de trabalhadores nas fábricas já havia atingido 35 mil em cerca de 35 empresas. No mesmo mês de julho, simultaneamente, no Rio de Janeiro se alastrou uma greve geral que atingiu 60 mil trabalhadores.

Da questão relativa ao aumento salarial em São Paulo à concomitância do movimento Rio-São Paulo, que somava 95 mil operários em greve, a greve geral se fortaleceu, o que favoreceu a ampliação da pauta de reivindicações: jornada de 8 horas diárias, semana de cinco dias e meio de trabalho, fim ao trabalho de menores, segurança no trabalho, pontualidade no pagamento dos salários. Somaram-se à pauta salarial as reivindicações junto ao governo central que solicitavam redução dos preços dos aluguéis e dos preços dos gêneros fundamentais, direito de sindicalização, libertação dos operários presos durante a greve e recontratação dos grevistas dispensados.

Com ambas as cidades tomadas pela greve geral e as atividades fabris paralisadas, o governo central e industriais foram forçados a negociação com os operários. Em São Paulo, um comitê de jornalistas fez a mediação necessária para um acordo que concedeu um aumento salarial, pagamento de salários em data fixa ao mês, recontratação dos grevistas e continuidade de negociações com industriais para a melhoria da vida do operário.

Sem dúvida, o saldo da greve de 1917 foi positivo como conquista do movimento do trabalho, pois durante o movimento grevista, diversos sindicatos foram fundados, a Federação Operária se fortaleceu recebendo a adesão de ligas e associações das categorias de trabalho e, ainda, uma articulação entre o movimento operário do Rio de Janeiro e de São Paulo passou a existir.

Em 1919 e 1920 os efeitos desta articulação de 1917 ainda se fizeram surtir. Em 1919 ocorreram novas greves que desencadearam mobilizações de contingentes muito significativos de trabalhadores. No Rio de Janeiro alastraram-se greves pela jornada de oito horas e por aumento salarial que no mês de maio de 1919 somavam 10 mil operários. Em São Paulo na fábrica Matarazzo desencadeou-se um movimento que envolveu cerca de 50 mil operários, têxteis, padeiros, gráficos, metalúrgicos, costureiras, empregados dos frigoríficos. Como pauta central estava a jornada de oito horas, a proibição do trabalho de crianças e do trabalho noturno para mulheres.

A partir de 1920, intensificaram-se as práticas repressivas ao operariado que, por movimentos grevistas consecutivos, havia construído instituições representativas capazes de arrancar do Estado e dos patrões direitos do trabalho. De forma rápida, a reação do governo republicano intensificou a repressão e passou a uma manobra de ataque ao movimento operário articulando medidas que atingiam diretamente as associações e ligas operárias e suas lideranças. Mudanças do Código Penal que já era intolerante à organização e manifestação popular e do trabalho abriram maiores possibilidades ao uso da violência policial na contenção aos protestos e reuniões operárias, à imprensa dos trabalhadores e à ação de seus líderes. Sendo seus líderes a maioria imigrantes, estes passaram a ser perseguidos pela legislação específica da imigração, responsável pela prisão e deportação das principais líderes. Em 1926, uma reforma constitucional ampliou o poder do governo federal nos estados da federação fortalecendo o poder das forças e da ação policial do comando central nos estados federados.

Ao final dos anos 1920, o governo que instalou a república no Brasil, exercia o poder baseado na intolerância à manifestação popular e ancorado na repressão policial, o motivo de seu próprio fim. A república dos privilegiados consolidou-se sobre uma prática repressiva opositora da cidadania plena de direitos. Participação política minoritária, hierarquização da cultura, criminalização dos movimentos sociais, desclassificação da pobreza, desprezo ao direito social, político e econômico do mundo do trabalho foram suas marcas e um dos consequentes motivos de sua agonia profetizada pelo movimento político de 1930.

Na contramão da ideologia higienista, da teoria do branqueamento, do darwinismo social, do pensamento positivista, na medida em que analisamos a construção da cidadania e a conquista dos direitos civis, políticos e sociais no Brasil inaugurado em 1822, como um Império e reinaugurado em 1891, como uma república federalista, é fato a presença da luta e do movimento social como parte da configuração política brasileira. Os movimentos sociais acabam por imprimir uma tônica na história política brasileira, no período, como agentes desencadeadores de processos sociais que expõem a luta e reivindicação do movimento popular na efetivação dos direitos civis, políticos e sociais sempre na contramão do Estado capturado pela oligarquia e seus interesses econômicos.

À guisa de conclusão

Desta maneira, concluímos este breve histórico da trajetória da cidadania brasileira (1822-1930) e reiterando posições iniciais, que a cidadania de direitos no Brasil teve como protagonista o movimento social. A trajetória de nossa cidadania se desenvolveu concretamente a partir da luta social, da organização de classes e grupos populares. A luta social e a contestação da concentração do poder político nas mãos das elites econômicas locais e do poder central com elas comprometidos, foram as formas possíveis para a aquisição de direitos negados pela cidadania desigual proposta pelo estado oligárquico. Em um país de tradições elitistas, inclusive na construção científica e historiográfica, a tendência política foi a de cristalizar visões de uma população agrupada como massa explorada, ignorante, desprovida de elementos modernos necessários à organização racional e, portanto, facilmente submetida a uma cidadania negada em sua essência de participação e exercício de direitos.

Em nosso ponto de vista, a organização do movimento social popular empreendeu, desde a inauguração da nação brasileira, o conjunto de lutas urbanas e rurais que enfrentaram o Estado central e as elites econômicas e políticas regionais com a finalidade de garantir participação política, autonomia local, direitos civis, direitos sociais e econômicos. Desde 1824, o Estado foi o protagonista de uma cidadania da desigualdade quando, logo de saída, em uma constituição outorgada, indivíduos, categorias de trabalhadores, grupos sociais, grupos religiosos, culturais e etnias inteiras foram destituídos do conjunto de direitos estabelecidos por leis excludentes e exclusivistas. O que se produziu na exclusão foi uma verdadeira multidão disposta a somar fileiras do movimento social permitindo que este se tornasse elemento fundamental no estabelecimento dos direitos, da democracia e da cidadania no Brasil.

Como consequência do embate entre o Estado, forças econômicas dominantes e o movimento social na conquista de direitos e construção da cidadania, a história política do Brasil se mostrou uma história violenta até os dias atuais. As forças policialescas, o controle social, a hierarquização cultural, a desqualificação dos saberes populares, a criminalização dos movimentos sociais e da pobreza se transformaram em elementos constitutivos da política tornando o processo de estabelecimento da democracia e, consequentemente, da cidadania um processo igualmente violento. Nossa perspectiva histórica da organização e atuação dos movimentos sociais, no momento inaugural do Estado brasileiro, buscou expor a trajetória de movimentos sociais centrais, que formados por múltiplos personagens e sujeitos das diversas classes, etnias e grupos sociais abriram os primeiros espaços para o exercício de uma cidadania de direitos, edificada a partir da identificação cultural de indivíduos que se reconheciam como um coletivo, a partir das privações econômicas, da carência de recursos, da exposição constante à repressão policial, da discriminação cultural, decidindo atuar em conjunto pela defesa de interesses definidos pelos grupos populares, expressando, à revelia do projeto oligárquico, suas vontades e projetos políticos.

Referências

BLOCH, Marc. *Introdução à história*. Lisboa: Europa-América. S/d.

CARVALHO, José Murilo de. *Os bestializados e a República que não foi*. São Paulo: Companhia das Letras, 1987.

CHALHOUB, Sidney. *Cidade febril: cortiços e epidemias na Corte imperial*. São Paulo: Companhia das Letras, 1996.

FAORO, Raimundo. *Os donos do poder: formação do patronato político brasileiro*. Volume I. São Paulo: Globo, 2014.

FEBVRE, Lucien. *Combates pela história*. Lisboa: Editorial Presença, 1989.

GHON, Maria da Glória. *Historia dos movimentos e lutas sociais: a construção da cidadania dos brasileiros*. São Paulo: Loyola, 1995.

GORENDER, Jacob. *Brasil em preto e branco: passado escravista que não passou*. São Paulo: SENAC/SP, 2000.

HOBSBAWM, Eric J. *A era do capital*. 15ª edição São Paulo: Paz e Terra, 2012.

HOBSBAWM, Eric J. *A era das revoluções*. 35ª edição Rio de Janeiro: Paz e Terra, 2015.

NOVAES, Fernando A. *Portugal e Brasil na crise do antigo sistema colonial (1777-1808)*. São Paulo: Hucitec, 1979.

PRADO JR., Caio. *Evolução politica do Brasil*. São Paulo: Brasiliense, 1986.

SANTOS, Boaventura de Sousa. *Renovar a teoria crítica e reinventar a emancipação social*. São Paulo: Boitempo, 2007.

SEVCENKO, Nicolau. *Orfeu extático na metrópole: São Paulo, sociedade e cultura nos frementes anos 20*. São Paulo: Companhia das Letras, 1992.

SIMÃO, Azis. *Sindicato e Estado: suas relações na formação do proletariado de São Paulo*. São Paulo: Domus, 1966.

VIOTTI, Emilia da Costa. *Da Monarquia à República: momentos decisivos*. São Paulo: Editora UNESP, 1999.

Tradição autoritária e prática democrática no Brasil

Fabio Venturini

O artista não deveria nem poderia pintar aquilo que não ama ou nunca amou.

Goethe

As palavras "autoritarismo" e "democracia" são daquelas que praticamente todo estudante de graduação julga conhecer por autoevidência. Há uma impressão de saber exatamente o que significam, mas uma dificuldade imensa em explicar. E tal dificuldade é plenamente justificável, uma vez que são termos tão corriqueiros no seu dia a dia quanto conceitos complexos que carecem de uma reflexão criteriosa se quisermos compreender o recorte da tradição autoritária e da prática democrática como dimensões necessárias para se compreender a realidade brasileira.

Comecemos então de uma forma exploratória pelos termos, "autoritarismo" e "democracia". Tais palavras costumam ser usadas como conceitos opostos entre si, contraditórios e dicotômicos. Também são comuns em associação com outras aparentemente indispensáveis ao seu emprego: Estado, regime e governo. Tal percepção vem de um quadro teórico-metodológico importante e amplamente empregado nas ciências humanas e sociais, especialmente as ciências políticas, vinculada à sociologia weberiana. As transformações das formas de se organizarem politicamente uma sociedade podem seguir um processo de aperfeiçoamento, a partir da tipificação do Estado ideal, atingindo um estágio civilizado pleno e adequado às demandas de dado recorte espaço-temporal.

Essa idealização é reconhecidamente inatingível, porém de consecução incessante, afim de se chegar no presente a uma sociedade justa ou a menos injusta possível. Tais interpretações, hegemônicas em setores de planejamento de políticas públicas nos Estados mais "maduros", trazem a reboque a movimentação da História por cima como proposição fundante. Se as elites ilustradas administrarem (governo) o estado com eficiência e princípios éticos, atendendo aos interesses mais universais possíveis (regime democrático) dentro de uma racionalidade amparada intelectualmente por uma *intelligentsia* lúcida e institucionalizada, com vocação para tal ofício, o Estado (organização política da sociedade) será mais justo para atender aos interesses da maioria de seus cidadãos. O "povo", por sua falta de ilustração, é como uma massa a ser lapidada e civilizada.[1]

Os meios para se atingirem as tais justiças sociais, vinculadas à ideia de uma cidadania universal, são mediados por um gover-

---

1 A ideia de elite que governa e massa infantilizada que deve ser conduzida é esmiuçada, a partir da crítica da obra de Alexis de Tocqueville, por Domenico Losurdo: *Democracia ou bonapartismo? Triunfo e decadência do sufrágio universal*. São Paulo: Editora UNESP, 2004.

no que dosaria adequadamente concessão de direitos, de modo a não prejudicar a produção material (economia) dessa sociedade, e usando, em último caso, apenas quando extremamente necessário, a violência sob monopólio estatal. A tipificação, contudo, em suas afirmações do ideal traz uma negação imanente. Tudo que sai desse molde é considerado ideologia, no sentido de ideias de quem não detém o mandato democrático de gerir a coisa pública, sendo também, em versões mais radicais, interpretado utopia.

Esta base, resumida aqui certamente de forma absolutamente simples e passível de problematizações mais complexas, embasa estudos consagrados de interpretação da realidade brasileira vinculados ao pensamento produzido no âmbito da Universidade de São Paulo na segunda metade do século XX, marcante em Fernando Henrique Cardoso e Francisco Weffort. No entanto, as reflexões nesse sentido nos apresentam razões para o Brasil que não deu certo, um país sempre no devir, com um presente patologicamente falho. Visto que a democracia burguesa e o capitalismo teriam sido inefáveis, assim como as massas são um todo amorfo e manipulável, os momentos de democracia são tão falhos graças às nossas deficiências históricas naturalizadas que sempre chegamos quase automaticamente a "períodos autoritários", como a tese da ditadura militar gerada pelo esgotamento do "populismo".

Estamos de volta, portanto, ao problema inicial: autoritarismo e prática democrática são antagônicos e excludentes? Nos termos dessa forma de problematizar o autoritarismo e a democracia, a autoridade é vinculada essencialmente ao Estado, sendo ideal (tradição democrática) ou anômalo (autoritário, ditatorial ou totalitário). Este Estado é sujeito e a sociedade civil, incluindo o cidadão "não ilustrado" que carece de formação para cumprir deveres de cidadania.

No sentido lato, "autoritas", no latim, se refere a uma simples fonte de poder, sendo a autoridade qualquer tipo de poder exercido sobre uma pessoa ou um grupo. Com essa abertura, estamos tratando então de algo que não envolva necessariamente a relação dentre grupos ou classes sociais (sentido "clássico" de política), mas pode ser também intelectual, moral, cultural, religioso, emotivo, racial, doméstico etc. No âmbito da política, com o objetivo de encontrar um pacto ou contrato para a convivência não violenta entre os diversos grupos e classes que formam uma determinada sociedade, todas as fontes de poder são passíveis de exercício a partir do reconhecimento daqueles que são submetidos ao superior. Por exemplo, as mulheres podem reconhecer a superioridade dos homens e a sociedade se ajustar a partir da autoridade patriarcal. Porém, quando a fonte de poder (o fato de ter nascido homem ou mulher conferir o direito à dominação) é contestada, o pacto entra em crise. Se aquele que exerce o poder antes do abalo tenta mantê-lo com recursos impositivos origina-se assim o autoritarismo.[2]

Vemos, portanto, que a depender das circunstâncias sócio-históricas, a autoridade em si não é algo necessariamente ruim, uma vez que esse reconhecimento pode decorrer da capacidade identificada no sentido de conduzir o grupo aos seus interesses comuns, com a participação da comunidade. O autoritarismo, no entanto, é o exercício de uma autoridade sem reconhecimento voluntário que viola qualquer pacto consensual e mina a possibilidade de estabelecimento de acordos entre grupos e classes.

Apesar dessa anatomia da autoridade e do autoritarismo presente em reflexões de estofo e importância como as de Hannah Arendt tratarem de âmbitos tanto públicos como privados, o tratamento dessas características apenas em relação a Estado e governo é o que transforma o autoritarismo e a democracia em categorias referentes a regimes de governo, antagônicas e excludentes.

---

2   Para compreender com mais detalhes essa categoria ver: Hannah Arendt em "O que é autoridade?" In: *Entre o passado e o futuro*. São Paulo: Perspectiva, 2000.

Na *Crítica da filosofia do direito de Hegel*, Karl Marx define o Estado como predicado das ações humanas dentro das disputas políticas para constituir e estabelecer as formas políticas de dominação dentro do Estado nacional burguês. Antes de ser um ideal e auge de processo civilizatório, é predicado do que o homem produz na luta de classes.³ Diante das características das relações entre as classes em luta no Brasil, propomos aqui uma análise da tradição autoritária e da prática democrática como elementos complementares da dominação não apenas política, mas econômica e cultural construídas historicamente na formação do Brasil como uma nação de matriz sócio-econômico-cultural europeia em território e com populações distantes da Europa. Ressaltamos aqui o caráter violento dessa formação histórica, sendo violência toda violação física ou psíquica do outro, negando-lhe o direito a ser, impondo-lhe a ser o que não é, contra a sua natureza.⁴

Dominação material

Os estudos sobre a formação econômica no Brasil costumam seguir uma tradição "evolucionista", na qual o capitalismo surge a partir de uma economia escravista e agrário-exportadora. De fato, não é fácil enxergar o capitalismo no Brasil até pelo menos a primeira metade do século XIX considerando as relações de produção do descobrimento até o final do século XIX. Porém, não podemos afirmar que o Brasil somente teve alguma relação com o capitalismo apenas depois da superação da economia cafeeira e do estabeleci-

---

3   Karl Marx em *Crítica da filosofia do direito de Hegel*. 2ª edição revista. São Paulo: Boitempo, 2010.
4   Marilena Chauí em "Uma ideologia perversa". São Paulo: *Folha de S. Paulo*, ´Mais!´, 14/9/1999, p. 3-5.

mento do trabalho assalariado como principal matriz da força de trabalho nacional.

Tal percepção nas interpretações liberais é razoável, uma vez que o capitalismo nessas concepções é parte de um processo "civilizatório". No campo do marxismo que tal percepção ganha magnitude como equívoco. A razão é a excessiva ênfase no processo de produção do valor da mercadoria no modo de produção capitalista descrito no livro I de *O capital*.

Efetivamente, as relações de produção necessárias a um modo de produção capitalista demoraram a surgir no Brasil, ocorrendo inclusive como política de Estado. No entanto, no livro II, Marx descreve o processo de circulação do capital, que é quando uma mercadoria dentro do contexto do modo de produção capitalista pode transcender fronteiras. No livro III o autor alemão é mais específico ao definir o capital como uma totalidade complexa formada tanto pela produção de valor quanto pela circulação do capital. Com esta tese, Marx detende que o lucro de uma mercadoria maximizado pelo aumento do seu valor de troca surge do trabalho explorado em outra empresa, ou seja, o lucro não surge do nada (uma espécie de versão econômica da teoria de conservação de massa), mas das trocas no processo de circulação por onde o comércio capitalista puder chegar, necessário à existência do modo de produção em si.

Mesmo um país que não tenha relações de produção e classes sociais típicas desse modo de produção, pode ser percurso de circulação de capital. Este foi o caso do Brasil que se formou do período colonial e imperial. Esta percepção não fugiu, por exemplo, a Caio Prado Junior, para quem o Brasil nasceu como um negócio além-mar, de natureza abundante, disponível, explorável até todos os limites para satisfazer as necessidades de uma metrópole.[5] Mas houve uma

---

5 Caio Prado Junior em *Formação do Brasil contemporâneo*. São Paulo: Brasiliense, Publifolha, 2000.

série de interpretações importantes a partir da década de 1970 que colocam o marxismo a partir da perspectiva evolucionista, com as interpretações de capitalismo tardio e a da via colonial.[6] Uma vez que o capitalismo se fez presente aqui no processo de circulação do capital mesmo durante o período escravista, seja no império ou na colônia, a oligarquização da terra para sua exploração como bem de produção fez parte de um sistema internacional de relações econômicas, políticas e culturais. A força de trabalho escrava num ambiente de circulação do capital trouxe aspectos não apenas econômicos, mas também o surgimento de alicerces violentos nas relações de produção em que o trabalho sem prestígio (o braçal, o doméstico, o voltado para servir alguém ou à sociedade) se tornasse uma forma de dominação também política e cultural, a segregação do lugar social pelo tipo de trabalho, internalizando e naturalizando o trabalho do branco e o do negro, o do bacharel e o do não estudado.

O escravo do mundo capitalista é um trabalhador explorado até as últimas consequências, subjugado totalmente, com todas as formas de violência física e mental. Não à toa os senhores das fazendas de café preferiam comprar homens com idade entre 15 e 25 anos, uma força de trabalho vigorosa, que são o mesmo gênero e a mesma idade que donos de oficinas têxteis de São Paulo desejam para os trabalhadores que traziam da China e atualmente buscam no interior da Bolívia. É uma questão de formar não apenas um exército de reserva, com a dominação econômica pela propriedade privada dos meios sociais de produção, mas também de estabelecer uma condição de dominação e violência total para com o trabalhador, da qual somente seus

---

6 Ver João Manuel Cardoso Mello em *O capitalismo tardio*. Campinas: Edições Facamp, 2009; e José Chasin em "A via colonial de entificação do capitalismo", em *O integralismo de Plinio Salgado: forma de regressividade no capitalismo híper-tardio*. 2ª Edição. São Paulo, Ad Hominem/UNA, 1999.

filhos se libertarão se entrarem na condição de cidadão sabendo o seu lugar social. É uma forma de dominação capitalista e de *dominação burguesa pela subjugação do trabalhador.*

Política e poder

Florestan Fernandes demonstrou em seu ensaio *A Revolução Burguesa no Brasil* que as oligarquias escravistas agrário-exportadoras se tornaram burguesas num processo de coalescência. A revolução brasileira ocorrida entre a independência e, pelo menos, até o final da Primeira República (1889-1930) transformou os herdeiros do espólio português em donos de propriedades voltadas à produção para fora, até se tornarem uma burguesia agrário-exportadora e, finalmente, burgueses que transitaram durante o século XX e início do XXI entre indústria, comércio e sistema financeiro. Enquanto na Europa a aristocracia foi uma classe derrotada pela burguesia, no Brasil a oligarquia foi transformada por contingências das suas relações econômicas internacionais em uma burguesia local.

O Estado nacional se constituiu sob o rigor de uma classe detentora dos meios sociais de produção, do sistema judiciário e do monopólio da violência física. Para manter a condição conquistada, as atividades econômicas, também por necessitarem de atualização, sendo que os projetos pensados e estruturados de modernização costumaram sair do seio das Forças Armadas, particularmente do Exército, mas sempre com um viés de modernização em ideais civilizatórios do centro do sistema, conservando as estruturas de classes. Esse progresso em função do núcleo orgânico do capitalismo tem sido um movimento avassalador de conquista territorial, oligarquização dos meios sociais de produção e controle total sobre a força de trabalho subjugada por coação, coerção e convencimento.

Os objetivos políticos das classes dominantes brasileiras têm sido assim claros no sentido de manter a dominação, legitimá-la com formalidade jurídica e conter os trabalhadores dominados. Na longa duração buscam estabelecer a ordem dominante como uma ordem burguesa de subjugação dos trabalhadores. Na curta duração usam da violência, de todos aspectos, para desmontar dinâmicas transformadoras que atentem contra os pilares econômicos, políticos, culturais e morais dessa subjugação.

Os olhos destas classes dominantes estão voltados para a Europa e os Estados Unidos, com as costas para o próprio território. É de lá que trazem a sua viabilidade de dominação econômica na condição de subordinadas à burguesia do centro do sistema, porém detentoras do poder de subjugação do território sob sua boca e sua espingarda. É lá no Hemisfério Norte que sonham ser bem-quistos e aceitos como iguais. A civilização, os idiomas e a indústria cultural de lá que valorizam e com os quais se entretêm. Ter nascido à esquerda de Greenwich e ao sul do Atlântico é injustiça cármica.

Para viabilizar esta forma de subjugação as classes dominantes brasileiras necessitam de classes aliadas, frações intermediárias de apoio que se responsabilizam pela operacionalização do Estado, assim como do capital e da empresa privada. O primeiro grupo de classes médias foi historicamente acomodado no aparato estatal a partir de uma população de ascendência europeia, tais como juízes e demais magistrados, militares, professores, tecnocratas diversos e médicos, entre outros. O segundo grupo exerce uma função de classe ideológica vendendo sua força de trabalho para empresas privadas, tais como administradores, engenheiros, contadores, comunicólogos (jornalistas, publicitários, relações públicas) e técnicos em geral. Como classe dominada e ao mesmo tempo privilegiada, sua existência e seus privilégios dependem da manutenção de uma ordem burguesa de subjugação em cascata, com alinhamento ideológico praticamente intuitivo.

A tradição das classes médias tem sido buscar exercer o poder ideológico, fornecendo intelectuais orgânicos, juristas e quadros militares para a defesa dos interesses burgueses de dominação e subjugação, tentando manter distante sinais de ameaças à sua proletarização, a necessidade de realizar os desprestigiosos e humilhantes trabalhos tanto braçais quanto domésticos. Tais tarefas são para pessoas naturalmente "inferiores": pobres, negros, indígenas imigrantes, mulheres, cidadãos não letrados etc. A dominação extremada se torna, ideologicamente, um traço natural a ser corrigido pelos próprios trabalhadores dominados e subjugados. Uma ideologia que atinge a perfeição em termos de perversidade com a busca irracional de justificativas ético-morais que heroicizem e isentem do trabalho desprestigioso quem obtém méritos financeiros ("espírito empreendedor" e sucesso nos negócios) ou títulos acadêmicos.

É muito significativo nesse sentido o argumento humorístico-midiático de que uma pessoa não é digna de cargos eletivos por ter sido torneiro mecânico (logo, "analfabeto") ou humorista nordestino.

É dessas classes ideológicas que saem também resistências políticas e culturais aceitas pela burguesia. O ambiente acadêmico, por exemplo, tem à sua esquerda uma miríade de intelectuais oriundos de famílias tanto da burguesia quanto das classes médias. Porém, a participação popular e de trabalhadores tem obstáculos, entraves estruturais à mobilidade social. O trabalhador tem dificuldades de se fazer representar diretamente. Ademais, o núcleo duro das classes ideológicas reproduz, seja de forma vulgar ou com ilustração, o desprezo, o medo e o consequente ódio do popular e do proletário, contra quem pratica e justifica o uso da violência e da cristalização das relações autoritárias seculares e cotidianas, independentemente do regime de governo.

Voto como sinônimo de prática democrática

Com tal apoio das classes médias, a burguesia local busca manter o máximo que pode da herança colonial e imperial escravista, enquanto engaja o Estado nacional num processo ininterrupto de acumulação primitiva e produção voltada às necessidades do centro do sistema, consumindo por aqui toda a terra e a vida do trabalhador, com agravantes de que essa dominação se potencializa pela humilhação racial e de gênero.

A relação desse Estado, com o trabalhador é de combate, mas para se manter realiza aberturas para alívio de pressão. Para garantir a dominação com subjugação é necessária a aparência de que todos são iguais perante a lei. Os processos eleitorais republicanos brasileiros seguiram uma lógica de abertura paulatina do direito ao voto, sendo altamente restritivo com a Constituição de 1891, até o seu caráter universal e compulsório a partir de 1988. A divisão drástica entre o cidadão e o eleitor, até chegar à condição atual de voto como ato cívico, a "abertura gradual", buscou inicialmente limitar o acesso à escolha dos gestores da coisa pública advindos tanto das elites dominantes quanto das classes ideológicas leais, para posteriormente dominar a própria escolha.

Os momentos em que a ordem burguesa não deu conta de manter uma conciliação entre os inconciliáveis (estado burguês e democracia), lançou-se mão de intervenções violentas, sendo as mais marcantes as duas ditaduras do século XX, ambas com algo marcante em comum: a violência impôs uma nova configuração do Estado pela violência, mantendo a ordem geral como a ordem burguesa, impondo a aceitação com a violência do esquecimento.

Em 1930 Getúlio Vargas assumiu a condição de mediar os interesses burgueses entre frações de burguesia que não tinham condições de estabelecer hegemonia: a cafeeira, agrário exportadora e decadente, diante da ascensão de uma burguesia industrial ainda incipiente. Vargas impulsionou a indústria, acelerou os fluxos migratórios para os centros urbanos e favoreceu também a migração do capital do café para as fábricas, dinamizando a ordem burguesa industrial, mesmo contra os interesses de algumas frações mais conservadoras dessa classe. Para tanto, contou com apoio do Exército, dominado por oficiais que tinham um ideário de modernização, desenvolvimento e tutela da sociedade vetorizados pelo desenvolvimento industrial.

Em 1964 a intervenção violenta sobre a formalidade democrática também mediou os interesses de frações de burguesia: uma local, que demandava proteção comercial e se identificava com políticas "desenvolvimentistas", e outra associada e dependente do capital estrangeiro, a qual servia também de tropa de choque para arrombar o portão que dificultava brandamente a entrada e saída de capitais das grandes corporações transnacionais em território brasileiro.

Nos períodos de formalidade democrática entre as duas ditaduras e apos 1985 as estruturas repressivas foram mantidas (quando não aumentadas) e se realizou uma conciliação pelo esquecimento. As prisões políticas e a tortura realizadas durante o Estado Novo foram jogadas nas gavetas da Delegacia de Ordem Política e Social. Hoje temos mais detalhes sobre a conciliação pelo esquecimento realizada após a ditadura militar, uma vez que tanto as fontes quanto as pesquisas são mais abundantes e temporalmente próximas.

O conceito de conciliação pelo esquecimento resulta do entendimento, pelo Estado ditatorial, de que houve enfrentamento entre dois lados equivalentes e opostos, ou seja, agentes do Estado brasileiro e agentes do comunismo internacional soviético. Ambos estariam armados, aparelhados e articulados em condições similares, promovendo, inclusive, excessos de igual valor, magnitude e intensidade. Portanto, para evitar que o país se mantivesse dividido, seria necessário deixar o passado para trás e iniciar o futuro a partir do perdão geral, de torturados e torturadores. Nesta lógica, a do agressor, não soa como escárnio conceder perdão a um preso político que foi violentado física e mentalmente, afinal foi um ato de guerra pelo bem geral da nação.

Tal lógica não tem qualquer sustentação no mundo real. Aqui nem nos damos o trabalho de discutir a legitimidade de crimes imprescritíveis de lesa-humanidade por julgarmos eticamente inconveniente dar ouvidos a teses bárbaras. O que enfatizamos é o repertório autoritário e violento no relacionamento com o cidadão que assume seu caráter de sujeito político, não apenas de força de trabalho ou gente de bem, disciplinado e obediente. Nos deparamos, então, com a face mais sombria das consequências da tradição autoritária brasileira sobre o estado burguês: a tortura como política de estado de dissuasão do inimigo – o próprio cidadão.

A prática da tortura é secular desde escravidão. Não é muito razoável entender o pelourinho como desconexo do sufocamento com saco plástico e o esculacho policial militar nas favelas e periferias dos centros urbanos do século XXI. Os açoites em troncos não desapareceram, foram metamorfoseados e deslocados para as periferias como prática cotidiana das forças militares (fração de classe ideológica) do Estado no cumprimento de sua missão de combater o perigo do inimigo interno. A dominação política e subjugação dos trabalhadores na luta de classes se traveste de luta contra a barbárie, a vadiagem, o comunismo, o crime hediondo ou o terrorismo.

O artifício cotidiano desta classe ideológica que são os militares (atualmente policiais das unidades federativas) é a tortura. Em momentos de crise de hegemonia da burguesia, nos quais as resistências dentro das classes ideológicas são caçadas para garantir a hegemonia cultural e ideológica, ela se intensifica e chega a atingir os setores à esquerda das classes médias. O torturador até pode atingir seus objetivos por outras formas, mas o objetivo é essencialmente pedagógico. Pelo terror, deixa-se claro o que pode acontecer com quem exerce oposição política ou resistência ao dominador.

O esquecimento forçado para conciliação é espalhado para os não atingidos, porém "atingíveis" pela ação violenta e impune dos aparatos de violência monopolizada do Estado, com extermínios, açoites e perseguições naturalizados, aceitos e defendidos tanto no seio das burguesias quanto das classes ideológicas de apoio e de trabalhadores estocados em bairros destinados a colocá-los no seu lugar social e geográfico.

O Estado burguês brasileiro se encarregou de enquadrar opositores e potenciais opositores. A violência secular de dissuasão é um dos pilares da dominação burguesa formada no Brasil. Nesse sentido, as aberturas se exercem pelo voto. Democracia é sinônimo de voto, o resto é terrorismo ou vandalismo. Logo, crime. Tanto crime quanto um assalto, um estupro ou um assassinato. E este crime só pode ser cometido por quem é dominado, nunca dominador ou aliado deste dominador.

Cultura e ideologia

Até aqui buscamos demonstrar o autoritarismo como uma tradição, no sentido de uma prática cotidiana. Logo, ele não é uma característica de um regime, mas os regimes são influenciados pela prática secular do autoritarismo que perpassa todas as classes no Brasil. O burguês domina o trabalhador; o branco domina o negro, o nativo e os mestiços; o homem domina a mulher, o adulto domina a criança, o jovem domina o velho e o heterossexual domina o homossexual. O homem tem salários maiores que da mulher, a remuneração da mulher branca é maior do que a da mulher negra, as empregadas domésticas (profissão naturalizada no gênero feminino) são majoritariamente negras ou mestiças, de preferência "moças" ou "senhoras", e assim por diante. Mulher negra e pobre que sofre violência do marido não comove, matar um menino negro e pobre é praticamente o ofício dos aparatos de violência do Estado num regime no Brasil que desde 1988 chamamos de Estado Democrático de Direito, em apologias e celebrações do sufrágio universal.

Mas o que efetivamente mudou ao cabo da última ditadura? Basicamente, sobrou tudo, menos a própria ditadura: direito administrativo, função violenta das classes ideológicas militares, dominação econômico-política burguesa entre outros aspectos importantes para manter a ordem dominante como ordem burguesa (objetivos de longa duração) e minar as dinâmicas transformadoras (objetivos de curta duração).[7]

Como um novo pacto sem violações dos protocolos jurídicos democráticos, o sufrágio universal ganhou caráter obrigatório. Em vez de um direito do cidadão, tornou-se uma prática cívica. Logo, se todos exercem, sob penas de sanções pecuniárias e até obstrução de direitos (prestar concurso público, sair do país), a violência física se torna onerosa e inviável para combater os opositores da ordem burguesa.

Ora, os jornais, assim como seus complementares e sucessores, como as revistas, rádios e telejornais se apresentaram como prestadores do valioso serviço de filtragem, interpretação, coleta de depoimentos e construção narrativa, dentro de uma pauta de "interesse público". A definição desses abstratos de "isenção" se dá nas relações de poder, que por sua vez atendem à dominação nas relações de produção. Ou seja, o interesse da pauta é o da classe da qual o

---

[7] Vladimir Safatle e Edson Telles organizaram um trabalho bastante explicativo dessas continuidades da ditadura militar, publicado em 2010, intitulado *O que resta da ditadura*, publicado pela Boitempo Editorial. Também tratamos deste tema em: Venturini, Fabio: *Da ditadura à democracia aparente – a Constituição da República Federativa do Brasil na consolidação da autocracia burguesa*. Doutorado em História. São Paulo, 2014. PUC-SP.

jornalismo é orgânico, apresentado como interesse universal, do cidadão e para o cidadão. Atualmente há até uma ideia concebida em círculos internos de apoio aos governos do Partido dos Trabalhadores de que a imprensa atua com motivações partidárias, como se ela própria fosse uma característica do Estado de tipo ideal. Porém, o seu principal caráter é de serem empresas, uma atividade capitalista que tem como propaganda do seu produto (atenção do público) a informação e a opinião.[8]

Com uma imprensa para o Estado do tipo ideal, duvidar de um periódico jornalístico foi por algum tempo equivalente a duvidar da própria verdade. Muito embora ainda ludibriem grande quantidade de cidadãos (sem contar os que gostam das informações de tal modo que preferem acreditar a saber se são verdadeiras), hoje não é segredo o costume de manipulação de informações, como as realizadas nas eleições presidenciais de 1989 pelo jornalista Alberico Souza Cruz para o programa Jornal Nacional, da TV Globo, na qual o debate entre os candidatos Lula e Fernando Collor de Melo foi adulterado para dar a impressão de que o candidato preferido da burguesia local tivesse mais condições de ser eleito. Com mais ou menos condições e legitimidade, o fato é que o candidato da TV Globo foi eleito no dia seguinte à exibição da fraude, minando as dinâmicas de ruptura de curta duração.

Ora, com o voto dominado pela estetização da política, a dominação burguesa se potencializou pela indústria cultural. Walter Benjamin afirma que "quando Marx empreendeu a análise do modo de produção capitalista, esse modo de produção ainda estava em seus primórdios". Para este filósofo, não era possível naquele mo-

---

[8] Tratamos deste assunto em: "Organicidade de classe e empresas jornalísticas: uma crítica à ideia de partido da imprensa". *Revista de Estudos da Comunicação*, Curitiba, v. 15, n. 37, maio/ago. 2014.

mento entender o que o capitalismo faria com as construções culturais e estéticas.⁹ As duas ditaduras anteriores ocorreram dialeticamente com a mudança das relações de produção para hegemonicamente industriais, inclusive com a industrialização do campo. Hoje 30 anos depois de a comunicação massiva ser a mediação entre o tempo-espaço local e do Estado nacional, podemos perceber uma estetização da política, em que a imagem, a marca e a publicidade definem as escolhas do sufrágio.

A atuação da imprensa, da publicidade e das relações públicas nos últimos 30 anos pós-ditadura seguem no sentido de dar uma percepção agradável a consumo, empreendedorismo, a sustentabilidade pelo viés econômico, o individualismo, o "pensar local para agir local", a cultura burguesa e a responsabilização do subjugado pela subjugação.

A publicidade é imperativa, as relações públicas pautam os públicos com os quais mantêm qualquer tipo de vínculo com interesses corporativos e o jornalismo constrói valores a partir de uma pseudoneutralidade axiológica na defesa do Estado ideal, da democracia burguesa como valor universal. A produção de sentido tornou-se despolitizada e apolítica, afinal, política é voto, e o voto bom é o voto adequado ao conjunto estruturado de ideias das classes dominantes, da ideologia burguesa.

Uma crise através do espelho

Renato Russo foi um dos principais ícones da cultura pop e jovem brasileira no final dos anos 1980 cantando o que jornais não noticiavam. Exatamente no ano de 1989, ele fez em uma de suas

---

9   Walter Benjamin em "A obra de arte na era da sua reprodutibilidade técnica". In: *Obras escolhidas, Volume I – Magia e técnica, arte e política*. São Paulo: Brasiliense, 7ª edição, 1994.

composições a seguinte pergunta: Até bem pouco tempo atrás, poderíamos mudar o mundo. Quem roubou nossa coragem?[10] O próprio compositor responde com a percepção que faz o artista sintetizar em alguns versos o que os acadêmicos tomam capítulos inteiros: Tudo é dor e toda dor vem do desejo de não sentirmos dor. A prática democrática, de realizar um governo de e para os cidadãos de um determinado Estado requer condições propícias. No Brasil, a condição para fazer política é vencer a dor. A certeza do açoite traz o medo da dor. Sair às ruas significa enfrentar uma polícia violenta e com o mandato da tortura e da morte. As revoltas de nossa história acabaram, via de regra, com o extermínio dos revoltosos e um legado imaterial para outros resistentes.

O período de avanço neoliberal iniciado com o governo Collor e continuado até a gestão Dilma Rousseff, com nuances particulares das coligações partidárias em cada governo passando por Itamar Franco, Fernando Henrique Cardoso e Lula, encontrou nas estruturas autoritárias da sociedade brasileira território adequado para tornar a política tanto indesejável, algo criminoso, como um entrave para a atividade empresarial equivalente a desenvolvimento geral da nação. Uma ditadura não foi mais necessária desde 1985 porque se tem tudo para controlar as classes dominadas e subjugadas sem o ônus de aturar um general na presidência ou, como foram Góes Monteiro e Dutra, disputando poder com o chefe do executivo.

Neste período pós-transição ditadura-formalidade democrática, além do desmonte de toda estrutura econômica controlada pelo Estado, houve um processo ideológico de conversão de civismo em cidadania e de cidadão em consumidor. O indivíduo alijado: das suas garantias constitucionais passa a ter eternos deveres para com um comportamento social submisso, disciplinado, difundir a ética

---

10   Trecho de "Quando o sol nascer na janela do seu quarto".

do bom trabalhador dedicado e leal ao patrão, aceitar a fatalidade do seu salário ou a necessidade de mais esforço, tudo isso com a obrigação moral de consumir.

Entretanto, com o esvaziamento do Estado, os antigos atores da política institucional perderam margens de manobra mediante operadores de mercado. Partidos políticos, sindicatos, frações nacionalistas da burguesia, educadores, economistas não liberais, comunicólogos etc. têm sido coagidos a admitir neutralidade axiológica como uma ética procedimental. O Estado capitalista e o neoliberalismo, tratados como inefáveis, convertem em eufemismo a emasculação da ação política. O mercado é a autoridade e a sua proteção pela força é uma questão de segurança nacional. O neoliberalismo não busca acabar com o Estado com imaginam alguns de seus defensores mais inconsistentes, mas privatizá-lo, absorver todos direitos como serviços comercializáveis, como ficou claro na doutrina de reforma do Estado dos governos Fernando Henrique Cardoso: empresas estatais eram "entulho autoritário".

A desarticulação da sociedade civil em prol de uma ética corporativa empresarial, o comércio de convicções na sociedade política e a desindustrialização levou a uma crise tanto de hegemonia (burguesia financeira internacional demandando o Brasil como praça para atenuar os efeitos da crise de 2008 nos capitais de núcleo orgânico contra uma burguesia local que lucra com a parasitagem do Estado) quanto de dominação (rejeição à subjugação) que se apresenta nesta segunda década do século XXI.

Em 2013, no auge das manifestações de juventude tomando as ruas do país, o ministro da Justiça, José Eduardo Cardozo, do Partido dos Trabalhadores, disse que não se poderia admitir tal movimento porque o Brasil vivia um momento de "vigorosa democracia". Em seguida ofereceu ao governador Geraldo Alckmin e ao prefeito Fernando Haddad a Força Nacional de Segurança para reprimir os manifestantes.

Em 2015, os governos de São Paulo e Goiás colocaram policiais militares para atacar moral e fisicamente, incluindo o uso de gases tóxicos (pimenta e lacrimogêneo), adolescentes estudantes secundaristas que se puseram como obstáculo a etapas dos programas de privatização da educação pública destas unidades federativas. No desenrolar dos episódios de novembro e dezembro, houve pelo menos duas falas significativas de Geraldo Alckmin que Freud classificaria como um exemplo didático do que é um ato falho. Ao comentar ocupações de escolas com fechamento programado, o governador argumentou que havia política no movimento e que, com as manifestações indo para a rua, começavam a surgir provas de exacerbação política. Estas falas vieram acompanhadas de militares adultos, treinados, de grande massa muscular e armados com pistolas batendo com técnicas avançadas de artes marciais em meninos e meninas em geral de 15 a 17 anos de idade. Mesmo conseguindo algumas vitórias depois de apavorar o governador com queda de popularidade, esse termômetro do ânimo de um eleitor que consome políticos, os estudantes se mantiveram dentro das escolas combatendo mentiras publicadas por empresas titânicas de comunicação jornalística e pedindo garantias de que não seriam perseguidos pela Polícia Militar.

A lógica demonstrada na fala do governador, internalizada com a prática autoritária e a tradição antidemocrática secular, é a da prática democrática como sinônimo de voto, o que passar disso é caso de polícia e as ações criminosas do Estado são uma pedagogia válida para evitar os desvios da juventude. Não é necessário ser acadêmico experimentado para saber que o controle da produção estética de sentidos e o extermínio são políticas de Estado. Alckmin apenas naturalizou no discurso o fato de a sociedade brasileira, em geral, ser autoritária; é vertical, oligárquica e trata os seres humanos como coisas irracionais, inertes, mudas, passivas, sem humanidade e, por isso, perigosas, um flagelo típico desta terra.

Sendo assim, concluímos que a nossa tradição autoritária transcende os períodos ditatoriais e é prática nos períodos de formalidade democrática, pois no dia a dia o trabalhador, dominado e subjugado, 1) teme a autoridade estatal, que nas sociedades modernas e modernizadas se constituem pela ordem burguesa; 2) reconhece a superioridade naturalizada do dominador por conta de mecanismos de dominação cultural e ideológica; 3) corrobora as ações autoritárias de Estado e desqualifica qualquer legitimidade das resistências; 4) aclama a criminalização, dentro do Direito burguês, das resistências ao autoritarismo refletido no Estado. O autoritarismo se torna, assim, não a organização de regime político no Brasil, mas a ossatura de qualquer regime, inclusive o formalmente democrático, quando se criminaliza a prática política. Esse autoritarismo é a expressão real do impulso de elites que pensam a história movida por cima.

Será que, no Brasil, é possível construir uma alternativa efetivamente democrática? Se o entendimento de democracia for o voto periódico, já a temos. Mas se quisermos um regime em que todas as classes e os grupos sociais se façam representar de forma justa, devemos encontrar a resposta recorrendo novamente a Goethe: as classes dominantes e suas classes ideológicas de apoio, que historicamente nunca amaram a democracia, são incapazes de pintá-la.

Referências

ARENDT, Hannah. "O que é autoridade?" In: *Entre o passado e o futuro*. São Paulo: Perspectiva, 2000.

BENJAMIN, Walter. "A obra de arte na era da sua reprodutibilidade técnica". In: *Obras escolhidas, Volume I – Magia e técnica, arte e política*. São Paulo: Brasiliense, 7. edição, 1994.

CHASIN, José. "A via colonial de entificação do capitalismo". In: *O integralismo de Plinio Salgado – forma de regressividade no* capitalismo hiper-tardio. 2ª Edição. São Paulo: Ad Hominem/ UNA, 1999.

CHAUÍ, Marilena. "Uma ideologia perversa". São Paulo: Folha de S. Paulo, 'Mais!´, 14/9/1999.

FERNANDES, Florestan. A revolução burguesa no Brasil. São Paulo: Globo, 2006.

LOSURDO, Domenico. Democracia ou bonapartismo? Triunfo e decadência do sufrágio universal. São Paulo: Editora UNESP, 2004.

MARX, Karl. Crítica da filosofia do direito de Hegel. São Paulo: Boitempo, 2010.

MARX, Karl. O capital – Crítica da economia política – Livro I – O processo de produção do capital. Rio de Janeiro: Civilização Brasileira, 2004.

MARX, Karl. O capital – Crítica da economia política – Livro II – O processo de circulação do capital. Rio de Janeiro: Civilização Brasileira, 2005.

MARX, Karl. O Capital – Crítica da economia política – Livro III – O processo global de produção do capital. Rio de Janeiro: Civilização Brasileira, 2008.

MELLO, João Manuel Cardoso. O capitalismo tardio. Campinas: Edições Facamp, 2009.

PRADO JUNIOR, Caio. Formação do Brasil contemporâneo. São Paulo: Brasiliense/Publifolha, 2000.

TELLES, Edson; SAFATLE, Vladimir (orgs.). O que resta da ditadura. São Paulo: Boitempo, 2010.

VENTURINI, Fabio. Da ditadura à democracia aparente – a Constituição da República Federativa do Brasil na consolidação da autocracia burguesa. Doutorado em História – PUC-SP, São Paulo: 2014.

VENTURINI, Fabio. "Organicidade de classe e empresas jornalísticas: uma crítica à ideia de partido da imprensa". Revista de Estudos da Comunicação, Curitiba, vol. 15, n. 37, maio/ago. 2014.

Democracia e instituições políticas brasileiras pós-1988

Marcello Simão Branco

Introdução

Em termos históricos a prática do regime democrático no Brasil é uma experiência minoritária e sujeita a rupturas institucionais.[1] Em quase dois séculos de vida política independente tivemos cerca de meio século de democracia, ou seja, pouco mais de um quarto em regime de liberdade política. Como consequência, uma das características mais presentes da política brasileira é a instabilidade de regime, em especial a partir do período republicano.[2] Nesse

---

1 Agradeço a Murilo Leal Pereira Neto a leitura atenta deste texto.
2 De 1889 para cá o Brasil viveu ciclos de regimes políticos, a maior parte deles alterados de forma ilegal, vale dizer, por golpes de Estado. Assim findou a Monarquia, depois caiu a Primeira República em 1930, e entramos no Estado Novo, em 1937. Após a primeira experiência democrática, a partir de 1945, os

sentido chama a atenção o fato de que a atual vigência democrática é a mais longa já vivida, em que o Brasil reconstruiu e aperfeiçoou seus mecanismos institucionais e de participação da sociedade. Mas isso não significa que a democracia não possa sofrer crises, abalos e até ameaça à sua continuidade. Como demonstra a recente crise política iniciada em 2016.

O desenvolvimento da democracia brasileira atual relaciona-se, em boa medida, à maneira como ela foi reconstruída, a começar pelo processo de transição do regime autoritário ao democrático. A transição e consolidação brasileira foi a mais longa entre as experiências da América do Sul.[3] Este contexto histórico ajuda a tornar mais claro, do ponto de vista comparativo, as semelhanças e diferenças do caso brasileiro em relação aos outros países que também viveram períodos de ditadura e de mudança de regime político, a maioria deles democráticos.

Outra perspectiva, vinculada às características assumidas pela experiência democrática anterior, relaciona-se com a configuração institucional colocada em prática depois da Constituição de 1988. O país praticamente repetiu as instituições do período 1946-1964, o que de saída já conferia a vários analistas a constatação de que estaríamos propensos a vivermos novas crises de regime. Como se sabe, apesar do *impeachment* do primeiro presidente eleito por voto direto ocorrer apenas quatro anos após a promulgação da Constituição, tal crise não se verificou. Menos talvez pela semelhança das instituições e mais por causa do novo contexto pró-democracia, além dos poderes da Presidência, ausentes entre 1945 e 1964.

---

militares assumem o poder em 1964 e de lá só saem em 1985, quando, depois de um processo de transição, adentramos no período democrático atual.

3 Brasil (1974-2002): 28 anos; Argentina (1983-2003): 21 anos; Uruguai (1983-2004): 21 anos. Detalhes em Marenco, 2007.

A análise das características da democracia brasileira atual não termina com a interpretação dos efeitos sobre as virtudes e problemas do jogo institucional e os atores que atuam em torno dele (governo e oposição situados nos partidos políticos), mas a questão das relações do Estado com a sociedade nos revela algumas peculiaridades mais relacionadas àquilo que poderíamos chamar de qualidade da prática democrática. O que, afinal, o Estado entrega de benefícios aos cidadãos, e como estes organizam e viabilizam suas demandas junto ao sistema político representativo e aos órgãos do serviço público? Esta perspectiva tem ganhado relevo nos últimos anos, pois se é verdade que existem problemas entre os agentes do Estado – historicamente autoritário e cheio de privilégios – e os cidadãos – especialmente os mais desprivilegiados socialmente –, também revela uma melhor organização dos mais diferentes segmentos sociais por mais participação, igualdade e transparência. Tal perspectiva revelaria a busca por aprimoramentos pelos direitos dos cidadãos e de um Estado mais republicano.

Este capítulo está organizado na seguinte sequência. Primeiro discutiremos a trajetória e, principalmente, as características da transição brasileira. O que a explica ter sido tão longa, complexa e, a despeito de contar com amplos setores sociais a apoiar a redemocratização, ter sido conduzida pelas elites militares e civis de caráter mais conservador? Ademais que impactos esta *transição pactuada* (O´Donnell e Schmitter, 1988) trouxe à reconstrução da democracia no país? Para responder a estas perguntas será interessante estabelecer uma periodização sobre as etapas do processo de transição e consolidação pelo qual passou o país, de forma a tornar claro como este processo adquiriu algumas nuances próprias à nossa realidade. A seguir será abordado o tipo de sistema político brasileiro gestado a partir da Constituição de 1988 quando, efetivamente, o Brasil começa a encerrar o período de transição. Afinal, que razões levaram os constituintes a replicar o desenho institucional de 1946-1964? E, mais importante, por que os poderes alocados na Presidência tornam este período democrático diferente e politicamente mais estável que o anterior? Ainda assim, especialmente de 2003 para cá, o desenho institucional brasileiro tem apresentado problemas relativos à negociação de apoios entre o governo e seus aliados. Para enfrentar tais problemas seriam necessários mais habilidade dos líderes políticos ou um programa de reformas políticas? Numa terceira etapa analisaremos algumas características do processo democrático do ponto de vista da qualidade do regime, da efetivação dos direitos, da participação política e da adesão aos valores democráticos. Por fim haverá uma conclusão que repassará os principais temas do texto, assim como breves reflexões sobre o momento democrático atual e suas perspectivas.

Transição e (re)democratização

Apesar do processo eleitoral obedecer às regras do regime autoritário, e do candidato eleito da oposição não ter assumido o cargo, a Nova República começou num misto de otimismo e preocupação. Pelo primeiro aspecto por, afinal, iniciar um governo de transição liderado por um civil, onde formalmente os militares se retiraram do poder, e com perspectivas concretas de reconstrução da democracia, com eleições legislativas federais e estaduais marcadas para 1986 e a abertura de uma assembleia nacional para escrever uma nova constituição. Já pelo segundo aspecto, o clima era de muita preocupação em virtude da grave crise econômica que o país vivia, com inflação alta, déficit público, desemprego e uma das mais altas dívidas externas do mundo.

Estes dois aspectos se interrelacionam num mesmo contexto. A crise política do regime autoritário e a emergência da crise econômica, ambos iniciados no início dos anos 1980 durante o mandato do último presidente militar João Figueiredo (1979-1985). Na verdade, a abertura política já estava em curso, como parte da estratégia da cúpula militar de liberalizar o regime. A ideia era conduzir o país a uma democracia restrita, liderada por uma elite civil comprometida com este objetivo, contrária a qualquer possibilidade de maior abertura à participação popular e demandas progressistas (Codato, 2005; Sallum Jr, 2015). Para que tivesse êxito, deveria representar uma distensão "lenta, gradual e segura", nas palavras do presidente Ernesto Geisel (1974-1979), o principal responsável por este desmonte de uma ditadura mais violenta e repressora que o havia antecedido. Este projeto nunca conseguiu se impor de maneira completa, porque as forças oposicionistas começaram a tirar partido dele, modificando-o, e transformando-o numa crise, do ponto de vista dos militares. Já pelo lado da economia, a crise dos anos 1980, que ajudou a corroer a imagem de eficiência dos governos militares, representou o esgotamento do modelo desenvolvimentista, em que o Estado planejava o processo de construção do capitalismo industrial no país. Apresenta seus primeiros sinais de desgaste na crise do petróleo em 1973 e torna-se aguda e irreversível a partir de 1981 quando os juros da dívida externa sobem exponencialmente, tornando o governo incapaz de pagá-las e, ao mesmo tempo, prosseguir no seu modelo intervencionista de desenvolvimento.[4]

Contudo, mesmo com a transformação da liberalização num processo de transição, não houve a perda total de controle por parte dos governantes militares. Em 1979 foi realizada uma reforma partidária em que o bipartidarismo foi abandonado com o intuito de fortalecer o partido do governo e dividir a oposição.[5] Após adiar

---

4 Não entrarei em detalhes sobre o aspecto econômico. Uma boa referência é Sallum, Jr. e Kugelmas (1993).
5 O Ato Institucional n. 2 foi baixado em 1965 criando o sistema bipartidário (Arena, do governo; MDB, da oposição), e pondo fim à eleição direta para

a volta das eleições diretas para os governos do Estado em 1978, por temer uma derrota, mais confiante os militares a permitem em 1982. Mas apesar da reforma partidária a oposição vence em 10 dos 22 estados em disputa e, mais significativo, elege governadores nos três principais centros políticos do país: São Paulo, Rio de Janeiro e Minas Gerais. Logo a seguir a crise econômica e a crescente força da oposição impulsionaram o movimento das Diretas-Já, o maior movimento popular da história do país que, mesmo assim, foi derrotado. O calendário eleitoral com eleições indiretas num Colégio Eleitoral foi mantido, e as oposições tiveram de se reorganizar para apresentar um candidato viável para vencer as eleições. O que representou um complexo jogo de negociações entre os setores moderados das Forças Armadas – idealizadores do processo de liberalização – e a oposição de perfil mais moderado.[6] Neste processo saiu de cena o líder oposicionista Ulysses Guimarães – mais crítico aos militares e que, provavelmente, seria o candidato caso a emenda do reestabelecimento das eleições diretas tivesse sido aprovada – e ascendeu como candidato da oposição o governador mineiro Tancredo Neves, de perfil mais conservador.

Mesmo com a perda do controle sobre os objetivos iniciais de uma democracia mais restrita, o regime militar condicionou os ter-

---

presente. Meses depois foi baixado o Ato Institucional n. 3, em 1966, extinguindo as eleições diretas para governadores de Estado, prefeitos de capitais e cidades consideradas "áreas de segurança nacional".

6 É a linha de explicação do chamado institucionalismo estratégico no qual, grosso modo, são estabelecidos acordos entre setores políticos comprometidos com a mudança de regime (militares moderados e civis comprometidos com a democracia), com isolamento dos setores radicais, que não desejam a volta da democracia (militares radicais) ou não a tem como um valor em si, mas como parte de um projeto revolucionário (grupos políticos de esquerda). Através desta negociação se configura uma transição pactuada ou por transação. Para uma explicação mais elaborada, os já citados O´Donnell e Schmitter (1988), Przeworski (1994), Branco (2007), Marenco (2007).

mos de sua retirada do poder. Os militares indicaram que candidato da oposição seria mais aceitável, mantiveram as regras de sua sucessão, garantiram que não seriam punidos após sua retirada, e com isso permanecerem como atores influentes após sua saída do governo, pelo menos até completar o processo de transição (Branco, 2013).[7]

Consideramos a transição um processo que durou 15 anos. O início em 1974 através da liberalização iniciada por Geisel e a conclusão com a eleição do primeiro presidente por voto direto, Fernando Collor, em 1989. Mesmo assim é possível estabelecer alguns recortes internos de modo a tornar mais claras as diferentes fases do processo.

Pelos motivos já expostos outro ritmo ao processo, mais propício à substituição dos militares pelos civis, foi deflagrado a partir de 1982, com o retorno das eleições diretas para o governo dos estados.

A maioria dos processos de transição, quando bem-sucedido, termina quando acontece uma eleição direta em nível nacional.[8] Mas o caso do Brasil foi diferente, pois a primeira eleição importante aconteceu no plano estadual, configurando o que Juan Linz (1983) qualificou como uma *diarquia*: duas fontes opostas de poder no interior de um país, com um regime autoritário em nível nacional e democrático no subnacional. Era preciso que houvesse uma eleição em nível nacional e só aconteceu em 1989. É por isso que a

---

7 Isso explica também porque o país não consegue processar os violadores de direitos humanos da ditadura. A Lei de Anistia (1979) impede a abertura de processos, mas com os resultados da Comissão Nacional da Verdade (2012-2014), espera-se uma nova interpretação jurídica que possa processar os criminosos políticos.

8 Isso porque um processo de transição de regime autoritário não significa necessariamente que ele deverá se tornar democrático. Há um contexto de incerteza no processo, em que podem acontecer outras soluções que não a democrática como, por exemplo, um retrocesso autoritário, a formação de um regime indefinido, formalmente democrático, mas tutelado por forças autoritárias, ou uma guerra civil. Como aponta Adriano Codato (2005) houve na literatura certo desejo de que a transição se encaminhasse para uma democracia, mas como mostram casos recentes da Primavera Árabe (Egito, Líbia), isso pode não acontecer.

transição se encerrou somente com a promulgação da Constituição em 1988 e a eleição de Fernando Collor em 1989. Brasílio Sallum Jr. (2003) defende outra abordagem, que entende que o processo de transição só teria sido encerrado em 1994 com a eleição de Fernando Henrique Cardoso. Mas por causa da crise econômica, pois com a adoção do Plano Real o país teria finalmente debelado o grave processo inflacionário. Talvez possamos pensar que embora a transição termine em 1989, o processo de consolidação do regime só tenha ganhado impulso em 1994 não só por causa do fim da crise inflacionária mas, sobretudo, devido ao término de um período politicamente incerto em virtude do *impeachment* de Collor, num mandato que foi concluído por Itamar Franco.

Pois embora o ambiente do país estivesse pessimista com os rumos da própria democracia – que, afinal de contas não apresentava resultados concretos de melhoria na vida das pessoas –, não havia quem defendesse uma solução fora da institucionalidade. Isso pode ser explicado tanto pela memória recente do autoritarismo, como também pelo contexto internacional desfavorável a qualquer solução antidemocrática. Desta forma, com a eleição de Fernando Henrique Cardoso, primeiro presidente opositor do regime autoritário, o país passou a viver *de fato* um período político mais estável do ponto de vista institucional.

Talvez o governo Collor tenha sido um interregno imprevisto num processo que desde a Constituição de 1988 se anunciava como propício para o desenvolvimento da democracia. Portanto, por uma via torta, o processo de *impeachment* foi uma vitória cívica, pois mobilizou milhões de pessoas e todo o rito correu dentro da lei, fortalecendo as instituições.

Talvez possamos afirmar que a reconstrução da democracia no país tornou-se mais robusta do que a do período democrático de 1945-1964, que tinha, em comparação, direitos civis, políticos e civis mais restritos (Carvalho, 2011).[9] Pois com a Constituição de 1988 houve reforço dos direitos civis, sufrágio universal pleno com a ampliação do eleitorado, tornando o voto facultativo para os analfabetos e pessoas de 16 e 17 anos, aumento da organização e competição política, introdução de inéditos mecanismos de participação popular – entre eles, o plebiscito, o referendo, o orçamento participativo, os projetos de lei de iniciativa dos cidadãos –, e significativa expansão dos direitos sociais, especialmente para os cidadãos sem emprego formal. Para Brasílio Sallum Jr (2015:234), "o que a oposição pretendera de início ser *redemocratização* do país tornou-se, ao longo do processo *democratização*."

Nada mais ilustrativo deste processo do que a constatação do aumento do eleitorado brasileiro a cada rodada de eleição presidencial, como exposto na tabela abaixo:

---

[9] Entre 1945 e 1964 o regime democrático teve muitos problemas de restrição da participação e competição. A começar pela decisão de recolocar o Partido Comunista Brasileiro (PCB), na ilegalidade em 1947. Outro fator de restrição era a continuidade da exclusão dos analfabetos do processo eleitoral, num país que ainda contava com quase metade da população nesta condição. Todos os mandatos presidenciais foram marcados por vetos de setores não democráticos, chegando finalmente ao golpe de Estado em 1964. O valor democrático não valia por si mesmo como forma de prática política e organização da sociedade, estando condicionado aos interesses dos grupos conservadores e progressistas. O primeiro para manter seus privilégios e impedir uma maior participação popular, e o segundo para atingir objetivos de caráter mais socialista, não necessariamente, sob um regime democrático.

Tabela 1. População e eleitorado brasileiro nas eleições gerais (1989-2018)

Ano	População*	Eleitorado*	% eleitorado em relação à população
1989	143.997	82.075	57,00
1994	156.431	94.783	60,59
1998	166.252	106.101	63,82
2002	175.170	115.254	65,79
2006	182.952	125.690	68,70
2010	190.733	135.545	71,06
2014	202.769	142.682	70,37
2018	208.495	147.306	70,65

Fonte: Elaboração própria a partir dos sites do Tribunal Superior Eleitoral (www.tse.jus.br) e do Instituto Brasileiro de Geografia e Estatística (www.ibge.gov.br).* Em milhões.

Foram oito eleições presidenciais com alto índice de participação do eleitorado brasileiro, numa tendência crescente de 13,65% em 29 anos, incluindo mais de 147 milhões de pessoas. Isso faz do Brasil a quarta maior democracia eleitoral do mundo, atrás apenas da Índia, Estados Unidos e Indonésia, com destaque também para a eficiência com que o processo eleitoral é realizado, especialmente após a adoção das urnas eletrônicas em 1998, quando houve redução das fraudes eleitorais e os resultados passaram a ser conhecidos em poucas horas. Por comparação em 1945, o eleitorado era de apenas 7,4 milhões de pessoas diante de uma população de 45,7 milhões de pessoas, o que representa 16,2%. Ou seja, houve uma evolução de 54% em quase 70 anos (Limongi, Cheibub e Figueiredo, 2015).

As eleições para os cargos do poder Executivo (presidente, governadores e prefeitos com cidades a partir de 200 mil habitantes) passaram também a contar com um segundo turno, caso o primeiro colocado não obtivesse 50% + 1 dos votos válidos. Tal medida conferiu a todos os vencedores para o cargo de presidente um apoio da maioria absoluta do eleitorado, tornando o mandato mais legítimo. Assim, todos os presidentes eleitos a partir de 1989 tiveram maioria absoluta de votos.[10] Por comparação no período de 1945-1964 era declarado vencedor aquele com o maior número dos votos, mesmo que não representasse a maioria do eleitorado. Tanto que apenas Eurico Gaspar Dutra se elegeu com maioria absoluta (55,39%), enquanto Juscelino Kubitschek com 35,68% obteve o menor índice do período. Por mais de uma vez setores antidemocráticos questionaram a legitimidade do vencedor por causa desta regra.[11]

Consolidação democrática

Devido à crise política que levou ao *impeachment* do governo Collor, em 1992, e o posterior período que vai até as eleições de 1994, governado por Itamar Franco, o processo de consolidação da democracia só ganha impulso concreto a partir da posse do presidente Fernando Henrique Cardoso em 1995. O país passar a ter as instituições que organizam a participação e a competição pelo poder como norma de prescrição e rotina operacional, e não mais no contexto de uma fase de reconstrução do regime democrático ou de mandato tampão de um presidente eleito afastado.

Nesse sentido uma democracia está consolidada quando, dentro de certas condições políticas e econômicas, um sistema de ins-

---

10 Collor em 1989: 53,03%; FHC em 1994: 54,28%; FHC em 1998: 53,06%: Lula em 2002: 61,27%; Lula em 2006: 60,83%: Dilma Rousseff em 2010: 56,05, Dilma em 2014 com 51,64% e Bolsonaro em 2018 com 55,13% Fonte. T3E, 2019.

11 Isso sem falar que o presidente e o vice-presidente da República concorriam em disputas próprias, fazendo com que ambos pudessem fazer parte de grupos políticos diferentes, ajudando a provocar instabilidade política. Este foi efetivamente o caso quando o presidente Jânio Quadros (PTN) renunciou em 1961, abrindo uma crise no país já que os militares vetaram a posse do vice João Goulart (PTB). A solução da implantação do parlamentarismo foi um casuísmo que enfraqueceu a democracia.

tituições torna-se regra geral, quando nenhum segmento político relevante consegue imaginar-se agindo fora das instituições democráticas e quando tudo o que os perdedores querem é tentar de novo, no quadro das mesmas instituições sob as quais foram derrotados eleitoralmente. Existem algumas variações de autor para autor mas, grosso modo, uma definição abrangente de consolidação democrática é esta, em que os atores politicamente importantes, bem como as forças representativas da sociedade, passam a encarar a democracia como o único jogo disponível.[12]

É importante levar em consideração também a qualidade da liderança democrática, no intuito de colocar em prática um governo que zele pelo cumprimento da Constituição, promova os valores desta nova sociedade e apresente resultados de melhoria das condições de vida da população. Um dos principais problemas enfrentados pelos chamados presidentes do período de transição, José Sarney (1985-1990) e Fernando Collor/Itamar Franco (1990-1995) foi, justamente, o momento de reconstrução das instituições e dos valores democráticos em meio a uma profunda crise econômica, que se não abalou a aposta no novo regime, tornou estes governos extremamente impopulares, tanto pela inflação e custo de vida, como pelos escândalos de corrupção, em especial a partir de 1990.

Já o presidente Fernando Henrique Cardoso representou, em termos políticos, o primeiro opositor do regime autoritário a chegar ao poder. Isso significou que, pela primeira vez desde 1964, um grupo político subiu ao poder sem estar vinculado àqueles que governaram ou apoiaram o regime militar e, mais importante, estando entre os que sempre lutaram pelo processo de redemocratização do

---

12   Isso não significa que a democracia está garantida indefinidamente, pois os valores políticos podem mudar de uma geração para outra, além de crises excepcionais de caráter político ou econômico podem, eventualmente, ameaçar o regime (Branco, 2007). A recente crise política dos últimos anos só acentua este fato.

país. Em segundo lugar, simbolizou, de saída, a imagem do êxito devido ao sucesso imediato do Plano Real, o que lhe permitiu vencer a eleição presidencial no primeiro turno. Em todo caso, é preciso ponderar que Fernando Henrique Cardoso incorporou em seu governo um amplo leque de apoio partidário que à parte o PSDB, contou com partidos conservadores, como o PFL, PMDB, PTB e PP. Esta coalizão de centro-direita conseguiu realizar um duro ajuste fiscal e aprovar um conjunto expressivo de reformas que deu sustentação ao plano de combate à inflação e reorganizou a economia brasileira numa direção de caráter mais neoliberal (Sallum Jr, 2003).

É certo que este governo apresentou problemas, como o desemprego e a baixa taxa média de crescimento do PIB, mas foi eleito duas vezes em primeiro turno, tornando possível um cenário de maior estabilidade política ao país. Este contexto teria favorecido, inclusive, a vitória de Luís Inácio Lula da Silva, do PT em 2002, e completado, por assim dizer, o processo de consolidação democrática, com a chegada de um líder de partido de esquerda ao comando do país. Como argumenta André Marenco (2007:85):

> A vitória eleitoral de Lula da Silva, do PT, em 2002, e a sequência completa de seu governo (2003-2006) encerram um ciclo de alternância governamental capaz de comprovar a estabilidade institucional produzida durante a passagem do autoritarismo para instituições poliárquicas.

Em resumo podemos imaginar a seguinte periodização que vai do processo de liberalização até a consolidação:

Ano	1974	1982-1984	1985	1988-1989	1990-1994	1994	2003
Evento político	Início do Governo Geisel	Eleições para os governos estaduais e Diretas-Já	Eleição indireta para presidente	Nova Constituição e eleição direta para presidente	Governo Collor, *impeachment* e governo Itamar Franco	Plano Real e eleição direta de presidente opositor à ditadura	Eleição direta de presidente de partido de esquerda
Significado	Liberalização do regime autoritário	Início da transição, "abertura"	Retorno dos civis ao poder	Fim da transição	Início tímido da consolidação democrática e crise econômica	Impulso da consolidação democrática	Fim da consolidação democrática

Fonte: Elaboração própria

Relações institucionais

Do ponto de vista da construção das instituições que organizaram as regras e as disputas políticas na nova democracia, o Brasil que saiu da promulgação da Constituição de 1988 apresentou um sistema político, aparentemente, com poucas novidades. De fato, continuamos com a forma de governo republicana, o sistema de governo presidencialista, um Congresso Nacional com duas câmaras, a divisão interna do Estado federativo, um sistema eleitoral proporcional e um sistema partidário permissivo a dezenas de agremiações.

Tabela 2. Características institucionais nos dois períodos democráticos

INSTITUIÇÕES	1946-1964	1988 em diante
Forma de governo	República	República
Sistema de governo	Presidencialismo	Presidencialismo
Tipo de Congresso	Bicameral (Câmara dos Deputados e Senado Federal)	Bicameral (Câmara dos Deputados e Senado Federal)
Divisão interna	Federalismo	Federalismo
Sistema Eleitoral	Proporcional com lista aberta para o Legislativo (deputado federal, deputado estadual e vereador/ majoritário para o Executivo (presidente, governador e prefeito) e o Senado	Proporcional com lista aberta para o Legislativo (deputado federal, deputado estadual e vereador/majoritário para o Executivo (presidente, governador e prefeito) e o Senado
Sistema partidário	Multipartidário	Multipartidário

Fonte: Elaboração própria

A repetição da mesma configuração nos dois períodos institucionais responde, no âmbito do poder Legislativo e do federalismo, pela expressão da pluralidade de interesses e preferências presentes na sociedade em geral no primeiro aspecto, e pelas diferenças entre as regiões do país, no segundo. Este modelo institucional tem sido, historicamente, mais adequado para traduzir um sistema de representação mais aberto à participação política das minorias, mais de acordo com uma democracia consociativa, característica de sociedades mais heterogêneas, e no caso brasileiro marcada por grandes desigualdades sociais e regionais, além de grande em termos territoriais e populacionais (Anastasia, Castro e Nunes, 2007). Já do ponto de vista do processo decisório e relação entre os poderes Executivo e Legislativo, tal desenho institucional apresentaria problemas que poderiam levar a uma crise de governo. Tal situação teria ocorrido em 1964, ao provocar uma paralisia decisória, que teria levado o governo João Goulart a buscar outros apoios fora dos partidos, aumentado a crise política que levou ao golpe de Estado (Santos, 1986).

Logo após a promulgação da Constituição de 1988 analistas alertaram que esta mesma configuração institucional de caráter disperso entre vários atores poderia conduzir o país a novas crises de governabilidade, que poderiam ameaçar a manutenção de um regime político que apenas encerrava seu período de transição à democracia. Talvez tal diagnóstico tenha sido um pouco exagerado pelo fim de um governo de pouca legitimidade e em crise econômica, como o de Sarney, mas o governo Collor parecia dar razão ao diagnóstico pessimista. Contudo, principalmente a partir dos governos de Fernando Henrique Cardoso percebeu-se que a dinâmica institucional não era necessariamente propensa a crises.

Foram estabelecidas duas interpretações principais sobre o sistema político brasileiro. Uma delas defende que *o poder decisório é disperso e por isso causa problemas de governabilidade*. Em primeiro lugar o sistema eleitoral de lista aberta contribuiria para a fragmentação do sistema partidário, tornando quase impossível o partido do presidente ter maioria nas duas casas do Congresso. Os partidos políticos seriam pouco disciplinados nas votações dos projetos, com pouca solidez ideológica e por isso afeitos a acordos clientelistas, além da lealdade partidária ter de lidar com os interesses regionais, devido à possível influência dos governadores sobre suas bancadas estaduais (Palermo, 2000).

De fato o presidente da República lida com tal cenário disperso pelos interesses de diferentes atores, tendo de construir uma maioria de apoio partidário para poder aprovar projetos de lei de seu interesse. Dentro de tal contexto, as maiorias seriam fluidas, pouco confiáveis, tornando o governo refém dos vários interesses em jogo.

Sérgio Abranches (1988) cunhou a expressão "presidencialismo de coalizão" para nomear tal situação, vista entre 1946-1964 e repetida, especialmente partir de 1988.

Uma segunda interpretação para este mesmo contexto reconhece que *o poder institucional é disperso, mas concentra poder decisório, permitindo governabilidade ao poder Executivo*. A configuração institucional dispersa não é ruim, pois se de um lado reflete a complexidade de um país com características heterogêneas, por outro apresenta mecanismos institucionais que permitem que o presidente utilize uma gama de poderes que facilitam a governabilidade (Palermo, 2000).

Pois esta é a diferença institucional entre a Constituição de 1946 e a de 1988, que tem permitido, dentro de certos limites razoáveis, ao presidente governar liderando uma coalizão de partidos que votam disciplinadamente no Congresso e, em troca, obtém cargos no governo e verbas para suas bases eleitorais. Mas quais são estes poderes que induzem ao apoio ao governo?

Poderes constitucionais: poder de veto total, poder de veto parcial (ambos a decisões do Congresso); exclusividade de legislação em áreas-chave como orçamento, tributação e administração pública; poder de decretos (medidas provisórias).

Poderes partidários: controle sobre uma coalizão de partidos.

Poderes de agenda: liderança sobre o processo de implantação de legislação no Congresso.

Os dois últimos poderes estão, em boa medida, relacionados com a característica de organização dos trabalhos no interior da Câmara e do Senado. Os regimentos internos são concentradores e dificultam a dispersão individual: a Mesa Diretora e os líderes partidários definem que projetos serão votados, quando e como. Se o governo tem maioria de apoio, influencia os trabalhos, priorizando projetos de seu interesse.

Esta diferença que permite ao presidente mais condição de governabilidade, estava ausente na Constituição de 1946 e, de início não foi notada logo após 1988. Isso porque não basta a semelhança entre sistema de governo e leis eleitorais para que um modelo institucional seja igual a outro. Contou no caso brasileiro esta introdução de novos poderes, que são uma herança da Constituição de 1967 do regime militar. Obviamente os presidentes de um regime autoritário tinham de ter mais poderes para agir, e alguns destes instrumentos permaneceram no novo regime democrático. Além disso, a organização interna do poder Legislativo centralizado importa e pode induzir a uma maior centralização do processo decisório, ajudando o governo, caso ele tenha maioria de apoio.[13] Em todo caso, há quem critique este protagonismo do Executivo, pois usurparia as funções do Legislativo, tornando-o meramente reativo ao presidente e, com isso, tornando o controle e iniciativa da Câmara e do Senado mais fracos (Moisés, 2015). De fato, a taxa de sucesso de aprovação de leis propostas chega a 85,6%, de Sarney a Lula. De acordo com Fernando Limongi (2006), segue os padrões internacionais tanto do presidencialismo, como do parlamentarismo.

Apesar destes poderes permitirem maior protagonismo do Executivo em relação ao Legislativo permanece uma questão de-

---

13 É bom lembrar que embora o sistema de governo seja presidencialista, este conjunto de poderes e a centralização interna das casas do Congresso o assemelham a um sistema parlamentarista. Não há uma separação total de poderes, como prescreve uma literatura de caráter mais normativo, mas, sim um entrelaçamento, com o Executivo assumindo algumas funções do Legislativo. Não é uma exclusividade do Brasil, pois os presidencialismos contemporâneos apresentam esta mesma característica, em graus variados (Limongi, 2006).

cisiva: o governo precisa não apenas construir uma maioria, mas mantê-la disciplinada. Resta saber se os parâmetros da negociação variam pelos diversos governos ou seguem um padrão institucional.

Se observarmos o nível de adesão entre a maioria dos governos pós-1988 notamos que a média de apoio nas votações têm variado, embora com índices altos de disciplina, em especial nos de FHC e Lula. Estes são os números: Sarney, 79,5% (1989); Collor, 85,8 (1990-1992); Itamar, 82,5%; FHC 1, 86,3% (1995-1998); FHC 2, 90,5% (199-2002); Lula 1, 84,4 (2003-2006); Lula 2, 86,3% (2007-2010), e Dilma 1, 77,9% (2011-2013). (*Folha de S. Paulo*, 4 de agosto de 2013). Mesmo assim houve diferenças. O governo Collor era um governo de minoria, com alguma dificuldade para construir uma aliança sólida de apoio, que só foi se consolidando ao longo do mandato, e perdida após a crise que o afastou do cargo. Já FHC e Lula organizaram coalizões amplas em seus governos, ainda mais porque, especialmente o primeiro, realizaram reformas constitucionais, que exigem maiorias qualificadas. Apesar das coalizões destes governos serem permanentes, foram diferentes em sua composição. FHC governou com menos partidos, cinco no máximo – e em coalizões ideologicamente próximas (PSDB-PFL, como partidos principais deste ponto de vista).

Por sua vez, os mandatos do PT (Lula e Dilma), governam com o apoio formal de mais partidos em coalizões também majoritárias – entre oito e nove – mas ideologicamente heterogêneas, incluindo no mesmo arco de apoio partidos conservadores, como o PP, e o PCdoB. Além disso, o governo do PSDB compartilhou de forma mais proporcional a distribuição dos ministérios aos partidos aliados. Já Lula e Dilma destinaram um número maior de ministérios ao PT do que a seus aliados. Estas características teriam contribuído para que as negociações fossem mais complexas, com mais importância para a destinação de cargos e verbas em troca de apoio, aumentando as práticas clientelistas que levaram, por exemplo, ao chamado escândalo do *mensalão* em 2005.

Carlos Pereira e Samuel Pessôa (2015) defendem que para inibir a característica potencialmente fisiológica do sistema político, em que é preciso negociar interesses particularistas, é desejável que as coalizões sejam construídas com maior coesão ideológica e mais proporcionalidade de presença dos partidos aliados nos ministérios. Tais medidas contribuem para maior convergência sobre as ações do governo, com os membros da coalizão sendo considerados como *participantes de um mesmo projeto de governo*. Apesar do governo de FHC também ter sido acusado de práticas suspeitas em votações no Congresso, é possível dizer que havia objetivos comuns partilhados, pelo menos, pelos dois principais partidos da coalizão, o que ajuda a entender porque este governo foi mais bem-sucedido do que outros em gerenciar a coalizão, ao aprovar os projetos de seu interesse.

Por esta via Lucio Rennó (2007) argumenta de que não há um padrão institucionalmente definido de montagem e manutenção das coalizões, pois há uma boa margem de manobra para que a capacidade individual dos governantes seja importante para o êxito do apoio dos aliados, ampliando, com isso, as possibilidades de acordos não programáticos, mas fisiológicos. Como visto acima, uma maior coesão ideológica e partilha de poder pode contribuir para reduzir o problema.

Estado, cidadania e reformas

Se do ponto de vista eleitoral e institucional o regime democrático brasileiro, mesmo com as dificuldades apontadas, tem se mostrado viável, com relação à efetividade da aplicação dos direitos civis e à expressão da demanda de diferentes segmentos sociais junto às instituições do Estado não é possível termos a mesma certeza.

Isso porque uma democracia é um regime político que realiza eleições livres, justas e periódicas, e no qual a quase totalidade da população adulta vota e não há restrições à competição política. Esta é uma concepção eleitoral, mas o regime não se limita a isso. Pressupõe também uma cidadania ativa e abrangente, protegida por direitos civis disponíveis a todos os cidadãos. Em que medida temos isso no Brasil?

A relação entre o Estado e os cidadãos sempre foi problemática, e se no atual regime democrático busca-se aprimorá-la, o caminho ainda é longo e tortuoso, como diria José Murilo de Carvalho (2011). Para ele os direitos civis foram os últimos a se constituírem historicamente, após os direitos sociais e políticos, e tal atraso se reflete na forma como Estado e sociedade se relacionam no país ainda hoje. A primeira expressão abrangente do exercício dos direitos foi o social durante o primeiro mandato de Getúlio Vargas (1930-1945), mas concedidos por um regime autoritário através de mecanismos corporativos, e não conquistado por meio de luta dos segmentos sociais. Tal inversão ajudou a tornar predominante a ideia de que o Estado deve prover os bens e resolver os problemas, e não estar a postos para canalizar e permitir que os conflitos sejam resolvidos a partir das demandas dos cidadãos.

No desenvolvimento de seu regime democrático o Brasil compartilha algumas tendências de outros países que também viveram seu processo de transição no mesmo período histórico. Depois da consolidação os processos eleitorais convivem com governos que desrespeitam princípios como o de igualdade perante a lei, usam do clientelismo para barganhar poder e – em muitos casos – malversar fundos públicos para atingir objetivos privados, além de dificultar o funcionamento de mecanismos de transparência e prestação de contas (*accountability*). Para José Álvaro Moisés (2013:125), "nesses casos, o que está em questão não é se a democracia existe, mas a sua qualidade".

É verdade que a Constituição de 1988 aprovou alguns instrumentos de defesa dos cidadãos como, por exemplo, o racismo como crime inafiançável e imprescritível e a tortura como inafiançável e não anistiável. Também houve melhorias no que diz respeito ao direito do consumidor e de perfil etário, como, por exemplo, a Lei de Defesa do Consumidor no primeiro caso e o Estatuto da Criança e do Adolescente, no segundo. Ambos de 1990. Além disso, foram criados alguns juizados especiais, como os de pequenas causas civis e criminais com a intenção de simplificar, agilizar e baratear a prestação de justiça em casos de infrações penais menores.

Mesmo assim a aplicação dos direitos civis, no geral, é irregular e desigual. Irregular porque as instituições e burocracia estatal são lentas, desorganizadas e discriminatórias, muitas vezes levando em conta a condição social do acusado, isso sem falar nos custos elevados dos processos, o que torna difícil uma democratização tanto do tratamento como do acesso ao poder Judiciário. Em certo sentido esta desigualdade na questão judicial se estende a outros setores de atividade do Estado, como por exemplo, nas dificuldades de prestação de serviço público de qualidade em áreas essenciais como educação e saúde.

O caso brasileiro não chega a se constituir no que Fareed Zakaria (1997) chama de "democracias iliberais", no qual o processo eleitoral é regular, (embora não necessariamente competitivo e justo), mas os direitos civis são sistematicamente violados com o intuito de restringir a opinião pública (imprensa e entidades da sociedade) e a oposição partidária.[14] Aqui, como vimos, o processo eleitoral corre de maneira limpa, poderes do Estado gozam de autonomia, e não há restrição à liberdade de expressão e à contestação política. Os problemas se relacionam na qualidade da relação entre os setores do Estado e segmentos da sociedade, especialmente os socialmente mais vulneráveis.

A falta de garantia se verifica, sobretudo, no que diz respeito à segurança individual. A combinação de desemprego, trabalho informal e tráfico de drogas, em especial nas grandes metrópoles, aumentou os índices de violência, principalmente os homicídios dolosos, em especial nos bairros pobres das periferias. Contribui para o aumento também de uma sensação de insegurança generalizada o papel repressivo da polícia, especialmente a militar, que ainda traz consigo os valores autoritários da época que servia os interesses do regime autoritário. Não temos uma cultura de policiamento preventivo, de vínculo com os cidadãos, mas sim de combate e destruição de potenciais inimigos que, no mais das vezes, são os cidadãos pobres, jovens, desempregados e negros, o perfil dos que mais são encarcerados e mortos pelas forças policiais no país. É mesmo nas polícias civis e militares que podemos encontrar os resquícios perversos das duas décadas de regime militar do país.

A concepção e prática entre o que é bem público e interesse privado é outra fonte de problemas antigos num país marcado por relações economicamente desiguais e politicamente clientelistas. O processo de conscientização e construção de um Estado mais republicano ainda está em curso, mas a mistura entre os interesses públicos e privados é uma via de mão dupla, pois o clientelismo corrompe igualmente o Estado e a sociedade que também se pauta

---

14 Países identificados com tais características seriam, entre outros, Equador, Bolívia e Venezuela anos 2000, e a Rússia a partir da ascensão de Vladimir Putin em 1999.

por ações nas quais a busca pela vantagem individual sobrepõe a lei e a cidadania. Como afirma Maria Hermínia Tavares de Almeida (2015:292), "a obtenção de bens privados mediante o uso de recursos públicos parece ser o combustível que põe em movimento as engrenagens do sistema político". Os recentes escândalos entre políticos e empresários para desvio de recursos públicos e negociação de contratos de obras e serviços junto a empresas estatais mostram isso. O promissor é que os corruptos têm sido descobertos e processados, num processo que pode vir a desestimular novos malfeitos e melhorar os mecanismos de controle para evitar falcatruas.

Problemas como estes têm aumentado uma postura mais crítica de muitos cidadãos com relação às instituições, agentes e representantes do Estado e do sistema político mas, novamente, não são exclusivos da experiência brasileira. Mesmo em países de democracias maduras existem percepções semelhantes de certo desencanto com o regime. Perda de identificação partidária, queda no comparecimento em eleições, desconfiança com relação aos parlamentos e menor tolerância a atos de corrupção tem sido recorrentes. Em certo sentido – à exceção do desinteresse eleitoral – a postura é positiva, pois revela que os cidadãos estão mais atentos aos atos de seus representantes e a forma como as instituições funcionam e prestam contas de seus atos.

Compreensão da Realidade Brasileira 125

Tabela 3: Avaliação dos brasileiros sobre regime político (1989-2018)

Pergunta	11/1989 Collor	12/1992 Itamar	3/1995 FHC	6/2000 FHC	3/2003 Lula	12/2008 Lula	10/2015 Dilma	10/2018 Temer
A democracia é sempre melhor?	55*	47	46	47	59	61	54	34
Tanto faz se é uma ditadura ou uma democracia?	18	26	25	29	18	19	17	41
Ás vezes uma ditadura é melhor?	17	20	18	18	13	11	17	14
Não sabe	10	7	11	6	10	9	12	11

Fonte: Elaboração própria a partir de dados do Instituto Datafolha, publicados no jornal *Folha de S. Paulo*, de 25 de janeiro de 2009 e 30 de março de 2014, e do Instituto LatinoBarómetro, de 2015 e 2018 (acesso à penúltima coluna em fevereiro de 2017 e à última coluna em setembro de 2019).
* Em termos percentuais.

A tabela acima mostra a evolução das preferências sobre a democracia em 29 anos, a partir do fim da transição democrática. A resposta à pergunta sobre se a democracia é sempre melhor esteve numa em torno da metade do eleitorado, com 50,4% e atingiu a melhor marca em fevereiro de 2008, com 61% de preferência, e a menor no clima eleitoral polarizado de 2018, com 34%. Já sobre se tanto faz uma democracia ou ditadura, a média é de 24,1%, e atingiu o pico em junho de 2018, com 41% quando, inclusive foi a única vez em que superou a preferência sobre a democracia. Já sobre aqueles que eventualmente apoiariam uma volta do autoritarismo, a média é de 16%. Somado este índice ao da segunda pergunta, chegamos a cerca de 40% de brasileiros que, sob determinadas condições, relativizariam a prevalência da democracia como o melhor regime político possível.

O instituto Datafolha perguntou também, numa pesquisa de 2014, o quanto estamos satisfeitos com a democracia no país. Neste aspecto, apesar do apoio expressivo, apenas 9% dizem estar muito satisfeitos, com 59% pouco satisfeitos, 28% nada satisfeitos e 4% não sabem. Ou seja, existe adesão aos valores gerais democráticos, mas há discordância sobre a maneira como funciona e os resultados que traz em termos de qualidade de vida às pessoas.

Tabela 4: Avaliação da qualidade da democracia no Brasil.

É uma democracia plena?	5%
É uma democracia com pequenos problemas?	27%
É uma democracia com grandes problemas?	45%
Não é uma democracia?	12%
Não sabe	11%

Fonte: Elaboração própria a partir de dados do Latinobarómetro, publicados no jornal Nexo, 30 de outubro de 2017.

Como se percebe existe grande insatisfação com a democracia e, em parte, isso é resultado das expectativas não cumpridas, em especial dos agentes e instituições do Estado com relação aos cidadãos. Marcos Nobre (citado por Ricardo Mendonça, 2014:A4), observa que as grandes manifestações nas principais cidades do país em junho de 2013 escancararam isso:

> Grandes protestos, mas poucos que foram para a rua estavam contra a democracia. Na verdade os protestos, inicialmente motivados pelo aumento da tarifa de ônibus da cidade de São Paulo, transformaram-se em atos de crítica e repúdio à má qualidade do serviço público em geral, e ganharam impulso a partir da ação desproporcionalmente violenta da polícia militar de São Paulo, numa sociedade que experimentou melhora na situação socioeconômica nos últimos anos e passou a exigir mais dos serviços prestados pelo Estado. Nesse contexto a pesquisa realizada meses depois indicou que não havia riscos de reversão ao autoritarismo para 51% dos entrevistados, e apenas 15% opinaram que há muita chance de nova ditadura (Mendonça, 2014:A4).

A avaliação crítica da maior parte dos brasileiros pode estar vinculada também à percepção de como funciona o sistema político presidencialista e multipartidário. Como vimos, as negociações em torno de apoio político nem sempre se pautam pelo interesse público, os partidos e seus políticos muitas vezes são contraditórios do ponto de vista ideológico, o processo eleitoral é dos mais caros do mundo, e o vínculo entre o eleitor e seu representante é tênue, quase inexistente na política do dia a dia.

Nesse sentido um dos temas mais em voga tem sido a reforma política, que poderia vir a reduzir estes efeitos do clientelismo e da sensação de baixa representatividade. Mas uma das maiores dificuldades é saber de que reforma política se fala. O tema é amplo, e cada segmento da política e da sociedade parece ter um leque de tópicos a ser modificado. Então, para falar de reforma política seria preciso saber o que seria modificado e o alcance concreto destas mudanças. Mas isto não é claro e a partir daí o suposto consenso em torno da necessidade de alterações nas instituições políticas é perdido.

A democracia é estruturada em instituições, os agentes políticos que as operam e os cidadãos que as legitimam e dela participam. Ela tende a funcionar mais e melhor se tanto as instituições, os agentes e os eleitores a praticarem seguidamente, amadurecendo com o tempo. Assim, alterações frequentes das regras da competição política – por melhores que sejam as intenções –, podem é confundir os eleitores e até piorar o sistema.

Reformas deveriam ocorrer para beneficiar o eleitor, não um partido ou a classe política transitoriamente no poder. O que é mais importante: governabilidade ou representação? Reclama-se que os cidadãos estão mal representados e que o governo tem dificuldade de governar porque tem de negociar com muitos partidos e seus interesses. O princípio representativo deve vir à frente, pois é a base da soberania que legitima o sistema. Negociações e busca por interesses são legítimas, são do jogo democrático, e não são reformas que irão disciplinar o comportamento de políticos e partidos.

Ao invés, as instituições devem ser mais democráticas e republicanas, com maior controle e participação do cidadão. Deve aumentar isto sim, os mecanismos de controle sobre os atos dos governantes, com mais transparência e responsabilização punitiva por atos lesivos como, por exemplo, de corrupção. Fora disso, é melhor reformar de forma pontual um ou outro ponto, pois mudanças amplas não garantem que o sistema funcionará melhor, ainda mais num regime democrático jovem como o brasileiro.

Considerações finais

Neste trabalho apresentamos de forma descritiva e analítica a trajetória da democracia brasileira contemporânea. Primeiramente através das características do processo de transição do autoritarismo, controlado pelos militares e com legado para o novo regime democrático que se instaurou, a partir da promulgação da Constituição de 1988 e a eleição direta para presidente em 1989. Após um período de transição conturbado pela morte de Tancredo Neves e a incapacidade de enfrentamento da crise econômica, o próprio processo de consolidação viu-se atropelado pela crise política inesperada do *impeachment*. De fato, em termos concretos a consolidação só deslanchou a partir de uma conjuntura crítica que convergiu num só processo, o controle da inflação e a eleição do primeiro presidente de oposição à ditadura militar, a partir de 1995.

Com relação às características do sistema político mostramos que, a despeito da configuração institucional ser a mesma de 1946-1964, a diferença que permite uma centralização e liderança do poder Executivo encontra-se no processo decisório, marcado por uma ampla gama de poderes exclusivos da Presidência. Como resultado, os governos pós-1988 apresentam, em geral, alto índice de apoio partidário nas votações no Congresso, a despeito da controvérsia em torno de como as alianças partidárias são montadas e gerenciadas. Isso porque não há um padrão institucional que direcione estas coalizões, mas sim através da dependência de fatores variáveis, relacionados à qualidade da liderança presidencial e ao grau de homogeneidade ideológica da coalizão.

Os protestos de 2013 mostraram que existe grande insatisfação de setores expressivos da sociedade com relação à eficácia do Estado em prestar serviços públicos de qualidade e tratar de forma igual os cidadãos, independentemente de sua condição étnica ou social, bem como uma intolerância crescente a casos de corrupção.

A polarização dos últimos anos tem aprofundado esta insatisfação, embora a cultura clientelista esteja disseminada não só no ambiente político, mas na sociedade em geral.

Com isso, tem havido um reclamo por alterações no sistema político para torná-lo mais representativo. Mas, como vimos, o sistema consociativo brasileiro é inclusivo e aberto à expressão das minorias. O problema está mal colocado, pois seria mais de *accountability* e republicanismo. Quer dizer: um Estado mais transparente e responsável, pelo primeiro aspecto, e mais profissional e democratizado, pelo segundo.

Como vimos, a vitória do PT fechou o ciclo da consolidação, mas, por outro lado, a quarta eleição seguida deste partido à presidência da República em 2014, mostrou que as seguidas derrotas da oposição liderada pelo PSDB contribuíram para um clima de maior polarização na política brasileira. A repetida derrota eleitoral de um grupo político importante pode, de fato, tensionar o regime político, ao constatar que nao consegue por meio do voto voltar ao poder. Mas isso não configuraria uma barreira antidemocrática, pois as condições de disputa têm sido justas e competitivas para todos.

A questão não é que todos os grupos, após seguidas eleições, tenham certeza de que chegarão ao poder, mas sim de que *poderão chegar* a partir de um ambiente institucional democrático. Este contexto, inclusive, não é estranho à experiência de outras democracias como mostra, por exemplo, os casos das seguidas vitórias eleitorais da Democracia Cristã na Itália, e do Partido Liberal Democrático no Japão, por cerca de 40 anos, após a Segunda Guerra Mundial. O Brasil passou por um momento semelhante no segundo mandato de Dilma Rousseff, mas se o projeto de maior inclusão social do PT foi o principal responsável pelos seguidos êxitos eleitorais (Singer, 2012), a crise econômica e as acusações de corrupção contribuíram para uma alternância de poder em 2018. Ou seja, um fator externo, relacionado ao desempenho do governo, e não por um fator interno, do próprio sistema político.

A partir do segundo mandato de Dilma Rousseff outro componente de crise surgiu, ligado à má qualidade da gestão da coalizão do governo, principalmente relacionada à falta de liderança da presidente. Tal problema, somado à dificuldade de vitória eleitoral da oposição, da piora do cenário econômico, e às dimensões inéditas dos escândalos de corrupção envolvendo a Petrobrás, empreiteiras por ela contratadas e benefícios ilícitos a políticos do governo e da oposição, colaborou para a abertura de um processo de *impeachment* de Dilma Rousseff que acabou por afastá-la do mandato em 2016, mesmo sendo controversos os motivos alegados contra ela.[15] Este contexto mostra que um conjunto de problemas relacionados pode contribuir para agravar uma crise política e enfraquecer a qualidade das instituições, a partir de um acirramento da disputa política, com prejuízo à democracia. Pois foi o que aconteceu em 2018, quando foi eleito um presidente comprometido com um projeto político autoritário, pela primeira vez desde a redemocratização.

Em suma, se temos um regime democrático ainda jovem e que precisa de maior aperfeiçoamento nos mecanismos de formação e condução dos governos, bem como na prestação de contas e qualidade dos serviços públicos. Mas que com relação às opor-

---

15   Ela foi acusada de crime de responsabilidade por ter realizado as "pedaladas fiscais", isto é, manobras contábeis que retiraram recursos dos bancos públicos para evitar problemas de caixa em outras áreas do governo, como o Bolsa Família. Ademais, teria editado créditos suplementares especiais para reforçar o orçamento sem a autorização do Congresso. Ambas as acusações teriam sido usadas mais como pretexto, por motivação política, do que pelo rigor da aplicação da lei. Mesmo porque presidentes da República anteriores e governadores de Estado recorreram às "pedaladas" sem problema algum. No fundo buscou-se com o afastamento da presidente impedir o avanço das investigações da Operação Lava Jato. Os eventos posteriores que atingiram o governo de Michel Temer, implicando ele e parte de seus aliados a escândalos, só confirmam isso, embora não tenham impedido o avanço das investigações.

tunidades de competição e participação política tem cumprido os requisitos indispensáveis. Mas, depois de 2018 talvez isso não seja suficiente, pois é preciso também recuperar a adesão a valores caros à democracia: tolerância aos adversários, moderação nas ações institucionais, e estímulo a um convívio mais plural e republicano.

Referências

ABRANCHES, Sérgio Henrique. "Presidencialismo de coalizão: o dilema institucional brasileiro". *Dados: Revista de Ciências Sociais*, Rio de Janeiro, vol. 31, n. 1, 1988.

ALMEIDA, Maria Hermínia Tavares de. "A experiência democrática recente". In: ALONSO, Angela; DOLHNIKOFF, Miriam (orgs.). *1964 do golpe à democracia*. São Paulo: Hedra, 2015.

ANASTASIA, Fátima; CASTRO, Mônica Mata Machado de; NUNES, Felipe. "De lá para cá: as condições e as instituições da democracia depois de 1988". In: MELO, Carlos Ranulfo; SAÉZ, Manuel Alcántara (orgs.). *A democracia brasileira: balanço e perspectivas para o século 21*. Belo Horizonte: Editora UFMG, 2007.

BRANCO, Marcello Simão. *Democracia na América Latina: os desafios da construção (1983-2002)*. São Paulo: Humanitas/Fapesp, 2007.

BRANCO, Marcello Simão. "Ventos de mudança: a ficção científica brasileira e a transição democrática". *Semina: Ciências Sociais e Humanas*, vol. 34, n. 2, 2013.

BRASIL. *Instituto Brasileiro de Geografia e Estatística* (IBGE), www.ibge.gov.br, outubro 2015.

BRASIL. *Tribunal Superior Eleitoral* (TSE), www.tse.jus.br, setembro 2019.

CARVALHO, José Murilo. *Cidadania no Brasil: um longo caminho*. Rio de Janeiro: Civilização Brasileira, 2011.

CHARLEAUX, João Paulo. "Qual o Apreço dos Brasileiros pela Democracia. Em números e Gráficos", Nexo Jornal, 30 de outubro de 2017.

CODATO, Adriano Nervo. "Uma história política da transição brasileira: da ditadura militar à democracia". *Revista de Sociologia Política*, Curitiba, no. 25, novembro 2005.

GAMA, Paulo. "Base de Dilma no congresso é a menos disciplinada desde 89". *Folha de S. Paulo*, domingo, 4 de agosto de 2013.

LATINOBARÓMETRO. *Apoyo a la democracia: Brasil*, http://www.latinobarometro.org/latOnline.jsp, segundo semestre 2015. Acesso em fevereiro de 2017 e setembro de 2019.

LIMONGI, Fernando. "A Democracia no Brasil: Presidencialismo, Coalizão Partidária e Processo Decisório", Novos Estudos Cebrap, n. 76, novembro 2006.

LIMONGI, Fernando. "As Bases Institucionais da Democracia no Brasil", em ALONSO, Angela; DOLHNIKOFF, Miriam, orgs. 1964 do Golpe à Democracia. São Paulo: Editora Hedra, 2015.

LIMONGI, Fernando; CHEIBUB, José Antonio; FIGUEIREDO, Argelina. "Participação Política no Brasil", em ARRETCHE, Marta, org. Trajetória das Desigualdades: Como o Brasil Mudou nos Últimos Cinquenta Anos. São Paulo: Editora Unesp/Centro de Estudos da Metrópole, 2015.

LINZ, Juan. "The Transition from Authoritarian Regimen to Democracy in Spain, some Thoughts for Brazilians", mimeo. Yale University Press, 1983.

LINZ, Juan; STEPAN, Alfred. "Crises de Eficácia, Legitimidade e de 'Presença' do Estado Democrático: Brasil", em LINZ, Juan; STEPAN, Alfred, A Transição e Consolidação da Democracia: A Experiência do Sul da Europa e da América do Sul. São Paulo: Editora Paz e Terra, 1999.

MARENCO, André. "Devagar se vai ao longe? a transição para a democracia no Brasil em perspectiva comparada". In: MELO, Carlos Ranulfo; SAÉZ, Manuel Alcántara (orgs.). *A democracia brasileira: balanço e perspectivas para o século 21*. Belo Horizonte: Editora UFMG, 2007.

MELLO, Fernando Barros de; BOMBIG, José Alberto. "Apoio ao voto obrigatório e à democracia é recorde". *Folha de S. Paulo*, domingo, 25 de janeiro de 2009.

MENDONÇA, Ricardo. "Convicção na democracia é recorde, mostra pesquisa". *Folha de S. Paulo*, domingo, 30 de março de 2014.

MOISÉS, José Álvaro. "Desafios da maioridade das eleições democráticas". In: MOISÉS, José Álvaro; MENEGUELLO, Rachel (orgs.). *A desconfiança política e os seus impactos na qualidade da democracia*. São Paulo: Edusp, 2013.

O´DONNELL, Guillermo; SCHMITTER, PHILIPPE. *Transições do regime autoritário: primeiras conclusões*. São Paulo: Vértice, 1988.

PALERMO, Vicente. "Como se governa o Brasil? O debate sobre instituições políticas e gestão de governo". *Dados: Revista de Ciências Sociais*, Rio de Janeiro, vol. 43, n. 3, janeiro 2000.

PEREIRA, Carlos; PESSÔA, Samuel. "Falsas divergências, conflitos verdadeiros: PSDB e PT discordam mais sobre alianças e Estado do que sobre inclusão". *Folha de S. Paulo*, 'Ilustríssima', domingo, 11 de outubro de 2015.

PRZEWORSKI, Adam. *Democracia e mercado no Leste Europeu e na América Latina*. Rio de Janeiro: Relume-Dumará, 1994.

RENNÓ, Lucio. "Críticas ao presidencialismo de coalizão no Brasil: processos institucionalmente constritos ou individualmente dirigidos?". In: ANASTÁSIA, Fátima; AVRITZER, Leonardo (orgs.). *Reforma Política no Brasil*. Belo Horizonte: UFMG/ PNUD, 2007.

SALLUM, JR., Brasílio. "Metamorfoses do Estado brasileiro no final do século XX". *Revista Brasileira de Ciências Sociais*, São Paulo, vol. 18, n. 52, junho 2003.

SALLUM, JR., Brasílio. "Notas sobre a (re)democratização". In: ALONSO, Angela; DOLHNIKOFF, Miriam (orgs.). *1964 do golpe à democracia*. São Paulo: Hedra, 2015.

SALLUM, JR., Brasílio; KUGELMAS, Eduardo; "O Leviatã acorrentado: a crise brasileira dos anos 80". In: SOLA, Lourdes (org.). *Estado, mercado e democracia: política e economia comparadas*. São Paulo: Paz e Terra, 1993.

SANTOS, Wanderley Guilherme dos. *Sessenta e quatro: anatomia da crise*. Rio de Janeiro: Vértice, 1986.

SINGER, André. *Os sentidos do lulismo: reforma gradual e pacto conservador*. São Paulo: Companhia das Letras, 2012.

ZAKARIA, Fareed. "A ascensão da democracia não-Liberal". *Foreign Affairs*, suplemento da *Gazeta Mercantil*, sexta-feira, 12 de setembro de 1997.

O processo de desenvolvimento do capitalismo no Brasil

Julio Cesar Zorzenon Costa & Cláudia Alessandra Tessari

Introdução: capitalismo uma visão geral

O capitalismo é a primeira formação social a se estabelecer num espaço planetário de relações. As formações sociais anteriores ao capitalismo circunscreviam-se em espaços delimitados e não articulavam todos os continentes e regiões que compõem o planeta. O capitalismo é, pois, a primeira forma de organização humana a ocupar todo o globo terrestre e, portanto, quase todos os Estados e sociedades nacionais, atualmente existentes no mundo, são capitalistas.[1]

---

1 Mesmo os Estados nacionais que procuram se organizar de forma alternativa ao capitalismo encontram-se submetidos a relações econômicas, políticas, sociais e culturais com Estados capitalistas. Desse modo, pode-se afirmar que o capitalismo é o modo de produção dominante no mundo contemporâneo.

Embora o capitalismo possua o caráter mundial acima aduzido, nem todos os Estados e sociedades nacionais atualmente existentes apresentam o mesmo grau de desenvolvimento econômico e social. Isto ocorre, porque o capitalismo, historicamente, se desenvolveu de maneira diferente nos vários continentes, regiões e/ou nações. O nosso propósito neste capítulo é apresentar, em linhas bem gerais, o processo de desenvolvimento do capitalismo no Brasil, apontando o que esse processo histórico tem de comum e de específico em relação a outras experiências históricas.

Uma conceituação do capitalismo: capitalismo como uma totalidade histórica

O capitalismo pode ser definido de várias maneiras, mas existem algumas definições que ganharam destaque importante como, por exemplo, uma que entende o capitalismo como o sistema presente nas sociedades nas quais predomina o espírito burguês de prudência e racionalidade; nas quais os indivíduos buscam o acúmulo de riquezas, o lucro de maneira sistemática e calculada, por meio do método racional de empresa.[2] Outra definição muito utilizada é a que identifica capitalismo a uma economia de mercado e monetária, na qual a produção é organizada para a venda de mercadorias, não apenas em mercados locais, mas, principalmente, em mercados distantes, onde essas mercadorias são trocadas por moedas.[3]

Embora bastante aceitas, tais definições, segundo Maurice Dobb (1987), possuem "o defeito" de serem a-históricas, de "serem insuficientemente restritivas para confinar o termo a qualquer época da história, e de parecerem levar inexoravelmente à conclusão

---

2   Esta definição aproxima-se das definições de capitalismo expressas por Werner Sombart e Max Weber. Ver Dobb (1987:14 e 15).
3   Esta definição aproxima-se das definições de capitalismo expressa por Henri Pirenne. Ver Dobb (1987:16).

de que quase todos os períodos da história têm sido capitalistas, pelo menos em certo grau" (Dobb, 1987:18). Para esse autor, seguindo a trilha aberta por Marx, o capitalismo deve ser definido pelas suas características específicas, pois trata-se de uma formação econômico-social, uma totalidade histórico-social, histórica e cronologicamente localizada e, por isso, bastante específica de uma etapa do desenvolvimento da humanidade. Etapa, essa, iniciada na Europa, a partir da crise da sociedade feudal, principalmente com a crise geral do século XIV, que se aprofunda e começa a assumir suas principais configurações com a expansão comercial dos séculos XV e XVI e, principalmente, com a Revolução Industrial de finais do século XVIII.

Sendo assim, de acordo com essa perspectiva, o capitalismo deve ser definido como uma forma de organização econômica, social, política e cultural, ou seja: como um sistema, ou melhor, como uma totalidade histórico-social que se caracteriza pela:

A) Produção maciça de mercadorias, tendo por base a divisão do trabalho e a produção industrial.

B) Existência de duas classes sociais fundamentais:[4] a burguesia (proprietária dos meios de produção) e o proletariado (vendedora de sua força de trabalho). Existência, portanto, do trabalho livre/assalariado como relação social de produção dominante.

C) Exploração econômica do trabalho e a apropriação do excedente econômico alcançada pela extração da mais-valia.

---

4 Classes fundamentais, porém não únicas. São denominadas fundamentais, pois constituem o fundamento da sociedade capitalista, sem elas o capitalismo não poderia existir.

Tais características ocorrem somente no capitalismo e permitem defini-lo como uma formação social específica, histórica e qualitativamente diferente de outras já existentes, em outros momentos históricos.

Dessa forma, a constituição histórica do capitalismo é o processo de formação de duas classes sociais que se contrapõe, se definem mutuamente e não podem existir sem a existência da outra: é a formação de uma classe que historicamente foi concentrando os recursos financeiros e a propriedade dos meios de produção em suas mãos, simultaneamente à formação de outra classe social, que sendo paulatinamente afastada dos meios e instrumentos de produção, passou a viver da venda de sua força de trabalho. Essa última classe, diferentemente dos servos e dos escravos, que constituíam a relação social fundamental de formações sociais anteriores, não se encontra submetida a relações de dependência pessoal e, por isso, é considerada livre. Livre para vender sua força de trabalho no mercado.

A formação histórica do capitalismo ficou conhecida como acumulação primitiva de capital. Foi esse processo que se desenvolvendo, na Europa entre os séculos XV e XVIII, vai permitir que, após a Revolução Industrial, em finais do século XVIII e início do século XIX, o capitalismo entre numa etapa conhecida como etapa de acumulação capitalista. Nessa nova etapa, o capitalismo se reproduz e se desenvolve a partir da transformação de excedente econômico (parcela da produção e da riqueza não consumida pela produção social e apropriada, em sua grande maioria, pelos proprietários dos meios de produção) em capital, com esse capital, por sua, vez se transformando em mais excedente econômico e, assim, sucessivamente.

Se nos detivermos nas questões acima apontadas e relacioná-las ao Brasil, observaremos que só poderemos falar em capitalismo no Brasil após as relações escravistas de produção terem sido completamente superadas pelo trabalho livre/assalariado. Formalmente isso só ocorreu após a abolição definitiva do trabalho escravo, na década de 1880, mais formalmente ainda, com a promulgação da Lei Áurea em 1888. No entanto, os processos históricos não são tão facilmente demarcáveis assim. Para que tal situação ocorresse foi necessário um período histórico de transição, de superação de nossas características econômicas, sociais, jurídico-políticas e culturais herdadas da colonização europeia, que ocorreu na América Latina e, particularmente, no Brasil, entre os séculos XVI e XIX. Um elemento essencial, para o início dessa transição da situação colonial para o capitalismo, foi a formação do Estado nacional brasileiro, após a sua independência, proclamada oficialmente em 1822. A formação do Estado nacional brasileiro vai permitir, apesar de uma importante revitalização inicial das relações escravistas de produção, que algumas condições necessárias para o desenvolvimento de uma acumulação primitiva de capital se internalizassem.

Assim, para se entender a origem das condições necessárias ao desenvolvimento do capitalismo no Brasil, são importantes algumas breves referências ao período anterior à Independência e à formação do Estado brasileiro, quando, na condição de colônia e como produtor e exportador de produtos primários, o Brasil foi parte constituinte do Antigo Sistema Colonial, que foi um elemento essencial do processo de formação do capitalismo, que se estabeleceu, primeiramente, na Europa.

O capitalismo brasileiro e seus antecedentes: desenvolvimento do capitalismo mundial e exploração colonial

Como foi escrito anteriormente, o capitalismo, em sua origem, conheceu uma etapa de acumulação originária, ou primitiva, de capital. Nessa etapa, na Europa, juntamente com o processo de formação do proletariado, ocorreu o processo de concentração dos recursos financeiros em mãos da burguesia europeia. Esse último processo foi acelerado com a exploração colonial da América, principalmente na parte localizada em sua zona intertropical, entre os Trópicos de Capricórnio e de Câncer.

A exploração colonial consistiu no estabelecimento de um sistema produtivo nas colônias americanas. Sistema produtivo que se baseou, de acordo com as características das diferentes áreas da América, na extração de produtos com alto valor em peso (como os metais preciosos) e/ou na produção de mercadorias agrícolas em grandes extensões de terra (Castro, 1968:7). Nos dois casos, os trabalhadores estavam submetidos a formas compulsórias de trabalho: relações servis ou semi-servis, no primeiro caso, e escravistas, no segundo. Essa forma de exploração colonial foi introduzida pelas potências comerciais europeias, principalmente, mas não só, Portugal e Espanha, como desdobramento de seu processo de expansão marítima e comercial e inseriu as regiões intertropicais da América no chamado Antigo Sistema Colonial do período moderno, vigente entre o século XVI e início do século XIX

> [...] o Estado centralizado, capaz de mobilizar recursos em escala nacional, tornou-se um pré-requisito à expansão ultramarina; por outro lado, desencadeados os mecanismos de exploração do ultramar, fortalece-se reversivamente o Estado colonizador. [...] Temos assim os dois elementos essenciais à compreensão do modo de organização e do mecanismo de funcionamento do Antigo Sistema Colonial: como instrução de expansão da economia mercantil europeia, em face das condições desta nos fins da Idade Média e início da Época Moderna, toda atividade econômica colonial se orientará segundo os interesses da burguesia comercial da

Europa; como resultado do esforço econômico coordenado pelos novos Estados modernos, as colônias se constituem em instrumentos de poder das respectivas metrópoles.[...] Portugal, Espanha, Países-Baixos, França, Inglaterra, dos séculos XV ao XVII, realizam sucessivamente a transição para a forma moderna de Estado, e se lançam à elaboração de seus respectivo impérios coloniais (Novais, 1988:49 e 50).

O Antigo Sistema Colonial foi, pois, parte constituinte do processo histórico de desenvolvimento do capitalismo. Não era um mero apêndice desse processo, mas um de seus elementos fundamentais, uma vez que a exploração colonial, além de estabelecer relações econômicas constantes entre o "novo" e o "velho" mundos, consistiu em um importante mecanismo de transferência da massa de renda real, gerada pelas colônias, às metrópoles europeias, localizadas no centro do Sistema,[5] catalisando, dessa forma, a acumulação de capital.

O Brasil foi parte importante do Antigo Sistema Colonial e, sendo assim, tem a sua história ligada aos processos de desenvolvimento histórico do capitalismo. A sua participação, no entanto,

---

5   Segundo Fernando Novais (1989:57e 58), o Antigo Sistema Colonial (ASC) pode ser definido: "o conjunto das relações entre as metrópoles e suas respectivas colônias, num dado período da História da colonização. [...] nos Tempos Modernos, contudo, tal movimento se processa travejado por um sistema específico de relações, assumindo assim a *forma mercantilista de colonização*, e esta dimensão torna-se essencial no conjunto da colonização europeia. Noutras palavras é o *sistema colonial do mercantilismo* que dá sentido à colonização europeia entre os Descobrimentos Marítimos e Revolução Industrial". É importante, pois, notar que o ASC não diz respeito apenas às relações estabelecidas entre uma metrópole específica e sua colônia específica, mas às relações entre as diversas metrópoles entre si e com suas diversas colônias, simultaneamente. Explicitando melhor a definição do ASC, o mesmo autor ainda escreve: "As relações coloniais podem, na realidade, ser apreendidas em dois níveis: primeiro, na extensa legislação ultramarina das várias potências colonizadoras (Portugal, Espanha, Holanda, França, Inglaterra); segundo, no movimento concreto de circulação de umas para as outras, isto é, no comércio que faziam entre si, e nas vinculações político-administrativas que envolviam" (Novais, 1989:58). (Grifos do autor).

se deu na periferia desse processo, tanto em termos da determinação de sua dinâmica, quanto do ponto de vista espacial. Foi anexado a esse processo histórico como uma "soma territorial" (Moraes, 2011:21), uma área onde se poderia estabelecer a produção de gêneros tropicais, bem como a extração de ouro e outros produtos naturais, em grande quantidade e a baixo preço. A partir, portanto de sua exploração colonial, o Brasil participou do processo de constituição histórica da "economia mundo" capitalista, sendo estruturado, porém de uma maneira que, simultaneamente, favorecia o desenvolvimento do capitalismo na Europa e dificultava, e até mesmo impedia, o seu desenvolvimento em seu próprio território. Isso se deve ao fato de que a exploração colonial introduziu mecanismos de apropriação da maior parte do excedente econômico produzido na colônia e reeditou uma relação social de produção não capitalista, já inexistente na própria Europa, que foi o chamado escravismo colonial:

> A economia-mundo capitalista sempre operou com a distinção complementar e hierárquica de funções entre áreas, com os mecanismos de intercâmbio desigual entre espaços constituindo um elemento essencial de alimentação da expansão desde sua gênese. Os "desníveis motores" dos preços e custos entre as zonas centrais e suas periferias foram mesmo qualificados como as principais alavancas na estruturação desse modo de produção. A acumulação originária em muito se realizou fora do solo europeu e sendo embalada por relações de produção "primitivas" (estranhas ao capitalismo "propriamente dito"). Muitos dos processos essenciais vividos no centro geográfico do capitalismo exigiam ou se respaldaram nas formas pré ou não capitalistas praticadas nos espaços periféricos (Moraes, 2011:21).

Assim temos praticamente um paradoxo no que diz respeito ao desenvolvimento do capitalismo no Brasil. Por ser colônia, ele colaborou para acelerar o processo de desenvolvimento capitalista na Europa e, justamente, por ser colônia teve, ao mesmo tempo, dificultada a constituição dos elementos necessários para o seu próprio desenvolvimento capitalista, ou seja: a extração da maior parte do excedente econômico impediu uma acumulação interna de capitais suficiente para permitir o surgimento de uma classe que concentrasse uma grande massa de recursos financeiros em suas mãos, ou seja: dificultou a formação de uma forte burguesia. A introdução e permanência de relações escravistas de produção impediram a generalização do trabalho livre e assalariado, de trabalhadores que tivessem de dispor de sua força de trabalho no mercado. Agustin Cueva (1983) afirma ter ocorrido uma desacumulação primitiva na América Latina, durante a vigência do Antigo Sistema Colonial:

> Se a colonização da América Latina está relacionada com algum movimento fundamental da história, esse movimento é a acumulação primitiva em escala mundial, entendida como um processo que, além de implicar a acumulação sem precedentes em um dos polos do sistema, supõe necessariamente a desacumulação, também sem precedentes, no outro extremo. [...] é evidente que o movimento metropolitano de transição ao capitalismo, ao invés de impulsionar, freou o desenvolvimento desse modo de produção nas áreas coloniais (Cueva, 1983:24).

As questões, que permitiriam a constituição de uma formação capitalista no Brasil, apontadas acima, só se efetivarão após a formação do Estado nacional brasileiro. Formação, esta, que somente se ocorrerá no século XIX, já sob a vigência de um novo contexto mundial capitalista. Contexto que passaria a ser dominado pelo Império britânico pós-Revolução Industrial. A entrada do capitalismo numa nova etapa favorecerá a crise do Antigo Sistema Colonial e, portanto, o processo de independência das colônias americanas, inclusive a do Brasil, pois com a Revolução Industrial, a enorme massa de capital acumulado permitirá que o capitalismo se reproduza, sucessivamente, a partir da transformação do excedente econômico em produção industrial e, consequentemente, em produção de uma quantidade cada vez maior de mercadorias. O capitalismo, dessa forma, não precisaria mais do apoio externo representado pelas colônias. Ao contrário, passou a exigir o fim das restrições para o livre trânsito de mercadorias, o que era obstado pela existência do monopólio colonial, e passou a ter interesse na generalização das relações livres e assalariadas de produção, dificultadas pelo escravismo colonial.

O capitalismo brasileiro em perspectiva histórica

A entrada do capitalismo em uma nova etapa com a emergência do capitalismo industrial, associada aos interesses dos grupos dominantes na colônia, expressos em seu desejo de negociar no mercado internacional sem a intermediação da metrópole e associada, também, à difusão da doutrina liberal com seus princípios de soberania nacional e de livre comércio, provocou a crise do Antigo Sistema Colonial e favoreceu o início dos processos de emancipação das colônias latino-americanas. De tal maneira, que a maior parte das antigas colônias latino-americanas alcançou sua independência entre os anos de 1810 e 1830.

O Brasil fez parte desse processo, tornando-se independente em 1822. A independência, todavia, não representou o rompimento com a sua estrutura socioeconômica colonial: as relações escravistas de produção foram preservadas; as atividades econômicas mais dinâmicas permaneceram voltadas à produção primária para o mercado externo; e a forma dominante de repartição da terra, para efeitos de agricultura comercial exportadora, continuou baseando-se no latifúndio. Ou seja, apesar de seu novo status, o Brasil manteve-se como uma economia e uma sociedade onde os seus setores economicamente mais dinâmicos eram escravistas e latifundiários. Permaneceu organizado na dependência pessoal e na ausência de liberdade dos trabalhadores frente aos grupos proprietários. Continuou ainda, participando de forma periférica nas relações econômicas internacionais, como exportador de produtos primários e importadores de produtos industrializados.

Por outro lado, o rompimento com a situação de colônia implicou o fim do monopólio metropolitano e permitiu que uma parte maior da renda gerada pela atividade econômica passasse a ser apropriada por residentes no país. Esse processo foi mais rápido na economia cafeeira que passou a ser a principal atividade econômica exportadora, após a independência brasileira. Por isso, a economia cafeeira será utilizada como uma possibilidade histórica explicativa das características do desenvolvimento capitalista no Brasil e de sua concentração inicial no Sudeste brasileiro.

O café alcançou importância comercial no início do século XIX. Esse sucesso beneficiou-se do alargamento da demanda europeia, provocada pela Revolução Industrial, e da oportunidade gerada pela desorganização da produção cafeeira do Haiti, devido a conflitos vinculados a lutas pela sua independência. Essas novas situações provocaram alta generalizada nos preços do café e estimularam a entrada de novos produtores, como o Brasil. Aproveitando-se da oportunidade aberta no mercado internacional, o café brasileiro na década 1820:

> Já contribuía com 18 por cento do valor das exportações do Brasil, colocando-se em terceiro lugar depois do açúcar e algodão. E nos dois decênios seguintes já passa para o pri-

meiro lugar, representando mais de quarenta por cento das exportações. [...] todo aumento que se constata no valor das exportações brasileiras, no correr da metade do século passado, deve-se estritamente á contribuição do café" (Furtado, 2000:118).

A economia cafeeira, como atividade mercantil-exportadora teve, inicialmente, a sua base produtiva localizada nas proximidades do Rio de Janeiro e, por ter se originado de capitais acumulados internamente, durante o período colonial e, sobretudo, por ter internalizado o processo de acumulação de capital no Brasil, é considerada como a primeira economia nacional:

> A economia mercantil-escravista cafeeira nacional é obra do capital mercantil nacional, que se viera formando, por assim dizer, nos poros da colônia, mas tomara notável impulso com a queda do monopólio de comércio metropolitano e com o surgimento de um muito embrionário sistema monetário nacional, consequências da vinda, para o Brasil, da Família Real, o passo decisivo para a formação do Estado Nacional. [...] Penso, especialmente, na invasão da órbita da produção pelo capital mercantil nacional. Está fartamente demonstrado, em primeiro lugar, que inúmeras fazendas de café, certamente as mais significativas, foram organizadas com capitais transferidos diretamente do setor mercantil (comércio de mulas, capital usurário urbano, tráfico de escravos, etc.) (Mello, 2009:46).

Esse capital mercantil mobilizou recursos produtivos, terras e força de trabalho, que se encontravam ociosos nas proximidades do Rio de Janeiro, em função da decadência do comércio entre essa região e a região mineradora, que se encontrava em crise.

A chegada do café brasileiro no mercado europeu provocou queda em seus preços. Isso, entretanto, não chegou a implicar dificuldades para a economia que se iniciava, visto que sua produção, como afirmamos, pôde se concretizar com a mobilização de recursos que se encontravam praticamente ociosos. Ao contrário, a baixa de seus preços internacionais aqueceu ainda mais a sua procura e o café passou a ser consumido por operários europeus: "nas três primeiras décadas do século XIX, o café deixou de ser produto colonial, uma vez que seu consumo se generalizou. Para que isso pudesse ocorrer, os preços internacionais baixaram, em grande parte devido ao crescimento da oferta brasileira" (Mello, 2009:47).

O processo de internalização da acumulação de capital no Brasil explica-se, todavia, pelo importante papel exercido pelo capital mercantil nacional que, além de estabelecer a intermediação comercial do café no mercado externo, assumiu o papel de financiador de novos empreendimentos cafeeiros. Tal função, como afirmam Maria Silvia de Carvalho Franco (1969) e João Manuel Cardoso de Mello (2009), era assumida pelos comissários de café.

Esses comissários, justamente por sua posição intermediária no comércio cafeeiro e por serem poucos, relativamente aos fazendeiros, assumiram uma condição oligopsônica,[6] ou seja: passaram a ter a possibilidade de adquirir o café a preços baixos. Tal condição era ainda reforçada pelos acordos de financiamento que faziam com que a produção dos fazendeiros por eles financiados passasse, no início, necessariamente, por suas mãos. Os fazendeiros, por sua vez, podiam vender o café a baixo preço devido aos ganhos de escala possibilitados pela organização da produção cafeeira, ainda, em moldes latifundiários e escravistas.

---

6   Oligpsônio: tipo de estrutura de mercado onde há menos compradores do que vendedores.

No tocante à comercialização externa, a condição dos comissários de cafés se invertia. Num momento em que o Brasil tornava-se um dos mais importantes exportadores de café, eles eram poucos vendedores frente a uma maior quantidade de compradores. Assumiram, pois, uma condição oligopolista,[7] podendo vender o café ao preço mais alto possível. Dessa forma, os comissários passaram a se apropriar da maior parte do excedente econômico produzido pela estrutura produtiva exportadora cafeeira, ainda escravista e latifundiária. Passavam a ter, também, a condição de serem os únicos com possibilidade de financiar novas empreitadas na atividade cafeeira:

> Desaparecera o monopólio do comércio colonial, que conseguia reduzir os lucros retidos pelo setor produtor a quase nada, fixando os preços de compra dos produtos coloniais e os preços de venda dos produtos metropolitanos. Surgira em seu lugar o oligopsônio comercial e o oligopólio financeiro, que, manipulando os preços de compra e fixando exorbitantes taxas de juros, terminam por conduzir ao mesmo resultado, à dominação do capital mercantil (Mello, 2009:57).

Esse processo, apresentado de forma bem resumida acima, explica como um determinado grupo social, vinculado às atividades mercantis, passou a concentrar recursos financeiros e a comandar o processo de acumulação de capital que se internalizou no Brasil. Esse grupo social forma, portanto, o embrião de uma parte importante da futura burguesia brasileira.

Assim, a existência de recursos produtivos e de capital capaz de mobilizá-los, explica a fixação inicial da produção do café nas pro-

---

7   Oligopólio: tipo de estrutura de mercado onde poucas empresas ou vendedores dominam a maior parte do mercado.

ximidades do Rio de Janeiro e sua posterior expansão pelo interior fluminense e Vale do Paraíba paulista. Nesse momento, a atividade cafeeira revitalizou características típicas da colônia, como a ênfase no latifúndio e no escravismo. Essa revitalização inicial das características coloniais foi fundamental para o processo de internalização da acumulação de capital. Permitiu a produção do café, para a exportação, em larguíssima escala e a baixíssimo preço, ao mesmo tempo em que permitiu, também, o surgimento de um segmento social que passou a acumular os recursos financeiros oriundos dessa atividade. Como afirma Jacob Gorender: "O engrossamento da burguesia mercantil, com o seu desdobramento em comerciantes e banqueiros, não caracterizava a existência do capitalismo, nem era incompatível com a sobrevivência prolongada do escravismo" (2004:11).

A partir da década de 1840, a economia cafeeira se estende decisivamente para o oeste paulista.[8] A entrada do café para o interior paulista coincidiu com a ocorrência de várias transformações que estiveram na base da constituição de um primeiro núcleo capitalista no Brasil.

Para o entendimento dessas transformações, o ano de 1850 é uma data chave. Nesse ano ocorrem as promulgações da Lei de Proibição do Tráfico de Escravos (lei Eusébio de Queiroz) e da Lei de Terras (lei no. 601). Essas leis, que se encontram extremamente relacionadas, explicitam a crise do escravismo no Brasil, a impossibilidade da continuidade da acumulação cafeeira na maneira em que esta se desenvolvia e, também, a necessidade de resolução do problema da força de trabalho para a cafeicultura, com o início da constituição de um mercado de trabalho livre no Brasil. Esses aspectos foram fundamentais para a expansão da economia cafeeira, a partir de relações

---

8   Explicações detalhadas desse processo encontram-se em Milliet (1943), Monbeig (1984) e Silva (2008).

sociais que apontavam para o desenvolvimento do capitalismo, como afirma José de Souza Martins (1981:122) ao tratar da relação entre extinção do tráfico, lei de terras e imigração: "A terra tornou-se acessível apenas ao possuidor de dinheiro. [...] a implantação dessa concepção de propriedade fundiária só vai adquirir claro sentido quando relacionada com a emergência do trabalho livre".

A transição para o capitalismo no Brasil: o pós-1850. Transformações na economia cafeeira

Os anos de 1850 foram decisivos para a economia cafeeira e, por extensão, para a economia brasileira. A expansão da cafeicultura ocorria em bases lucrativas, visto a existência de grande demanda e preços crescentes no mercado internacional e, ao mesmo tempo, a existência de grandes extensões de terras adequadas à sua expansão, na província de São Paulo.

A possibilidade da incorporação de novas porções de terra para a plantação do café foi de suma importância para o seu desenvolvimento. Na medida em que as fronteiras do café deslocavam-se para o interior do país, a proporção de terras devolutas tornava-se maior, possibilitando aos fazendeiros a apropriação dessas terras, bastando para isso estabelecer um título de propriedade.[9] A instalação de linhas férreas, a partir dos anos 1870,[10] ampliou a possibilidade de apropriação de novas terras.

Dessa maneira, favorecido pela existência da fronteira em expansão, o café pôde se expandir pelo interior de São Paulo. Se, para sua expansão, o fator de produção terra não era um problema, o mesmo não se podia dizer do fator de produção trabalho. A aprova-

---

9 Nos últimos anos do século XIX, o patrimônio devoluto do Estado de São Paulo representava cerca de dois terços de sua área total.
10 Para a expansão das ferrovias em São Paulo, destacam-se as obras de Debes (1968), Mattos (1974), Saes (1981) e Santos (2002).

ção da Lei Eusébio de Queirós, em 1850, colocou em evidência que as relações escravistas de produção tendiam ao fim. Ela estancava a fonte de renovação da escravaria no Brasil, já que o crescimento vegetativo de escravos no país era francamente negativo:

> [...] o que se via, até 1850, era uma elevadíssima taxa negativa de crescimento, a tal ponto que Taunay pudera dizer que a "América devora os pretos".[...] tenho de recordar que o dia de trabalho era de quinze a dezoito horas, a alimentação, parca e desequilibrada, as condições de habitação e higiene, infra-humanas, e que, de outra parte, na composição do estoque havia uma notável preponderância de homens. Como impedir que verminoses, doenças do peito, morféia, tétano, epidemias, e tantas mais dizimassem o "plantel"? Como obstar que a própria morte se transformasse no protesto desesperado porque solitário? Como deixar de obter máxima desproporção entre homens e mulheres, se era impossível constituir uniões permanentes na promiscuidade das senzalas? Como, então, a América deixaria de devorar os pretos? (Mello, 2009:50 e 51)

Uma forma de se amenizar a falta de mão de obra foi o tráfico interregional de escravos. Entretanto, esse paliativo não resolvia diretamente o problema da mão-de-obra, primeiro pela exiguidade da oferta diante da necessidade, já que a marcha produtiva do café, com a formação de novos cafezais, continuava e, segundo, porque provocava alta constante nos preços dos escravos.

Tal situação impactava muito mais fortemente os novos cafezais do Oeste Paulista, região que possuía plantéis de escravos bem menos estabilizados, porque mais recentes. Isso é demonstrado pelo quadro abaixo:

Quadro 1: Preço Médio dos Escravos, nas Fazendas Novas, no Oeste Paulista, 1843-1877

Período	Preço em mil-réis
1843-1847	550$000
1848-1852	649$500
1853-1857	1:177$500
1858-1862	1:840$000
1863-1867	1:817$000
1868-1872	1:792$500
1873-1877	2:076$862

Fonte: Warren Dean: *Rio Claro: A Brazilian Plantation System, 1820/1920*. Stanford: Stanford University Press, 1976:55. *Apud* Martins (1981:27).

E não era somente pela falta de braços que o café do Oeste Paulista era prejudicado pelas relações escravistas de produção. O escravismo impunha limites para a interiorização da produção, pelo que representava em custos de transporte, já que, obviamente, a atividade de transporte numa produção escravista deveria ser, normalmente, também escravista, ou seja, baseada no uso de escravos e de tração animal. Segundo João Manuel Cardoso de Mello:

> [...] ocupar, sempre, novas terras próprias ao café exigiria, a partir de certo ponto, interiorização, o que provocaria, dentro dos limites da economia mercantil-escravista, *elevação persistente dos custos de transporte* (grifo do autor). Entendamo-nos bem. Quando digo dentro dos quadros da economia mercantil-escravista, quero me referir ao fato de que a um setor produtor mercantil e escravista deve corresponder um setor de transportes também mercantil e escravista. Quer dizer, um setor independente, apoiado no trabalho escravo e na força animal, desde que a presença do escravo, ainda aqui, impunha limites estreitos à tecnologia adotada.

Deste modo, a elevação contínua dos custos de transporte promoveria, *coeteris paribus*, a queda também continuada da taxa de lucro, até o ponto em que travaria a acumulação (Mello: 2009:53).

A utilização de escravos no transporte, por outro lado, agravava a situação da falta de braços, pois desviava uma boa parte dos trabalhadores, já escassos, da atividade direta com os cafezais e, ainda mais, devido ao longo tempo de viagem – por caminhos que atravessavam lugares de alta pluviosidade, como a Serra do Mar – até o Porto de Santos, o que provocava uma substancial perda de qualidade do café.

A introdução da ferrovia e de equipamentos mecanizados para secagem e beneficiamento de café vieram minimizar os problemas anteriormente apontados. Permitiram poupar trabalho escravo, possibilitaram a ampliação da velocidade de transporte e redução de seus custos e favoreceram a melhoria na qualidade dos grãos que chegavam ao porto de Santos.

A vantagem da introdução dessas duas inovações não se limitou, contudo, ao que já foi relatado. Elas acabaram por demonstrar que se iniciava a constituição de um núcleo tipicamente capitalista no interior paulista. Foram inovações que se basearam na utilização de trabalho livre, e com isso, conseguiram demonstrar, comparativamente, a superioridade produtiva do trabalho livre relativamente ao trabalho escravo. E mais, demonstraram a possibilidade de diversificação de investimentos para o capital cafeeiro.

Entretanto, o fator decisivo para o deslanche da cafeicultura do Oeste paulista e, ao mesmo tempo, indicativo da superação da crise da cafeicultura escravista e para o avanço da produção em bases capitalistas, foi a introdução do trabalho livre, via a imigração maciça de trabalhadores europeus, subvencionada pelo Estado de

São Paulo. Essa "solução" não foi imediata e nem foi unânime em todo o Brasil.

O período entre 1850 e 1888 foi marcado por discussões em torno de como deveria ocorrer a abolição da escravidão no Brasil e a transformação do trabalho. Essas discussões resultaram em legislações e medidas que visavam encaminhar o processo de libertação dos escravos e ao mesmo tempo tratar de garantir o suprimento de braços livres para a lavoura, fosse através de medidas que incentivassem a imigração, fosse através de medidas que orientassem como incorporar o trabalhador brasileiro livre e pobre no mercado de trabalho. Nessas discussões ficava claro que a mudança teria de se dar de maneira diferente de acordo com as características econômicas e sociais de cada região do país.

Em São Paulo ocorreram algumas primeiras experiências com o trabalho livre de imigrantes estrangeiros. Essas experiências ocorreram sob o regime de parceria já na década de 1840, antes da proibição do tráfico de escravos. Essas experiências, no entanto, fracassaram e, após 1857, na maioria das fazendas paulistas, o sistema de parceria foi abandonado e substituído por outras formas de trabalho livre, como o sistema de salário, empreitada, locação de serviços, meação e colonato, associado ao sistema escravista. Na realidade, mesmo com formas de trabalho livre, até a abolição definitiva da escravidão em 1888, o trabalho escravo, alimentado pelo tráfico interprovincial, teve importante participação.

O período de crise do escravismo caracterizou-se, também, pela aprovação de leis que iam, aos poucos, libertando os escravos: Lei do Ventre Livre (1871) e Lei dos Sexagenários (1885). Entre essas duas leis foi aprovada outra lei importante: a de Locação de Serviços, de 1879. Ela versava sobre contratos escritos de obrigações de serviços por tempo determinado ou por empreitada. Essa lei, como as anteriormente citadas, procurava sustentar o gradualismo na abolição dos escravos e, ao mesmo tempo: assegurar que os contratos de trabalho livre fossem cumpridos; obrigar qualquer trabalhador livre (imigrante, nacional livre ou ex-escravo) ao trabalho e, ainda, propor relações de trabalho que pudessem vir a existir após a emancipação. Essa lei privilegiou contratos de longo prazo e previa medidas severas que assegurassem o cumprimento dos contratos. Conforme Maria Lúcia Lamounier (1988), ao cobrir todos os tipos de trabalhadores e garantir contratos de longo prazo, a lei conciliava os interesses do Norte (dos engenhos) e do Sul (dos cafezais) que naquele momento já se mostravam bastante divergentes, pois o tráfico interprovincial fez concentrar nas províncias cafeeiras os escravos mais jovens e robustos, causando grande disparidade, não apenas numérica, mas também de produtividade do trabalho em cada região.

Os últimos anos antes da Abolição, marcados pelo fechamento do tráfico interprovincial em 1886, pelo forte movimento abolicionista e por fugas em massa das fazendas, foram vividos de maneira diferente em cada região do país. As diferentes características naturais, sociais e econômicas de cada região tornavam as necessidades e possibilidades de transição ao trabalho livre, muito dessemelhantes, e não houve, por isso, um único caminho seguido por todas as regiões do país. Desde os anos 1870, o Norte do país demonstrava maior possibilidade no aproveitamento do trabalhador brasileiro livre, devido ao tráfico interprovincial de escravos e por já contar com a migração de trabalhadores do Agreste e do Sertão para as zonas açucareiras. Nas fazendas de café, diferentemente, as consequências da abolição eram vistas como alarmantes, dados a fronteira agrícola em expansão e o grande contingente de escravos no setor produtivo.[11] Muitos cafeicultores tentaram retardar, ao máximo, a

---

11 Já durante a votação para a lei do Ventre Livre ficou claro que o Norte da cana-de-açúcar pensava diferente do Sul do café quanto à questão da transição para o regime de trabalho livre. Dificilmente a lei teria sido aprovada se não fosse a

abolição dos escravos. A resolução da problemática imigratória e as fugas em massa das fazendas e rebeliões, por parte dos escravos, apoiadas pelos abolicionistas, impeliram os fazendeiros paulistas a aceitarem o fim das relações escravistas de trabalho.

O modo como ocorreu a transição na província de São Paulo, não se constitui paradigma do ocorrido em todo o país, pelo contrário, a transição para o trabalho livre em São Paulo foi, antes de tudo, uma exceção. No entanto, apesar disso, foi fundamental pelo que apresenta de dinâmico, central e determinante nesse processo.

Antes da abolição, a partir de 1885, o governo da província de São Paulo passou a subsidiar imigração arcando os custos de transporte dos trabalhadores, principalmente europeus. Quanto mais se aproximava a abolição, maiores levas de imigrantes europeus, sobretudo italianos, chegavam a São Paulo.

Após a proclamação da República, a maior autonomia administrativa e financeira proporcionada pelo novo modelo federativo, somada ao aumento do preço do café no mercado internacional, proporcionou um extraordinário aumento de receitas a São Paulo, permitindo-lhe um grande diferencial em relação aos outros estados para promover a imigração subvencionada. Isso tornou possível a intensificação da imigração transoceânica. Entre 1889 e 1915, entraram no Estado de São Paulo mais de 1,5 milhão de imigrantes estrangeiros, baixando consideravelmente o preço do trabalho.

Nas fazendas de café, o principal sistema de trabalho era o colonato. O contrato de colonato previa atividades na lavoura cafeeira (para a qual o trabalhador recebia uma renda monetária) e a possibilidade de o colono e sua família usufruírem de parcela de terra da fazenda para produzirem alimentos para si. Pode-se

---

cooperação das províncias do Norte e de seus representantes, os quais aprovaram a reforma contra a vontade conjunta das províncias produtoras de café.

dizer, portanto, que este sistema de trabalho era acompanhado de um sistema misto de remuneração: uma parcela monetária + uma parcela em espécie (alimentos).

A chegada maciça de trabalhadores estrangeiros, que vieram se juntar aos trabalhadores nacionais e aos ex-escravos, teve um grande impacto na economia de São Paulo que, em poucas décadas, alcançou a formação de um mercado de trabalho livre. Esse mercado de trabalho trouxe consigo, ainda, a monetização da economia paulista, possibilitando o desenvolvimento de um mercado de consumo.

A consolidação das relações livres de trabalho, juntamente com o desenvolvimento de uma burguesia cafeeira que ampliou as possibilidades de investimentos e a grande expansão das ferrovias no sentido do interior, fez de São Paulo, um núcleo capitalista, favorável ao ulterior desenvolvimento industrial. Como afirmou Cardoso de Mello (2009:83), a economia cafeeira cria, portanto, as condições básicas ao nascimento do capital industrial e da indústria ao, em primeiro lugar, gerar previamente uma massa de capital monetário, passível de se transformar em capital produtivo industrial, em segundo lugar transformar a própria força de trabalho em mercadoria e, finalmente, promover a criação de um mercado interno de proporções consideráveis.

Assim, a acumulação de capital permitida pela economia cafeeira criava as condições básicas ao nascimento do capital industrial propiciando o surgimento de atividades ligadas ao comércio, ao artesanato, à indústria, ao transporte, aos bancos e à construção civil. Nesse período, portanto, houve a diversificação do meio social e econômico, impulsionada pelo investimento do capital cafeeiro em áreas e atividades tipicamente urbanas e capitalistas.

A fixação do capitalismo primário-exportador

A penetração do café para o Oeste paulista, simultânea à crise das relações escravistas de trabalho, que se acelerou com a extinção do tráfico em 1850, provocou transformações no sistema produtivo da economia exportadora cafeeira que favoreceram uma maior possibilidade de desenvolvimento capitalista na província, e depois estado, de São Paulo, se comparadas a outras atividades exportadoras praticadas em outras regiões brasileiras anteriormente, ou até mesmo coetâneas, à cafeicultura paulista.

Como afirma Wilson Cano (2007:50), não é possível falar em uma economia nacional brasileira antes da década de 1930, quando a entrada do Brasil em um padrão de desenvolvimento capitalista urbano-industrial impôs a unificação econômica do Brasil. No período localizado entre o final do século XIX e a década de 1930 do século XX, o que existiam eram complexos exportadores regionais, que possuíam o mercado externo como o seu centro dinâmico e estabeleciam relações econômicas muito pequenas entre si.[12]

A dominância, no período em questão, da atividade exportadora nos processos de formação de capital não provocava, nem exigia um processo de forte integração interna do mercado brasileiro. A economia brasileira era, pois, constituída por variado número de complexos regionais exportadores que se vinculavam quase que diretamente aos mercados externos, o que dava a ela um caráter compartimentado. Por isso, o capitalismo não se desenvolveu de maneira uniforme no Brasil.

A maior parte desses complexos econômicos exportadores regionais não conheceu transformações capitalistas na mesma veloci-

---

12 Dentre os complexos econômicos regionais existentes podemos citar: o da borracha na Amazônia; o açucareiro e o algodoeiro no Nordeste; o sulista; os de estados cafeeiros, exceto São Paulo; o cafeeiro paulista (Ver Cano, 2007:52-61).

dade das que ocorreram em São Paulo. Neles, as relações sociais de produção, embora pudessem ser consideradas como formalmente baseadas no trabalho livre, apresentavam fortes características de dependência pessoal, o que obstava a formação do trabalho assalariado e de um mercado de consumo. Isso pode ser evidenciado no complexo exportador da borracha que, durante um importante período, chegou a rivalizar com o complexo cafeeiro em valores relativos à pauta brasileira de exportação. No complexo da borracha, a relação de trabalho conhecida por aviamento,[13] que vinculava o trabalhador extrator do látex ao seu agenciador, que geralmente também comercializava a borracha com o mercado externo, favorecia o endividamento e, portanto, a subordinação do trabalhador a um empregador. Nesse complexo, a atividade econômica extrativa na floresta e a utilização do transporte fluvial ampliaram, por sua vez, as dificuldades para a construção de um mercado de maiores proporções e o desenvolvimento de relações sociais de características mais marcantemente capitalistas.

Nos complexos canavieiro e algodoeiro nordestinos, a relação de meação e/ou parceria, com o estabelecimento de relações de lealdade e dependência do pequeno produtor ao grande proprietário, com forte tendência à produção de subsistência por parte desses pequenos produtores, assim como o caráter latifundiário das propriedades, também dificultava que o trabalho, apesar de formalmente livre, assumisse um caráter assalariado. Tal fato dificultava a existência de fluxos monetários nesses complexos e, com

---

13 O aviamento era um sistema de adiantamento de mercadorias a crédito, geralmente de instrumentos de trabalho e alimentação, que seriam utilizados na floresta, no processo extrativo do látex. Neste sistema, a casa comercial adianta bens de consumo e alguns instrumentos de trabalho ao seringueiro que paga a dívida, ao mesmo comerciante, a partir da venda, para ele, do látex extraído.

isso, a acumulação de uma grande quantidade de capital pelos seus grupos dominantes.

Esses são alguns exemplos que denotam uma maior concentração do desenvolvimento capitalista, a partir do último quartel do século XIX, no estado, e na capital do estado, de São Paulo. Isso também explica porque esse estado no entorno de sua capital, concentrará, durante boa parte do século XX, a industrialização brasileira.

Essa condição de São Paulo, como centro articulador de um capitalismo primário-exportador, é que vai permitir que neste estado, principalmente em sua capital, se desenvolva um setor industrial que ganhará dinamismo próprio, após a crise da economia exportadora cafeeira, no final dos anos de 1920, estabelecendo, também, uma concentração industrial neste Estado. Para ver como isso ocorreu, precisaremos nos deter um pouco na relação entre economia exportadora do café e industrialização.

O processo de internalização da acumulação de capital no Brasil iniciou-se, pois, com a formação de seu Estado nacional após a independência, ocorrida em 1822 até o final do século XIX, em meados da década de 1880, e reproduziu internamente e de forma semelhante, porém temporalmente compacta, o papel que as colônias tiveram no processo de acumulação primitiva de capital europeia, entre o século XVI e o final do século XVIII e o início do século XIX.

Vejamos como isso ocorreu: em pouco mais de 60 anos, a combinação do desenvolvimento de uma nova economia exportadora, a cafeeira, com a manutenção da estrutura latifundiária e escravista, que intensificou, inclusive, as relações escravistas de produção e o tráfico de trabalhadores escravizados da África para o Brasil, permitiu que houvesse um ganho de escala, ou seja: produção em grande quantidade e a baixo custo, que tornou o preço do café brasileiro altamente competitivo no mercado internacional, aumentando, por isso também, a sua demanda.

Simultaneamente, o café como mercadoria, destinado ao mercado externo, teve o seu comércio dominado pelos comissários de café, que formavam uma elite mercantil, uma espécie de uma protoburguesia mercantil nacional, que, pelos mecanismos de comércio, comprando dos fazendeiros ao menor preço possível e vendendo no mercado externo pelo maior preço possível, apropriava-se da maior parte do excedente econômico produzido. Esses comissários de café também financiavam, na aquisição de terras e de escravos, novas pessoas que se interessavam em atuar na atividade cafeeira. É sempre bom lembrar que o baixo preço, no mercado externo, do café foi possibilitado pela disponibilidade de terras e de trabalhadores escravos a baixo custo.

Dessa forma, do período da independência brasileira até ao final do século XIX, o Brasil, pelo menos na região onde se desenvolveu sua principal atividade exportadora do período, passou de uma economia primário-exportadora de características coloniais para uma economia primário-exportadora capitalista. Com a abolição da escravatura no Brasil, podemos dizer que, a sociedade e as instâncias jurídico-políticas brasileiras passaram a ser, também, formalmente capitalistas. Podemos concluir, pois, que em finais do século XIX, o Brasil pode ser considerado uma formação social formalmente capitalista.

Entretanto, o processo de desenvolvimento capitalista brasileiro, em sua trajetória histórica, revela uma série de características que implicam o estabelecimento de um capitalismo subdesenvolvido no país, um capitalismo que pode ser considerado periférico e dependente, em relação às formações capitalistas centrais. Isso pode ser percebido a partir dos aspectos a baixo elencados:

    a. O Capitalismo consolidou-se no Brasil a partir de uma atividade economicamente dominante primário-exportadora.

b. Quando o capitalismo se consolidou no Brasil, a partir de uma modalidade primário-exportadora de acumulação, os países capitalistas centrais estavam passando, na década de 1880, pela Segunda Revolução Industrial.[14]

c. O caráter primário-exportador do capitalismo brasileiro o colocava em posição periférica na divisão internacional do trabalho. A economia brasileira especializou-se, nesse período, na exportação de produtos primários e na importação de produtos industrializados, de tecnologia e de capitais.

d. A forma de participação do Brasil na divisão internacional do trabalho provocou a "deterioração dos termos de intercambio"[15] diminuindo a capacidade de acumulação interna de capital. Embora houvesse acumulação interna, esta não permitia que os grupos dominantes nacionais tivessem densidade de capital para investimentos, na intensidade necessária, na maior parte das empresas industriais e de serviços típicas da Segunda Revolução Industrial.

e. A dominação do capital mercantil gerava interesses políticos e sociais na manutenção da participação da economia brasileira na divisão internacional como exportadora de produtos primários e importadora de produtos industrializados.

---

14 Segunda Revolução Industrial: Processo de transformações produtivas, desencadeado a partir da década de 1870, caracterizado por inovações técnicas como a eletricidade, o aço, as indústrias químicas e a utilização do petróleo. Do ponto de vista da organização empresarial caracterizou-se pelo desenvolvimento das grandes corporações, fruto dos processos de concentração e centralização de capital, pela separação da propriedade e da gestão empresariais e pela introdução do taylorismo e fordismo.

15 Deterioração dos termos de intercâmbio: Diminuição constante do valor das exportações relativamente ao valor das importações.

f. A estrutura econômica desde a colônia, e no período logo subsequente à independência, baseou-se, nas atividades dinâmicas destinadas à exportação, no binômio grande propriedade– trabalho escravo. Tal fato levou à forte concentração de renda e de poderes sociais e políticos no Brasil e a construção de relações sociais baseadas na dependência pessoal.

g. Embora tenham existido, desde a colônia, importantes fluxos comerciais, de serviços e financeiros, ligados ao abastecimento interno, que chegaram a possibilitar acumulação de capital, com base na grande produção e no trabalho escravo, as atividades voltadas ao abastecimento interno estiveram vinculadas, de forma significativa, à economia de subsistência e a uma produção familiar de baixa produtividade. Ou seja, a produção para o mercado interno conviveu com pequena divisão social do trabalho e não teve a mesma importância da atividade exportadora para a geração interna da renda.

h. A abolição legal das relações escravistas de trabalho, não favoreceu o acesso à renda, à propriedade da terra e, até mesmo, ao mercado de trabalho livre por parte dos escravos e ex-escravos. Isso dificultou a sua inserção na sociedade de classes e ampliou a exclusão social.

i. A existência do trabalho escravo, além de gerar o racismo, estigmatizou a visão do trabalho manual e produtivo, afastando numerosos segmentos sociais, bem como a produção intelectual e a educação, de uma maior preocupação com o desenvolvimento de atividades práticas.

j. A sociedade brasileira desenvolveu-se com base em uma profunda desigualdade social e de acesso a direitos e o território brasileiro constituiu-se com base em uma profunda desigualdade regional de desenvolvimento.

Como já foi escrito, as características acima elencadas imprimiram algumas peculiaridades ao capitalismo brasileiro, O Brasil que havia sido, como colônia, um importante elemento do desenvolvimento histórico do capitalismo europeu, consolidou-se, no final do século XIX como uma formação social capitalista periférica e subdesenvolvida. No entanto, apesar disso, o Brasil apresentou certas "vantagens" em relações a outros países latino-americanos em seus processos de desenvolvimento capitalista. Essas "vantagens" se relacionam ao fato que no Brasil, as atividades econômicas mais dinâmicas, vinculadas ao complexo exportador cafeeiro foram desenvolvidas, em sua maioria, com o controle nacional da produção. Ou seja: boa parte dos investimentos nesse complexo foi feita com capitais originados internamente e, por isso, com maior capacidade endógena de decisão econômica.

Tal situação vai permitir que a partir da década de 1930, num contexto de situações mundial e internamente novas, o Brasil ingresse uma nova modalidade de desenvolvimento capitalista. Uma modalidade capitalista urbana, nucleada pela industrialização, que teve, durante certo tempo, mercado interno como motor da atividade econômica. Essa modalidade de desenvolvimento teve de contar, em seu encaminhamento, com a decisiva participação do Estado e foi dirigida por uma concepção acerca da relação Estado/Sociedade que ficou conhecida como Desenvolvimentismo. Esse novo modelo de desenvolvimento capitalista tinha por objetivo colocá-lo mais próximo das características de uma economia capitalista desenvolvida.

1888 a 1933: economia primário exportadora, gênese e desenvolvimento do capital industrial

Para entendermos como a industrialização vai ganhar autonomia frente à economia exportadora, principalmente à economia cafeeira, e conhecer uma dinâmica própria a partir da década de 1930, é necessário compreendermos como se deu a relação entre indústria e economia exportadora cafeeira, uma vez que o processo de acumulação de capital na economia cafeeira vai possibilitar o nascimento e o desenvolvimento do capital industrial.

A industrialização, que dará a tônica da economia brasileira no pós 1930, foi possível devido ao surgimento do capital industrial no bojo da acumulação de capital que ocorria no complexo exportador cafeeiro.

[...] O complexo exportador cafeeiro, ao acumular, gerou o capital-dinheiro que se transformou em capital industrial e criou as condições necessárias a essa transformação: uma oferta abundante no mercado de trabalho e uma capacidade para importar alimentos, meios de produção e bens de consumo e capitais, o que só foi possível porque se estava atravessando um auge exportador (Mello, 2009:83).

O capital industrial, portanto, encontrou oportunidade de surgimento com as transformações ocorridas na economia cafeeira, tais como: a) ampliação do trabalho assalariado; b) criação de mercado de consumo; c) desenvolvimento de infraestrutura de transporte; d) relativa urbanização.

O desenvolvimento do setor exportador deu lugar a um processo de urbanização mais ou menos intenso ao longo do qual se iam estabelecendo as chamadas indústrias de bens de consumo interno tais como as de tecido, calçado, vestuário, móveis etc. Estas como se sabe são indústrias tradicionais de baixo nível de produtividade, presentes em quase toda a América Latina, que surgiram no bojo do próprio modelo exportador (Tavares, 1979: 30).

Assim, o capital industrial nasceu e foi estimulado pela acumulação de capital que ocorria na economia cafeeira, mas as relações entre o capital cafeeiro e o capital industrial não foram lineares e harmônicas. O que ocorreu, em realidade, foi uma articulação contraditória entre essas duas expressões do capital, na qual o capital cafeeiro gerou a possibilidade de nascimento e estimulou o capital industrial, ao mesmo tempo em que impunha estreitos limites para a sua acumulação.

Esses limites relacionavam-se ao fato de que o capital cafeeiro era majoritariamente mercantil. E esse capital mercantil nacional articulava-se de maneira subordinada aos processos de acumulação capitalista mundial, que eram, naquele momento, hegemonizados pelo capitalismo monopolista, já que o nascimento da economia capitalista exportadora no Brasil (final do século XIX) ocorreu quando, nos países centrais, se processava a segunda Revolução Industrial.

O surgimento do capital industrial e de indústrias no Brasil, portanto, são retardatários relativamente ao capitalismo mundial centralizado na Europa.[16] Esse "atraso" é explicado pelo fato de que ele se desenvolve quando o capitalismo monopolista e as grandes corporações industriais, originários da Segunda Revolução Industrial, se tornaram dominantes em nível mundial. Não era possível, pois, ao capital industrial e às indústrias brasileiras, devido à sua pequena ca-

---

16 Nesse momento os EUA encontravam-se em pleno processo de desenvolvimento industrial, mas não haviam assumido a liderança do mundo capitalista, o que ocorrerá no século XX, principalmente, no pós-Segunda Guerra Mundial.

pacidade de acumulação, desenvolverem-se nos setores tecnologicamente inovadores do período. A condição de crescimento industrial brasileira, mesmo na região economicamente mais dinâmica e mais avançada do ponto de vista capitalista, limitava-se aos setores industriais tradicionais, vinculados aos de bens de consumo.

Por isso, é possível afirmar que o capital cafeeiro estimulou e ao mesmo tempo, contraditoriamente, impôs limites ao desenvolvimento do capital industrial, uma vez que se é verdade que o capital industrial, bem como as condições para o desenvolvimento da indústria (mercado de trabalho, acumulação de capitais e capacidade de importação, principalmente de bens de capital) nasceram juntamente com a consolidação de um complexo exportador capitalista cafeeiro, é verdade também que "dentro" do capital cafeeiro, era a função mercantil que encontrava maior destaque. Neste sentido, pode-se afirmar que o capital cafeeiro era majoritariamente mercantil.

> O capital cafeeiro tinha, portanto diversos aspectos; ele apresenta ao mesmo tempo as características do capital agrário, do capital industrial, do capital bancário e do capital comercial. [...] Na economia cafeeira, caracterizada por um grau ainda fraco de desenvolvimento capitalista, essas diferentes funções são reunidas pelo capital cafeeiro e não definem (pelo menos diretamente) frações de classe relativamente autônomas: não havia uma burguesia agrária cafeeira, uma burguesia comercial, etc., mas uma burguesia cafeeira exercendo múltiplas funções. [...] A análise dessas relações faz ressaltar a dominação das funções comerciais. Em outros termos, a caracterizar o capital cafeeiro como um capital dominantemente comercial (Silva, 1986:54).

Tal situação impunha limites para o desenvolvimento industrial, pois, a dominância do capital mercantil implicava: a) fortes interesses sociais e políticos na manutenção da posição do Brasil frente à divisão internacional do trabalho; b) um ritmo mais lento no desenvolvimento das forças produtivas; e c) a defesa de uma política econômica fortemente liberal, na qual não havia preocupação, por parte do Estado, em intervir de forma sistemática no sentido da industrialização.

O capital industrial, ao mesmo tempo em que nasceu como desdobramento do capital cafeeiro, encontrava-se, pois, limitado, em seu desenvolvimento autônomo, pelo próprio capital cafeeiro-mercantil. Assim, a indústria que nasceu nesse período limitou-se ao setor de bens de consumo assalariado: "Dissemos que tão somente certa indústria, a grande indústria de bens de consumo assalariado, especialmente a têxtil, foi capaz de se desenvolver" (Mello, 2009:83). A indústria de bens de consumo assalariado – tais como a têxtil, a de alimentos e bebidas – era a possível de surgir naquele momento, pois:

> [...] tecnologia relativamente simples, mais ou menos estabilizada, de fácil manejo e inteiramente contida nos equipamentos disponíveis no mercado internacional; tamanho da planta mínima e volume de investimento inicial inteiramente acessíveis à economia brasileira de então. Estas são as considerações que explicam, no essencial, a "preferência" pela indústria de bens de consumo assalariado e não problemas de demanda "preexistente" ou preços relativos de "fatores" (Mello, 2009:84).

O desenvolvimento industrial autônomo, com uma dinâmica própria dissociada da acumulação cafeeira, somente teve condições de ocorrer, quando a contradição entre os estímulos e as limitações impostas ao desenvolvimento industrial, pela acumulação cafeeira, chegou ao seu máximo, possibilitando, assim, que a acumulação industrial pudesse romper as limitações estabelecidas pelo capitalismo exportador cafeeiro.

O ponto máximo dessa contradição foi imposto pelos impactos da depressão econômica pós 1929 e pelas políticas anticíclicas praticadas pelo governo Vargas, após a Revolução de 1930, que deram impulso à Industrialização:

> O período que se estende de 1888 a 1933 marca, portanto, o momento de nascimento e consolidação do capital industrial. Mais do que isto, o intenso desenvolvimento do capital cafeeiro gestou as condições de sua negação, ao engendrar os pré-requisitos fundamentais para que a economia brasileira pudesse responder criativamente á "Crise de 29". [...] Desencadeia-se, então, uma expansão econômica fundada em novas bases, que só foi possível, de um lado, porque já dispúnhamos de certa capacidade de acumulação e, de outro, devido a medidas de política econômica que sustentaram relativamente a capacidade para importar [...] e a reservara, até 1937, para a ampliação da indústria leve de bens de produção (Mello, 2009:88 e 89).

O rompimento com a subordinação à acumulação cafeeira foi permitido por uma política que visava responder ao estrangulamento externo provocado pela depressão da década de 1930 e manter a renda interna, a partir da defesa do setor cafeeiro. Essa política foi praticada pelo governo Vargas, a partir de 1933, e teve por objetivo reagir a uma significativa redução dos preços internacionais do café. A brutal baixa dos preços internacionais do café[17] resultou da impossibilidade de manutenção da política de retenção dos excedentes da produção cafeeira, por meio de financia-

---

17 Segundo Celso Furtado (2000:200), a queda do preço do café foi da ordem de 22,5 centavos de dólar por libra/peso em setembro de 1929 para 8 centavos de dólar por libra/peso em setembro de 1931.

mento externo.[18] O crédito internacional brasileiro desapareceu juntamente com as reservas do governo, logo após a eclosão da crise. Assim, o que determinou a baixa dos preços do café nos mercados internacionais foi a grande e repentina expansão de sua oferta nos mercados internacionais.

O governo passou, então, a adquirir o excedente da produção cafeeira por meio de criação de crédito interno, para depois destruí--lo. Essa prática evitou que o equilíbrio entre oferta e procura viesse a ser alcançada apenas pelos mecanismos de mercado, que teriam provocado o abandono, puro e simples, das plantações e conduziriam a um enorme desemprego. Ao impedir um maior declínio da renda no setor cafeeiro, a política de defesa evitou que os seus possíveis efeitos contracionistas se multiplicassem pelos setores econômicos por ele influenciados. Tais medidas mantiveram, ou pelo menos não reduziram drasticamente, a procura interna:

> Ao garantir preços mínimos de compra, remuneradores para a grande maioria dos produtores, estava-se na realidade mantendo o nível de emprego na economia exportadora e, indiretamente, nos setores produtores ligados ao mercado interno. Ao evitar-se uma contração de grandes proporções na renda monetária do setor exportador, reduziam proporcionalmente os efeitos do multiplicador de desemprego sobre os demais setores da economia. [...] Dessa forma, a política de defesa do setor cafeeiro nos anos da grande depressão concretiza-se num verdadeiro programa de fomento da renda nacional. Praticou-se no Brasil, inconscientemente, uma política anticíclica de maior amplitude que a que se tenha sequer preconizado em qualquer

---

18 A contratação de crédito externo para compra e estocagem da produção excedente do café, antes de 1929, era uma das medidas centrais dos programas de defesas dos preços do café, iniciados com o Convênio de Taubaté, de 1906.

dos países industrializados. [...] Explica-se, assim, que já em 1933 tenha recomeçado a crescer a renda nacional no Brasil (Furtado, 2000:203 e 205).

A reserva do mercado interno, fruto da diminuição da capacidade de importação e da depreciação cambial, e a política interna de manutenção da renda foram os fatores explicativos para o deslanche, a partir de 1933, da industrialização, que ficou conhecida por industrialização substitutiva de importações.

Entretanto, essa nova dinâmica econômica, na qual a dinâmica da acumulação passou a se basear no desenvolvimento industrial, permaneceu "restringida" pela incapacidade da acumulação industrial chegar ao setor de bens de produção, o que possibilitaria a autodeterminação do próprio desenvolvimento industrial. Isso, no entanto, só vai ocorrer após 1956.

O período desenvolvimentista e a industrialização no Brasil

A industrialização restringida ou extensiva (1933-1956)

Com a adoção da política de defesa da renda e do emprego a partir da Grande Depressão de 1929 e a consequente mudança no processo de acumulação de capital no Brasil, o país recuperou, já em 1933, o mesmo nível da produção industrial registrado em 1928, chegando em 1938 com produto industrial 44% superior ao de 1928 (Pochmann, 2016:82).

A política econômica implementada no país possibilitou minimizar paulatinamente a preponderância do setor exportador na determinação da economia nacional. Para isso, a reorganização do Estado nacional, no pós-1930, mostrou-se fundamental, pois sem o controle do câmbio, dos juros, dos tributos e do mercado de trabalho, a industrialização continuaria a se desenvolver a passos lentos.

A política econômica implementada por Vargas não estava prevista quando da formação da chapa da Aliança Liberal em 1929, mas foi fruto da consciência industrializante que foi sendo construída ao longo do mandato, durante a década de 1930 (Fonseca, 2003: 140-147).

Em 10 de novembro de 1937, Vargas, com o apoio das Forças Armadas, desfechou o golpe do Estado Novo, suspendendo o Legislativo, nomeando interventores estaduais e outorgando nova Constituição. O novo regime possuía forte conteúdo autoritário e intervencionista. O Estado Novo respaldava-se na colaboração de ideias de vários pensadores (denominados pensadores autoritários) que defendiam, em contraposição às oligarquias rurais, reformas modernizantes e pró-industrialização considerando impossível implementá-las sem um Estado forte e centralizador.

A intervenção econômica, iniciada em 1930, aprofundou-se com o Estado Novo contando com a centralização política e administrativa. Essa medida visava minar o poder das oligarquias exportadoras, transferindo poderes e atribuições ao governo federal. No plano político, a centralização processou-se por meio da nomeação dos interventores e, no plano administrativo, por meio da criação de órgãos federais. Estes organismos eram encarregados da coordenação, regulamentação e planejamento de diversas atividades. Além disso, o governo também passou a ingressar diretamente na atividade produtiva por meio da criação de empresas estatais. O governo federal também passou a intervir nas relações entre capital e trabalho urbano, procurando, por meio da legislação trabalhista e do reconhecimento de alguns direitos sociais, harmonizar essas relações em prol da urbanização e da industrialização.

Criou-se o Departamento Administrativo do Serviço Público (DASP) responsável por elaborar normas para o serviço público e para seleção de funcionários via concursos em lugar das antigas indicações políticas realizadas pelas oligarquias locais. Criou-se também uma série de órgãos encarregados da coordenação e regulamentação da política em setores ligados à indústria e às riquezas estratégicas: Conselho Nacional do Petróleo, Aparelhamento de Defesa, Conselho de Águas e Energia, Comissão de Defesa da Economia Nacional, Fábrica Nacional de Motores, Comissão Executiva do Plano Siderúrgico Nacional, Companhia Siderúrgica Nacional, Comissão de Combustíveis e Lubrificantes, Serviço Nacional de Aprendizagem Industrial (SENAI), Comissão do Vale do Rio Doce, entre outros. Também foram criados órgãos dedicados à racionalização administrativa e de tomada de decisões, tais como a Coordenação de Mobilização Econômica, a Comissão de Planejamento Econômico e Superintendência da Moeda e do Crédito (SUMOC), o Instituto Brasileiro de Geografia e Estatística, o Plano de obras Públicas, o Conselho Nacional de Ferrovias.

Medidas de conteúdo semelhante continuaram a ocorrer quando Vargas retornou ao poder a partir de 1951. Em seu segundo governo, o projeto industrializante e desenvolvimentista foi reafirmado e ampliado (Draibe, 2004:169) com ações que visavam essencialmente a infraestrutura e as indústrias de base. Foram elaborados o Plano Nacional de Eletrificação, o Programa do Petróleo Nacional, o Plano Nacional do Carvão e foi atualizado o Plano Nacional de Viação. No tocante à indústria de base, foi elaborado o Plano Geral de Industrialização, com objetivos relacionados a ferro e aço, indústria química pesada, indústria de equipamento e material ferroviário, indústria elétrica pesada, indústria automobilística e indústria da construção naval. Paralelamente foi criado o Banco Nacional de Desenvolvimento Econômico para o financiamento de longo prazo, buscando superar as dificuldades de mobilização de recursos para a implementação destas propostas de desenvolvimento.

Esse "modelo" de desenvolvimento industrial ficou conhecido como processo de substituição de importações, no qual a expansão da indústria ocorre atendendo, pela produção interna, faixas de demanda que eram, anteriormente, atendidas por mercadorias industriais importadas. A industrialização brasileira do período de 1933 a 1956, marcada pelo processo de substituição de importações, foi também, de industrialização restringida. Vejamos porque:

Esse foi um período de rápido crescimento provocado especialmente pelo avanço da indústria com grandes reflexos no processo de urbanização brasileiro, conforme demonstram os dados dos quadros II e III. Observa-se que cada vez maiores parcelas da população se fixaram na área urbana enquanto parcelas crescentes da população economicamente ativa passaram a participar da atividade industrial e também de serviços. Observam-se, também, grandes mudanças na distribuição do Produto Interno Bruto por classes de atividades econômicas.

Quadro 2: Brasil: População total, população urbana e rural (1920-1960)

Ano	Total	Urbana	(%)	Rural	(%)
1920	30.635.605	---	---	---	---
1940	41.236.315	12.880.182	31	28.356.133	69
1950	51.994.397	18.782.891	36	33.161.506	64
1960	70.070.457	31.303.034	45	38.767.423	55

Fonte: IBGE (1987) *apud* Gremaud; Saes; Toneto Jr. (1997:118).

Quadro 3: Brasil: Valor adicionado por classes de atividade econômica, 1928-1947 (em %)

Período	Agricultura	Indústria	Transportes e Comunicações	Governo
1928/29	52,5	22,7	10	14,8
1930/34	47	23,9	10,3	18,8
1935/39	43,2	29,9	9,6	17,3
1940/44	37,1	36,1	10,2	16,6
1945/47	35,9	37,5	10,9	15,7

Fonte: Haddad (1978) *apud* Gremaud; Saes; Toneto Jr. (1997:119).

No entanto, apesar das altas taxas de crescimento, o desempenho industrial, devido à baixa capacidade de acumulação do capital industrial brasileiro, ainda dependia de insumos e equipamentos importados. A produção interna de bens de produção (insumos e máquinas e equipamentos necessários para fabricação de outros bens) era insuficiente para atender as atividades correntes da economia. A pequena dimensão do departamento interno de bens de produção impunha a necessidade de importação de matérias-primas industriais e de máquinas e equipamentos e isso restringia a autodinamização da industrialização brasileira. A necessidade de importações era, portanto, frequentemente recolocada e, para se garantir essas importações, as divisas geradas pelos setores exportadores de bens primários mantinham-se como fundamentais.

A queda das exportações de bens primários causava, pois, problemas para o processo de industrialização. Ou seja, a indústria passou, nesse período, a ser o elemento dinâmico da economia brasileira, mas ela ainda se limitava ao setor de bens de consumo. Para que a industrialização brasileira se autopropulsionasse era necessário a internalização de um departamento de bens de produção. Tal internalização passará a ocorrer a partir de 1956, numa nova etapa que ficou conhecida por industrialização pesada ou intensiva.

Antes de passarmos a essa nova etapa é importante lembrarmos que a oferta de força de trabalho nas regiões mais dinâmicas da industrialização brasileira, o Sudeste principalmente São Paulo, foi alcançada a partir da intensificação das migrações internas e do êxodo rural, de trabalhadores oriundos, em sua maioria, do atual Nordeste brasileiro. A grande oferta de força de trabalho, acima das necessidades requeridas pela industrialização, implicará salários relativamente baixos. Dessa forma, a industrialização restringida não chegou a afetar a desigualdade na repartição da renda entre os grupos sociais brasileiros e permitiu a ampliação das desigualdades regionais, com a concentração do desenvolvimento industrial em São Paulo.

A industrialização intensiva ou pesada (1956-1980)

Com a industrialização em curso desde o início dos anos 1930, com a hegemonia do Desenvolvimentismo nas políticas e no pensamento econômico, e com o aparelhamento do Estado brasileiro, com a criação de várias instituições voltadas a impulsionar a industrialização, a economia brasileira vai adentrar, a partir de 1956, numa nova etapa de seu desenvolvimento capitalista. Essa nova etapa ficou conhecida por industrialização pesada ou intensiva. Esse padrão de desenvolvimento capitalista vai se estender até o início dos anos 1980 e apresentou dois ciclos: o primeiro entre 1956 a 1967 e o segundo de 1967 a 1980.

Para que tal padrão de desenvolvimento capitalista deslanchasse e se estabelece, o Plano de Metas, elaborado e colocado em prática durante o governo Juscelino Kubitschek (1956-1961), foi fundamental. Esse plano expressou o objetivo do Estado brasileiro em acelerar a acumulação de capital e a industrialização por meio de uma importante e crescente ação planificadora.

O Plano de Metas contou, para a sua elaboração e realização, com as contribuições e com os diagnósticos, acerca da economia brasileira, elaborados pela Comissão Mista Brasil/Estados Unidos para o Desenvolvimento Econômico (CMBEU) e pelo Grupo Misto Cepal-BNDE (GMCB). Dentre esses diagnósticos, um dos mais destacados era o da existência de pontos de estrangulamento em importantes setores da economia brasileira, que implicavam dificuldades para o encaminhamento do desenvolvimento econômico. O enfrentamento desses pontos de estrangulamento por meio de investimentos, estimulados e coordenados pelo Estado, os transformariam em pontos de germinação de atividades econômicas e, portanto, de desenvolvimento e crescimento econômicos. Nesse sentido, o Plano de Metas, assumiu a característica de um plano econômico setorial, elegendo, a partir da definição dos principais pontos de estrangulamento que deveriam ser enfrentados, os setores prioritários de investimentos: Energia, Transportes, Indústria Básica, Alimentação e Educação. O plano procurava atingir 30 metas nos setores definidos e mais uma "meta-síntese", que seria a construção de Brasília, a nova capital brasileira.

Os investimentos nos setores acima mencionados, associados à criação de Grupos Executivos de Trabalho,[19] voltados a fomentar setores industriais, permitiram a expansão das atividades ligadas ao mercado interno, a ampliação dos investimentos governamentais, diretos e indiretos, e uma intensificação da entrada de capitais estrangeiros, provocando uma forte aceleração da industrialização em setores industriais, até então, razoavelmente incipientes na economia brasileira, como os setores de bens de consumo duráveis (automóveis e elétricos domésticos), de bens de capital (máquinas,

---

19 Órgãos criados durante o governo JK para coordenar atividades ligadas à política econômica e ao desenvolvimento industrial. São exemplos desses grupos: O GEIA (Grupo Executivo da Indústria Automobilística), o GEICON (Grupo Executivo da Indústria de Construção Naval) e o GEIMAPE (Grupo Executivo da Indústria de Mecânica Pesada).

equipamentos, materiais de transporte) e de bens intermediários (matérias primas industriais). Muitos novos ramos industriais só se estabeleceram devido à atração de grandes conglomerados industriais multinacionais. É importante ressaltar, pois, que a internalização do departamento de bens de produção (bens intermediários mais bens de capital) foi alcançada pela grande inversão de capital estrangeiro, que também se dirigiu ao setor de bens de consumo duráveis. Este setor tornou-se o mais dinâmico da economia brasileira durante todo esse período.

Essa aceleração do processo de industrialização permitiu, por sua vez, um crescimento médio anual do produto interno de 8% entre 1957 e 1961; a instalação de setores industriais dinâmicos, para a época, como o automobilístico, o de construção naval, o de eletrodomésticos, o de materiais elétricos; e a expansão de indústrias básicas como as siderúrgicas, as de papel e celulose, as petrolíferas entre outras.

Entretanto, tal aceleração do desenvolvimento industrial gerou ou amplificou algumas distorções do processo brasileiro de industrialização que, como dito anteriormente, havia se iniciado nos anos de 1930. Dentre essas distorções podem ser apontadas: a) o privilegio extremado ao setor industrial e o "esquecimento" de outros setores, como o agrícola; b) a pequena preocupação com questões sociais e regionais; c) a ampliação, portanto, das desigualdades regionais brasileiras;[20] d) a concentração em indústrias menos essenciais para a continuidade do processo de industrialização, que se expressou pelo maior investimento no setor de bens de consumo duráveis do que no setor de bens de produção (bens de capital + bens intermediários); e)

---

20 A concentração industrial em São Paulo pode ser expressa a partir das seguintes porcentagens do VPI (valor da produção industrial) paulista em relação ao brasileiro: a) 1907 = 15,92%; 1919 = 32,99%; 1939 = 43,49%; 1949 = 46,62%; 1959 = 55,08%, 1970 = 56,64%. Fonte: Censo Industrial.

desequilíbrio no "atendimento" dos fatores de produção: industrialização intensiva em capital, o que não colaborava para a total absorção da força de trabalho gerada pelo grande êxodo rural e pela grande migração interna existentes no período e que se encontrava disponível nos grandes centros urbanos; f) longa maturação nos investimentos para a geração e distribuição de energia; g) pequeno investimento na educação e na formação da força de trabalho; g) aumento significativo do endividamento e do déficit públicos.

Essas distorções seriam as responsáveis pela inflação e pela desaceleração econômica, ocorridas após 1961, e que se transformariam numa forte crise política, que ensejou o Golpe Militar de 1964. Segundo Maria da Conceição Tavares:

> Deste modo se aprofundou consideravelmente o processo de substituição de importações no Brasil, que conduziu a um ritmo de desenvolvimento mais acelerado neste período do que nos anteriores. É preciso não se esquecer, porém, que esse processo teve lugar com um agravamento considerável das pressões inflacionárias e dos desequilíbrios regionais (Tavares, 1979: 72/73).

A crise política, acima aduzida, ocorreu, pois, o governo João Goulart (governo Jango) (1961-1964) entendia que para atacar a crise econômica seria necessária a adoção de profundas reformas estruturais (econômicas, sociais e políticas) que democratizariam o consumo e permitiriam o crescimento do mercado interno. Segundo o governo, tais medidas possibilitariam a superação definitiva do caráter tradicional e subdesenvolvido do capitalismo brasileiro. As principais reformas preconizadas eram a agrária, a urbana, a tributária, a do sistema bancário, a constitucional e a do sistema eleitoral, bem como a introdução de um maior controle sobre a remessa de lucros, por parte das empresas estrangeiras estabelecidas no país.

A proposta reformista sofreu, contudo, forte oposição de setores empresariais, nacionais e internacionais, e de grupos ligados ao capital mercantil e agrário. Para esses segmentos sociais, a crise era resultado das políticas desenvolvimentistas, praticadas até então, que apresentavam forte conteúdo protecionista e "populista", com ganhos salariais acima dos ganhos de produtividade. Para eles, as reformas propostas pelo governo Jango impediriam, ainda, a continuidade dos investimentos estrangeiros. Essa oposição às reformas foi reforçada pela posição assumida por uma grande parte dos militares, que viam, na proposta governista, um grande risco de guinada à esquerda, num momento de forte polarização mundial, entre os modelos capitalista e socialista, no contexto da chamada "Guerra Fria".

Assim, os setores que se opunham às reformas propunham, diante da crise econômica, uma forte política de estabilização (corte nos gastos públicos, aumento da carga tributária, contenção do crédito e dos salários). A essas medidas, que, segundo eles, permitiriam a recuperação posterior da capacidade de crescimento continuado e equilibrado, seriam somadas outras, voltadas a aprofundar a internacionalizado da economia brasileira, a partir recuperação da confiança do investimento externo. Nesse sentido, o Estado deveria agir, também, no sentido de controlar a agitação e a mobilização social existente. Daí a necessidade de um Estado forte e ditatorial, dirigido pelos militares brasileiros.

É importante afirmar que as duas propostas em choque tinham como pressuposto básico a continuidade da industrialização brasileira. O que as colocava em lados antagônicos era o caráter desse desenvolvimento industrial: se ele deveria ser mais ou menos nacional e/ou mais ou menos distributivista.

O impasse foi resolvido, por meio de um Golpe de Estado, liderado pelos militares, que possibilitou a vitória da corrente que propunha a continuidade do desenvolvimento econômico a partir do aprofundamento da internacionalização da economia brasileira e que, nesse sentido, propunha a reorganização econômica por meio de um forte programa de estabilização, baseado num governo também forte. Ou seja, a vitória coube a uma corrente desenvolvimentista não nacionalista. Tal vitória representou uma forte mudança no caráter do Desenvolvimentismo praticado desde os anos 1930, visto que este, até então, caracterizava-se, apesar da grande aproximação com o capital estrangeiro praticado no governo JK, por uma importante preocupação nacionalista.

Por isso, o primeiro governo após a instauração do Regime Militar, o chefiado pelo General Castelo Branco (1964-1967), introduziu o Plano de Ação Econômica do Governo (PAEG) que propunha uma estabilização contra a inflação, interpretada como inflação de custos (que teria sido provocada pela industrialização fortemente protecionista) e como inflação de demanda (que teria sido provocada pela ampliação da capacidade popular de compra, sem uma capacidade produtiva totalmente desenvolvida que lhe fizesse frente) e, por isso, introduziu formas de controle dos reajustes salariais. Tais medidas provocaram um forte controle dos salários e acabaram por favorecer o processo de "aristocratização" do capitalismo brasileiro ao possibilitar uma maior concentração de renda. Como forma de combate à inflação o PAEG também previa aumento da carga tributária, corte nos gastos públicos e contenção do crédito. O novo governo ainda promoveu a suspensão de algumas reformas: a da reforma agrária encaminhada nos últimos dias do governo Jango, com a introdução do Estatuto da Terra, e a modificação da lei de Remessa de Lucros, que havia sido instituída em 1962.

As medidas econômicas do governo Castelo Branco reduziram a inflação (de 92,1% em 1964 para 39,1% em 1966), porém com um custo social evidente. Essa política econômica, por outro lado, não gerou crescimento econômico significativo, não revertendo, pois, a fase descendente, iniciada em 1961, do ciclo econômico. Isso provocou crescimento da oposição ao novo regime, com fortes mobilizações sociais durante os anos de 1967 e 1968. Diante disso, um novo governo militar, do General Costa e Silva, estabelecido em 1967, mudou a orientação econômica, estabelecendo uma política econômica expansiva que gerou um novo ciclo econômico. Esse ciclo teve uma fase ascendente, entre 1967 e 1973, com altos índices de crescimento econômico (11,25% em média anual, entre 1968 e 1973), que ficou conhecida como "Milagre Brasileiro".

Esse novo ciclo baseou-se no estabelecimento de condições para o investimento industrial por meio de incentivos fiscais, de favorecimentos à exportação de bens de consumo não duráveis e no desenvolvimento de um forte programa de construções habitacionais e de obras de infraestrutura. Dessa forma, favoreceu-se o investimento e se estimulou a demanda por bens industriais. No entanto, como a legislação salarial não sofreu mudanças significativas e as formas de tributação mantiveram-se regressivas, o crescimento econômico e industrial expressou a concentração de renda que se processava no Brasil. As indústrias que mais cresceram foram as que atendiam à construção civil (metalurgia, minerais não metálicos, e materiais elétricos), as de material de transporte, onde se localizam as indústrias automobilísticas, as de eletrodomésticos e as de eletrônicos. As que menos cresceram foram as têxteis, as alimentícias e as de vestuário que, para tal, ainda tiveram como fator estimulante o favorecimento das exportações. Tal padrão de crescimento industrial mostra que os setores que mais cresceram foram os que se voltavam às classes "altas e médias" da sociedade brasileira e que eram quase que privativos de grandes empresas multinacionais.

> Na realidade a demanda se dirigiu predominantemente a determinados ramos da indústria, pois ela era resultado de um processo de concentração da renda que privilegiava as

necessidades de uma elite relativamente reduzida. No período de 1968-1971, a indústria de material de transporte (na qual predomina a automobilística) cresceu 19,1% ao ano, a de material elétrico (na qual se inclui a de aparelhos eletro e a eletrônico-domésticos) cresceu 13,9%, ao passo que a Indústria Têxtil cresceu apenas 7,7% ao ano, a de Produtos Alimentares cresceu 7,5% ao ano e a de Vestuário e Calçados 6,8%. Como se vê, a produção de bens duráveis de consumo, que são comprados principalmente pelos grupos de elevadas rendas, cresceu a um ritmo duas ou três vezes maior que a produção de bens não duráveis de consumo, que são adquiridos por toda a população. [...] A unilateralidade desse crescimento ainda foi maior, pois o crescimento de bens não duráveis atendeu, em boa medida, a demanda externa (Singer, 1976:75).

A concentração de renda ainda foi favorecida pelo grande êxodo rural e pelas grandes migrações internas que possibilitavam um crescimento na oferta de trabalhadores urbanos. Foi nos anos de 1960 que a proporção urbana da população brasileira ultrapassou a rural.[21]

O segundo ciclo da industrialização pesada vai entrar em fase descendente a partir do final de 1973. Essa fase descendente é explicada, externamente, pela crise do modelo de desenvolvimento capitalista que vigia desde o pós-guerra e, internamente, pelos estrangulamentos provocados pelo crescimento muito maior do setor industrial de bens de consumo duráveis frente ao setor de bens de produção. A expressão mais visível dessa crise foram os chamados choques do petróleo de 1973 e 1979. O governo brasileiro vai tentar

---

21 No final dos anos de 1950 a relação população urbana/população rural era: 45% a 55%, respectivamente. No final dos anos de 1960, tal relação passou a ser de 56% a 44%.

enfrentar as forças descendentes da atividade econômica com um novo plano de desenvolvimento conhecido por II PND, voltado a completar a industrialização brasileira, priorizando investimentos nos setores de bens de capital e de bens intermediários. Tal programa foi razoavelmente bem sucedido ao impedir uma queda brusca da atividade econômica ao longo dos anos 1970, mas introduziu fortes debilidades externas à economia brasileira, aumento das pressões inflacionárias e, também, não resolveu o grave problema da concentração de renda. No final da década, o regime militar se viu, novamente, diante de fortes mobilizações sociais.

Crise do desenvolvimento industrial e inserção na globalização 'financeirizada' (1980-2005)

O período situado entre 1930 e 1980, com suas duas ondas industrializantes: a industrialização restringida ou extensiva, entre 1933 e 1956, e os dois ciclos da chamada industrialização pesada ou intensiva (1956-1967; 1967-1980), ficou conhecido como período desenvolvimentista. Isso porque a dinâmica econômica voltou-se para e baseou-se, como vimos, na industrialização, sustentada, na maior parte do tempo, pelo mercado interno. Nesse processo, o papel do Estado foi fundamental, tanto como planejador, como indutor da industrialização, chegando, inclusive, quando julgou necessário, a intervir na esfera da produção, com a criação de empresas estatais.

Embora todo esse período, situado entre 1930 e 1980, tenha apresentado certa continuidade das políticas de médio e longo prazo visando à industrialização da economia brasileira, é necessário estabelecer uma diferenciação entre duas fases razoavelmente distintas do chamado período desenvolvimentista: a) a primeira fase localiza-se entre 1933 e 1964; b) a segunda vai de 1964 ao final dos anos 1980 (Barbosa, 1998:79). Observa-se, com essa distinção, que a instauração dos governos militares (a partir de 1964) representou uma forte inflexão na característica do projeto desenvolvimentista que se desenvolvia no país.

Até 1964, o desenvolvimentismo caracterizava-se por uma maior preocupação com a expansão e crescimento do mercado interno brasileiro como base para a industrialização, com adoção de políticas econômicas que possuíam características que podem ser consideradas, até certo ponto, distributivas (Barbosa, 1998:79) e, também, favorecedoras de empresas nacionais que atuassem nos setores considerados estratégicos, mesmo que essas empresas fossem empresas estatais.

Após 1964, a preocupação em se acelerar, de forma ainda mais intensa, a industrialização, após o pequeno interregno recessivo de 1964-1966, levou a uma atuação estatal mais voltada a criar condições para a atração de pesados investimentos de grandes conglomerados estrangeiros, deixando de lado a preocupação nacionalista, que era mais marcante na fase anterior.

Como nessa fase, de forma semelhante ao que havia ocorrido durante o Plano de Metas do período JK, os setores econômicos que mais cresciam, e "puxavam" o crescimento econômico, eram os formados por empresas de bens de consumo duráveis, considerados sofisticados para o período, a política econômica pautou-se, também, num maior controle salarial dos trabalhadores fabris e na "aristocratização" do consumo interno. Tais aspectos, associados à grande migração interna e ao êxodo rural, provocaram uma forte concentração de renda no país,[22] explicitada na urbanização desigual conhecida pelas grandes cidades brasileiras.

Essa fase do desenvolvimentismo brasileiro conviveu, em sua segunda metade, com o final do período de forte crescimento da

22 Ver: Singer (1976), Vieira (1985) e Alves (2005).

economia dos países centrais, ocorrido no pós-guerra e conhecido por "época de ouro do capitalismo". Nos países centrais, os anos de 1970 foram marcados por crises que tiveram os dois "choques" do petróleo, o primeiro em 1973/74 e o segundo em 1979, como suas principais expressões.

Esses "choques do petróleo" explicitaram, principalmente no centro capitalista, a crise do modelo de acumulação vigente desde o final da Segunda Guerra e provocaram a diminuição do investimento das grandes corporações empresariais e, simultaneamente, abriram caminho para a reestruturação das formas de organização da produção e da gestão empresarias e para a emergência de uma forte transformação tecnológica, conhecida por Terceira Revolução Industrial. Esses choques e a crise, revelada por eles, do padrão vigente de acumulação capitalista, tiveram fortes impactos no processo de desenvolvimento capitalista brasileiro, provocando a crise do desenvolvimentismo no final dos anos 1970 e um período de indefinições que se prolongou, sem dúvida, por mais de uma década e, talvez, se prolongue até os dias atuais.

Como já foi escrito, no pós-1964, o modelo desenvolvimentista baseou-se na atração de investimentos estrangeiros nos setores mais dinâmicos da economia. A crise internacional do início dos anos 1970 vai provocar uma diminuição na capacidade de investimentos dos grandes conglomerados empresariais multinacionais do período. Entretanto, entre 1974 e 1979, por meio do II PND, o governo brasileiro pretendeu dar continuidade ao desenvolvimento da industrialização brasileira, completando a chamada industrialização pesada, nos setores de bens de capital e intermediário, com ênfase nos setores químico, petroquímico, siderúrgico e energético. A quase impossibilidade de atração de capitais estrangeiros, associada ao crescimento de interesses empresariais nacionais nos setores de bens de produção, implicou que o II PND tivesse de ser encaminhado por empresas nacionais privadas, com intensa participação de empresas estatais e com importante financiamento por parte do governo federal que, para ampliar a sua capacidade financiadora, recorreu a créditos externos,[23] aumentando o endividamento brasileiro. A intensificação da crise econômica nos países centrais e a elevação dos juros e a valorização do dólar, pelas autoridades econômicas dos Estados Unidos, em finais da década de 1970, acabaram por gerar um novo efeito amplificador sobre a dívida brasileira, aumentando as dificuldades para o pagamento de seu serviço e provocando um forte estrangulamento externo nas contas nacionais.

Tal situação impactou internamente a economia brasileira, gerando um grande aumento nas taxas de inflação e, simultaneamente, recessão econômica nos anos iniciais da década de 1980. A partir desse momento, a deterioração de indicadores econômicos, associada à crise política do regime militar, favoreceu a mudança na orientação das políticas econômicas do Estado brasileiro. De políticas que privilegiavam a estratégia desenvolvimentista de longo prazo, calcadas na industrialização, passou-se, paulatinamente, ao privilégio de políticas macroeconômicas de curto e médio prazo, voltadas ao ajuste da economia e ao combate à inflação elevada.

A persistência da inflação e a forte tensão política existente no período final do regime militar, no governo do General João Batista Figueiredo (1979-1985), e, também, no primeiro governo civil subsequente, o governo de José Sarney (1985-1990), que conviveu com uma dificuldade extrema de definição das alianças políticas que o sustentariam,[24] provocaram a crise do desenvolvimentismo brasileiro.

23 Existe uma boa quantidade de trabalhos sobre o II PND. Como por exemplo: Castro & Souza (1985); Aguirre & Saddi, (1997) e Fonseca & Monteiro (2008).
24 Deve ser considerado como períodos de exceção, nos quais o governo Sarney não apresentou crise, pelo contrário, teve altos índices de aprovação e apoio, o seu período inicial e o período do plano cruzado até o final de 1986.

Na segunda metade do governo Sarney, a crise do desenvolvimentismo se agravou pela efetiva mudança de posição do empresariado brasileiro que, após o insucesso de planos heterodoxos de combate à inflação e a promulgação da Constituição de 1988, considerada por parte deles, como excessivamente intervencionista e reformista do ponto de vista social, passou, paulatinamente, a se posicionar favoravelmente à implantação de um modelo de capitalismo baseado nas concepções neoliberais (Sallum, Jr., 2003:39 e 40). O rompimento de segmentos importantes do empresariado causou uma fratura no pacto desenvolvimentista que, desde os anos 1930, unificava, embora com algumas instabilidades evidenciadas no pré e no pós-1964, os próprios empresários, a burocracia estatal e algumas importantes lideranças dos trabalhadores urbanos, no esforço de industrialização (Bresser-Pereira, 1989:281; Sallum, Jr.:2003:39 e 40).

Simultaneamente, o próprio governo Sarney afastou-se dos setores desenvolvimentistas que haviam sido responsáveis pela sua política econômica, em seus anos iniciais, e aproximou-se das forças econômicas e políticas cujos interesses vinculavam-se ao capitalismo mercantil pré-1930. Segundo Bresser-Pereira:

> O governo Sarney revelou-se incapaz de ser fiel ao pacto democrático que reuniu os setores modernos da sociedade brasileira: os empresários industriais, a classe média intelectualizada e os trabalhadores organizados. Rompeu esse pacto ao reconduzir ao poder os representantes do capital mercantil parasitário, ao se aliar aos setores mais retrógrados da sociedade brasileira para garantir cinco anos de governo para si próprio. A perda de apoio da sociedade civil tornou-se assim inevitável (1989:282).

A polarização existente na eleição presidencial de 1989 evidenciou que o empresariado brasileiro optou claramente pelas propostas políticas neoliberais que, naquele momento se sintonizavam com o panorama econômico mundial, marcado pelo avanço da chamada globalização neoliberal. A chamada globalização neoliberal denotava uma nova modalidade de acumulação capitalista que, para o seu desenvolvimento, preconizava menor interferência dos Estados Nacionais, principalmente das nações periféricas, na atividade econômica e maior liberdade nos fluxos de mercadorias, capitais e serviços.

Após a vitória de Fernando Collor de Mello, na eleição de 1989, a orientação neoliberal tornou-se evidente nas políticas desenvolvidas pelo Estado brasileiro a partir de 1990. Tal orientação também esteve presente nas políticas de Estado desenvolvidas durante os governos de Fernando Henrique Cardoso (1995-2002) e não foram atacadas, de forma mais incisiva, nos primeiros anos do primeiro mandato de Luiz Inácio Lula da Silva. Tal orientação econômica não pode ser entendida de forma dissociada da ênfase dada à preocupação com a estabilização econômica, voltada ao combate da hiperinflação, que se encontrava bastante persistente até a implementação do Plano Real, a partir de julho de 1994.

Assim, durante o período correspondente aos anos 1990 e o início dos anos 2000 conjugaram-se várias iniciativas visando à estabilização monetária com a uma profunda reforma nas estruturas do Estado brasileiro. Essas reformas tiveram o intento de diminuir a atividade direta do Estado na atividade econômica, tanto do ponto de vista de sua participação no processo produtivo, quanto do ponto de vista de sua capacidade de intervenção em assuntos econômicos. Dessa maneira, é possível afirmar que houve, efetivamente nesse período, uma inflexão na ação do Estado no desenvolvimento capitalista brasileiro e, também, nas suas próprias características.

A partir dos anos 1990, o Estado brasileiro intensifica a internacionalização do capitalismo brasileiro, integrando-o, de maneira muito mais intensa, à chamada "globalização neoliberal financeirizada". Para tal, a sua estratégia deixou de se vincular a uma preocupação de se proteger as empresas (estatais ou privadas, nacionais ou estrangeiras) já instaladas no país e passou a ser a de integrar a economia nacional aos fluxos internacionais de mercadorias, de serviços, de capitais e financeiros. Algumas medidas postas em prática apontam para essa intencionalidade, tais como: a) a intensificação da abertura comercial, com a retirada de barreiras protecionistas tarifárias e não tarifárias a importações que competissem com similares nacionais; b) a introdução de uma política de desestatização, com privatizações de empresas estatais e concessões de operação de serviços públicos a empresas privadas; c) a expressiva valorização cambial da moeda nacional; c) e, para tal, a elevação das taxas de juros; d) a realização de superávits primários; e) o estabelecimento de metas de inflação; f) a não interferência na determinação dos reajustes salariais e na definição de preços de produtos anteriormente considerados essenciais.

Essas medidas encaixavam-se na perspectiva de abandono das políticas de longo prazo, típicas do modelo desenvolvimentistas, e de maior ênfase nas políticas de médio e curto prazo que privilegiavam a estabilidade monetária. Voltavam-se também a aceitação dos princípios de mercado como fatores de regulação econômica.

A adoção do pensamento neoliberal na determinação da política econômica brasileira pode ser claramente situada no início do governo Fernando Collor de Mello (1990-1992). Este, apesar de sua curta duração devido ao impeachment, constitui o ponto de inflexão em relação ao passado, quando o Estado participava ativamente da economia, tanto criando a infraestrutura necessária pra a reprodução do capital quanto se responsabilizando por setores-chave como a prospecção e o refino do petróleo e a produção de energia (elétrica e mesmo nuclear). [...] Mas foi somente durante o governo Fernando Henrique Cardoso (1995-2002) que, de fato, a política econômica foi totalmente subordinada ao pensamento neoliberal (Marques, 2010:7).

A década de 1990 foi também, no Brasil, anos em que se intensificaram as mudanças organizacionais e das relações de trabalho que já estavam ocorrendo nas economias centrais, desde os anos 1970/80. Foram os anos em que a reestruturação produtiva, típica da chamada revolução técnico-cientifica ou da terceira Revolução Industrial que chegaram ao Brasil de maneira mais evidente.

Esta reestruturação produtiva, ao introduzir novas tecnologias na produção industrial, por meio da robótica e da informática, e novos sistemas de organização da produção e da gestão empresariais, por meio da chamada organização flexível, diminuiu muito o número de empregos industriais, permitiu o deslocamento das unidades fabris para onde fosse mais conveniente do ponto de vista dos custos (inclusive para o exterior) e a ampliação da terceirização externa e interna das atividades das grandes empresas. Essas transformações, além de fragmentar a capacidade organizativa dos sindicatos, levaram as empresas a postularem maior liberdade de circulação de mercadorias, com diminuição das proteções aduaneiras. Foram, dessa forma, elementos de incentivo à tomada de medidas liberalizantes por parte do Estado.

Neodesenvolvimentismo? (2005-2014)

Nos anos de 1990, devido às mudanças do Estado brasileiro, no tocante às suas prioridades e estratégias econômicas, a sua ação voltou-se fundamentalmente para a preocupação com a estabilidade monetária e com políticas de curto prazo. Tal perspectiva só passou a ser efetivamente modificada a partir de 2006, no final do primeiro governo Luiz Inácio Lula da Silva, o Lula (2003-2006), que antes já havia unificado programas sociais distributivistas. Mas foi no seu segundo mandato (2007-2010) e, principalmente, na primeira metade do primeiro governo Dilma Rousseff (2011-2014) que tais modificações ocorreram com mais intensidade. É possível afirmar que, nesses períodos, algumas ações governamentais visavam ao retorno de certo desenvolvimentismo. As principais expressões disso foram o estabelecimento de um plano de investimentos em infraestrutura, o Plano de Aceleração do Crescimento (PAC), a maior utilização dos bancos públicos e das estatais que sobrepuseram a política privatizante da década anterior. No primeiro governo Dilma, tentou-se, ainda, a articulação de uma política de incentivos aos investimentos industriais, por meio de medidas fiscais, tributárias e cambiais.

Entretanto, no início de seu segundo governo a situação tornou-se novamente indefinida, impossibilitando qualquer perspectiva de tendências no curto prazo. Um processo de *impeachment* que parece estar associado, justamente, a uma reação às políticas desenvolvimentistas de seu governo, colocou no poder forças sociais claramente sintonizadas com o retorno às práticas neoliberais. Na segunda metade da década de dez, do século XXI, a ação governamental volta-se ao estabelecimento de reformas que visam diminuir direitos trabalhistas e sociais, assim como os gastos públicos e a rever o papel dos bancos e das empresas públicas remanescentes. Tudo isso num momento de grande instabilidade política e de grande polarização social.

Algumas possíveis conclusões

O pequeno sumário apresentado, aqui, acerca do desenvolvimento histórico do capitalismo no Brasil, permite que pontuemos elementos estruturais que marcam profundamente e dão o enquadramento explicativo de vários de nossas características econômicas e sociais. A primeira questão a ser retida é que o capitalismo no Brasil se desenvolveu de maneira muito diversa do que ocorreu nos chamados países centrais. A nossa inserção no capitalismo se deu como colônia, no processo de constituição mundial do capitalismo. Como área voltada a favorecer o desenvolvimento das potencias colonizadoras europeias.

Tal fato nos coloca uma situação de origem que estabeleceu fortes condicionantes em nosso desenvolvimento ulterior: fomos concebidos, de início, como um território (muito mais do que uma sociedade) a ser espoliado em benefício externo. Riquezas foram extraídas, a partir de relações sociais de produção escravistas. Tais fatos explicam dificuldades existentes até hoje: temos uma dificuldade de formação interna de capital, mas temos, principalmente, uma sociedade marcada por relações sociais, existentes durante muito tempo, que são a expressão do oposto do que modernamente chamamos de cidadania, baseadas, portanto, na violência, na exclusão social, e que, por isso, favoreceram uma forte concentração de riquezas e poderes.

A nossa passagem à condição de Estado nacional, na terceira década do século XIX, não alterou significativamente a situação colonial: mantivemos a participação subordinada no comércio internacional, como exportadores primários, e mantivemos o escravismo. Aqueles que passaram a dirigir o aparelho de Estado nacional eram os que se conformaram como elite mercantil durante o período colonial e a eles não interessavam profundas alterações. Bastavam-lhes o domínio das estruturas políticas e a autonomia para negociar sua produção primária. O desenvolvimento econômico e social da jovem nação não era, necessariamente, um requisito para o seu enriquecimento e manutenção de poder interno.

A abolição da escravidão não permitiu, aos ex-escravos e aos seus descendentes, o acesso aos direitos de propriedade, à inserção no mercado de consumo e, até mesmo, no mercado de trabalho, que foi garantida pela chegada em massa de trabalhadores espoliados, oriundos de outras partes do mundo ou do interior do país. Assim, a abolição da escravidão não significou melhorias de grandes proporções para os trabalhadores.

Houve tentativas, principalmente no pós-1930, de mudança da inserção do capitalismo brasileiro no chamado "concerto das nações", mas tais tentativas foram feitas pelo alto, com pouca participação social. Quando essa ocorreu, a repressão foi, na maior parte das vezes, a resposta mais comum. Dessa forma, as tentativas de mudança modernizaram a sociedade brasileira, mas os benefícios dessa modernização se estabeleceram de forma muito concentrada, tanto do ponto de vista social quanto do ponto de vista regional.

É verdade que alguns direitos de cidadania (civis, políticos e sociais) foram alcançados, mas sua permanência é sempre incerta, de acordo com as alternâncias das frações de grupos dominantes no poder, pois a resiliência das relações hierárquicas, marcadas por 300 anos de escravismo e por relações de dependência pessoal, ainda influenciam a sociedade. A concentração de riqueza, poderes e a desigualdade têm sido a face mais visível do capitalismo brasileiro, em sua longa duração.

Atualmente, no momento que escrevemos esse texto (2017), o Brasil, após um período de otimismo, enfrenta uma crise política, econômica, social e moral que parece expressar os conflitos entre a possibilidade de um desenvolvimento autônomo, com melhor repartição interna de sua riqueza, ou o retorno a uma condição de território e sociedade a serem espoliados em favor de interesses da acumulação capitalista de grupos sociais sediados no centro do mundo capitalista.

Esperamos que a breve síntese que fizemos do desenvolvimento histórico do capitalismo brasileiro tenha permitido compreender as razões estruturais da dificuldade de estabelecimento de uma nação desenvolvida e com justiça social. O Brasil se transformou muito ao longo de toda a sua existência, mas a sua estrutura, herdada do colonialismo escravista-exportador, ainda marca a nossa fisionomia e condiciona as nossas práticas sociais. Como já escreveu Caio Prado Jr:

> Analisem-se os "elementos" da vida brasileira contemporânea; "elementos" no seu sentido mais amplo, geográfico, econômico, social, político. O passado, aquele passado colonial que referi acima, aí ainda está, e bem saliente; em parte modificado, é certo mas presente em traços que não se deixam iludir. Observando-se o Brasil de hoje, o que salta à vista é um organismo em franca e ativa transformação e que não se sedimentou ainda em linhas definidas; que não "tomou forma". É verdade que em alguns setores aquela transformação já é profunda e é diante de elementos próprios e positivamente novos que nos encontramos. Mas isto, apesar de tudo, é excepcional. Na maior parte dos exemplos, e no conjunto, em todo caso, atrás daquelas transformações que às vezes nos podem iludir, sente-se a presença de uma realidade já muito antiga que até nos admira de aí achar e que não é senão aquele passado colonial (Prado Jr.:4).

Referências

AGUIRRE, Basília; SADDI, Fabiana da C. "Uma alternativa de interpretação do II PND". *Revista de Economia Política*. São Paulo, vol. 17, no. 4 (68), outubro/novembro 1997.

ALVES, Maria Helena Moreira. *Estado e oposição no Brasil: 1964-1984*. Bauru: Edusc, 2005.

BARBOSA, Wilson do Nascimento. "Globalização: uma péssima parceria". *São Paulo em perspectiva*, São Paulo, 12 (3), 1998.

BRESSER- PEREIRA, Luiz Carlos. "De volta ao capital mercantil". In: D'INCAO, Maria Angela, *História e ideal: ensaios sobre Caio Prado Jr.*. São Paulo: Brasiliense, 1989.

CASTRO, Antonio Barros de. *Sete ensaios sobre a economia brasileira*, volume 1. Rio de Janeiro: Forense Universitária, 1968.

CASTRO, Antonio Barros de; SOUZA, Francisco Eduardo Pires de. *A economia brasileira em marcha forçada*. Rio de Janeiro: Paz e Terra, 1985.

CUEVA, Agustín. *O Desenvolvimento do capitalismo na América Latina*. São Paulo: Global, 1983.

CANO, Wilson. *Desequilíbrios regionais e concentração industrial no Brasil (1930-1970)*. São Paulo: Editora UNESP, 2007.

DEAN, Warren. *Rio Claro: a brazilian plantation system, 1820/1920*. Stanford: Stanford University Press, 1976.

DEBES, Célio. *A caminho do Oeste: subsídios para a história da Companhia de Estradas de Ferro e das ferrovias de São Paulo*. São Paulo: Bentivegna, 1968.

DOBB, Maurice. *A evolução do capitalismo*. Rio de Janeiro: Guanabara, 1987.

DRAIBE, Sônia Miriam. *Rumos e metamorfoses: as alternativas de industrialização no Brasil, 1930-1960*. Rio de Janeiro: Paz e Terra, 1985.

FONSECA, Pedro Cezar Dutra da. "Sobre a intencionalidade da política industrializante no Brasil na década de 1930". *Revista de Economia Política*, São Paulo: Editora 34, vol. 23, no. 1, jan/mar., 2003.

FONSECA, Pedro Cezar Dutra; MONTEIRO, Sergio Marley Modesto. "O Estado e suas razões: o II PND". *Revista de Economia Política*, São Paulo, vol.28, n.1, 2008.

FRANCO, Maria Silvia de Carvalho. *Homens livres na ordem escravocrata*. São Paulo: IEB, 1969.

FURTADO, Celso. *Formação econômica do Brasil*. São Paulo: Publifolha, 2000.

GORENDER, Jacob. *A burguesia brasileira*. São Paulo: Brasiliense, 2004.

GREMAUD, Amaury Patrick; SAES, Flávio Azevedo Marques de; TONETO JR. Rudinei. *Formação econômica do Brasil*. São Paulo: Atlas, 1997.

HADDAD, Cláudio Luiz da Silva. *Crescimento do produto real no Brasil, 1990-1947*. Rio de Janeiro: Editora da Fundação Getúlio Vargas, 1978.

MARTINS, José de Souza. *O cativeiro da terra*. 2ª edição. São Paulo: Ciências Humanas, 1981.

MATTOS, Odillon Nogueira de. *Café e ferrovia: a evolução ferroviária de São Paulo e o desenvolvimento da cultura cafeeira*. São Paulo: Alfa-Omega/Sociologia e Política, 1974.

MARQUES, Rosa Maria; FERREIRA, Mariana Ribeiro Jansen (orgs.). *O Brasil sob a Nova Ordem*. São Paulo: Saraiva, 2010.

MELLO, João Manoel Cardoso de. *O capitalismo tardio*. São Paulo/Campinas: Editora UNESP/FACAMP, 2009.

MILLIET, Sérgio. *Roteiro do café e outros ensaios*. São Paulo: Coleção do Departamento de Cultura, 1943.

MONBEIG, Pierre. *Fazendeiros e pioneiros de São Paulo*. São Paulo: Hucitec, 1994.

MORAES, Antonio Carlos Robert. *Geografia histórica do Brasil: capitalismo, território e periferia*. São Paulo: Annablume, 2011.

NOVAIS, Fernando Antônio. "O Brasil nos quadros do Antigo Sistema Colonial". In: MOTA, Carlos Guilherme (org.). *Brasil em perspectiva*. Rio de Janeiro: Bertrand Brasil, 1988.

NOVAIS, Fernando Antonio. *Portugal e Brasil na crise do Antigo Sistema Colonial*. São Paulo: Hucitec, 1989.

POCHMANN, Marcio. *Brasil sem industrialização: a herança renunciada*. Ponta Grossa: Editora da UEPG, 2016.

PRADO JR, Caio. *Formação do Brasil contemporâneo*. São Paulo: Brasiliense, 1979.

SAES, Flávio Azevedo M. *As ferrovias de São Paulo: 1870-1940*. São Paulo/Brasília: Hucitec, 1981.

SALLUM JR. Brasílio. "Metamorfoses do Estado brasileiro no final do século XX". *Revista Brasileira de Ciências Sociais*, São Paulo, Vol. 18, nº. 52, 2003.

SANTOS, Fabio Alexandre. *Rio Claro: uma cidade em transformação (1850-1906)*. São Paulo: Annablume/FAPESP, 2002.

SILVA, Lígia Osório. *Terras devolutas e latifúndio: efeitos da lei de 1850*. Campinas: Editora da Unicamp, 2008.

SILVA, Sérgio. *A expansão cafeeira e as origens da indústria no Brasil*. 7ª edição. São Paulo: Alfa-Ômega, 1986.

SINGER, Paul. "Evolução da economia brasileira: 1955:1975". *Estudos Cebrap*, São Paulo, no. 17, 1976.

TAVARES, Maria da Conceição. *Da substituição de importações ao capitalismo financeiro*. Rio de Janeiro: Zahar, 1979.

A fratura das desigualdades e o papel do Estado

Murilo Leal Pereira Neto

Faz parte do senso comum a percepção de que a sociedade brasileira é desigual. Não é raro políticos, jornalistas ou professores lembrarem, por exemplo, que o Brasil ocupa a posição de sétima economia do mundo, pelo tamanho do seu Produto Interno Bruto (PIB), mas encontra-se em 75º lugar quanto ao seu Índice de Desenvolvimento Humano (IDH). Até expressões peculiares foram inventadas para denominar nossa formação desigual: *Belíndia*, devido à "estranha unidade dialética" de padrões belgas de riqueza e indianos de pobreza ou *Ornitorrinco*, pelas combinações econômicas e sociais esdrúxulas.[1] As desigualdades podem ser descritas e até fotografadas,

---

1 A expressão "Belíndia" foi criada pelo economista Edmar Bacha no artigo *O Rei da Belíndia (uma Fábula para Tecnocratas*, de 1974. "O Ornitorrinco" é o título de um artigo de Francisco de Oliveira. Cf: OLIVEIRA, Francisco. *Crítica à Razão Dualista/O Ornitorrinco*, 2003.

mas talvez não possam ser compreendidas a fundo por quem não se indigna contra elas e não deseja combatê-las, embora esta vontade não seja suficiente para compreendê-las e reduzi-las. Este artigo tenta contribuir para orientar nossa sede de conhecimento e de justiça.

O assunto exige que saibamos a que tipos de desigualdades estamos nos referindo, que possamos confiar em uma metodologia para quantificá-las e avaliá-las, que tentemos discernir suas causas sociais e históricas relacionadas à nossa formação, que consigamos perceber quais são as tendências de médio e longo prazo, que possamos compreender o porquê de sua persistência no Brasil e, finalmente, que possamos escolher formas possíveis de enfrentá-las.

As muitas desigualdades

Pormenorizado estudo coordenado pela cientista política Marta Arretche, realizado por pesquisadores do Centro de Estudos da Metrópole e publicado no livro *A Trajetória das Desigualdades*, constata que o mundo social é partido por diferentes espécies de desigualdades: entre pobres e ricos, homens e mulheres, etnias, regiões e que os conteúdos dessas diferenças podem se referir ao acesso à renda, aos serviços, às possibilidades de participação política e, também, ao patrimônio. As desigualdades, portanto, podem se sobrepor e articular em "nós", produzindo efeitos combinados de molde tanto a intensificar as situações de iniquidade e injustiça, quanto a reduzi-las pelo efeito virtuoso da resolução de um "nó" sobre o restante da corrente. Por exemplo: embora não seja possível determinar o que vem primeiro, verifica-se associação entre a produção de riqueza nas regiões do território, a redução no percentual de pobreza e a expansão na oferta de serviços essenciais.[2] De forma análoga, estão associados o ingresso massivo das mulheres no mer-

---

2 Arretche, Marta (Org.) *A Trajetória das Desigualdades: Como o Brasil Mudou nos Últimos Cinquenta Anos*, p. 197 e 206.

cado de trabalho, os ganhos em sua escolarização, a redução das taxas de fecundidade e da mortalidade infantil.

Ricos x pobres

Opções metodológicas influenciam os resultados da medição das desigualdades entre ricos e pobres, como tentaremos esclarecer na próxima seção. Pode-se dizer, porém, que uma questão teórica fundamental orienta a lógica das escolhas: ricos e pobres devem ser entendidos como indivíduos que auferem quantidades de renda diferenciadas, ou como indivíduos pertencentes a grupos mais amplos, famílias e classes sociais, detentores de recursos que integram seus patrimônios e determinam suas posições, não apenas numa hierarquia de salários e rendas, mas numa estrutura de relações desiguais? Acreditamos que a segunda posição permite compreender a dinâmica social com maior profundidade e realismo, por isso é recomendável estudar articuladamente as desigualdades de renda e patrimônio entre famílias.[3]

Uma das causas das desigualdades sociais no Brasil é a extrema concentração da riqueza, dos ativos sociais, dos meios de produção, enfim. Nossa estrutura agrária continua sendo das mais concentradas do mundo[4] e a produção industrial encontra-se absorvida em poucos oligopólios.[5] Estimativas sobre a concentração dos ativos físicos (terras e imóveis), financeiros, patrimônio líquido de empresas privadas e bens de consumo duráveis avaliavam, em 1989, que 1% da população brasileira detém 53,1% do estoque de riqueza do país.[6] Pesquisa mais recente, promovida pela ONG britânica Oxfam, denuncia que os seis maiores milionários do Brasil con-

3   Piketty, Thomas. *A Economia da Desigualdade*, p. 21
4   Arretche, Marta (Org.), *op. cit.*, p. 371.
5   Bacelar, Tânia. "A Máquina das Desigualdades", p. 6.
6   Benjamin, , César *et al. A Opção Brasileira*, p. 192.

centram a mesma riqueza que mais de 100 milhões de brasileiros pobres.[7] A centralização dos meios de produção em poucas mãos é, por sua vez, fator histórico determinante para a desigualdade de rendas. Basta pensar que os 13,6 milhões de brasileiros que migraram do campo para a cidade nos anos 1960, assim como os 18 milhões que tomaram o mesmo rumo na década seguinte, o fizeram atraídos pela utopia de uma vida melhor, mas também "expulsos" de suas terras, compelidos pela expansão do agronegócio e a precariedade da agricultura familiar.[8] Este contingente carente de qualificação profissional para o trabalho industrial, de formação escolar e de recursos, veio oferecer sua força de trabalho no mercado urbano, empurrando os salários para baixo. O resultado foi a "premiação", extremamente generosa, oferecida pelo mercado aos poucos portadores dos conhecimentos e qualificações para ocupar posições estratégicas no topo dos sistemas produtivos, o que contribuiu para que se chegasse à situação absurdamente polarizada em 1989 em que o piso da renda dos 5% mais ricos correspondia a 79 vezes o teto da renda dos 5% mais pobres.[9]

Homens x mulheres

A distância de renda entre homens e mulheres é significativa e persistente, embora venha se reduzindo a partir da década de 2000.[10] Estas diferenças decorrem da conexão entre os condicionamentos de uma sociedade com resquícios patriarcais e estrutura e dinâmica capitalista. Nas famílias, coube à mulher o peso das tarefas não remuneradas, indispensáveis para o cuidado com a prole e a reprodução

---

7   Fortuna dos 6 brasileiros mais ricos é a mesma de 100 milhões. *Folha de S. Paulo*, São Paulo, jan. 2017.
8   Arretche, Marta (Org.), *op. cit.*, p. 291.
9   *Ibidem*, p. 1.
10 *Ibidem*, p. 441.

da força de trabalho masculina, em prejuízo de suas oportunidades de escolarização, formação e evolução profissional. Assim, nos últimos cinquenta anos a participação das mulheres entre os trabalhadores manuais qualificados não mudou significativamente, permanecendo abaixo de seu peso relativo na População Economicamente Ativa (PEA) e sendo-lhe destinadas as ocupações mais baixas. Por outro lado, nas ocupações de mais alta qualificação, a partir de 1980, as mulheres conquistaram participação superior a seu peso relativo na PEA, especialmente em alguns "nichos do trabalho feminino", nas áreas da educação e saúde.[11] Estas mudanças positivas tornaram-se possíveis porque algumas características mais resistentes da sociedade patriarcal foram transformadas pela urbanização, desenvolvimento e modernização da economia e da sociedade.

Nos últimos cinquenta anos a presença feminina no mercado de trabalho aumentou quatro vezes no Brasil. Partindo, nos anos 1960, de patamares bem inferiores aos registrados em países como França, Estados Unidos e Argentina, essa participação atingiu níveis semelhantes, indicando um processo acelerado de mudança. Hoje o percentual de mulheres com diploma universitário, em relação à população geral, é superior ao de homens: 9,4% contra 7,2%, e é importante notar que este crescimento não se restringiu às carreiras tradicionalmente "femininas" (como Letras, Biologia, Belas Artes), tendo crescido significativamente em carreiras ditas "masculinas", como Arquitetura, Direito e Economia.[12]

A mudança mais significativa nos fundamentos da sociedade patriarcal, porém, se deu no próprio arranjo familiar. Desde 2010 os casais com filhos deixaram de representar a maioria absoluta das famílias, abrangendo 48,3% dos casos.[13] A taxa de fecundidade total

---

11 *Ibidem*, p. 385.
12 *Ibidem*, p. 141.
13 *Ibidem*, p. 327.

também sofreu drástica redução: de seis filhos por mulher na década de 1960 para menos de dois em 2010.

Conclui-se, portanto, que, as mulheres são responsáveis por algumas das transformações mais marcantes da sociedade brasileira nas últimas décadas. Conquistaram o direito ao voto, à educação formal, ao trabalho remunerado e a um maior controle sobre a própria fecundidade e sobre os arranjos familiares. Portanto, o "nó" da sociedade patriarcal vem sendo afrouxado mais efetivamente do que outros "nós" das desigualdades, provavelmente porque as mulheres estão distribuídas igualmente entre as classes sociais, à diferença da população negra, mais concentrada na base da pirâmide social.

Brancos x negros

As desigualdades sociais atingem mais intensamente a população negra, gerando um "processo cumulativo de desvantagens socioeconômicas", em que se combinam as desvantagens da origem familiar (recursos disponíveis aos membros da família), das oportunidades de realização educacional, do ingresso e posicionamento no mercado de trabalho e, consequentemente, da composição da renda.[14]

Os desdobramentos são dramáticos e persistentes, aparecendo em praticamente todos os indicadores. As chances de uma criança negra falecer antes de um ano de vida, por exemplo, era 1,8 vezes maior do que uma criança branca em 1990 e a mortalidade materna entre mães negras era 3,6 vezes maior. No mercado de trabalho, os negros, pardos e indígenas representam quase 2/3 da força de trabalho empregada no setor primário, cuja renda é mais baixa. No mercado de trabalho urbano, apenas no grupo dos trabalhadores manuais semiqualificados (dominado por empregadas domésticas e vendedores ambulantes), a inserção da população "não branca" é re-

14 *Ibidem*, p. 171.

lativamente maior do que seu peso na PEA. Em todos os outros grupos da classificação ocupacional acontece o contrário, embora esta defasagem venha se reduzindo nas últimas décadas, embora com menos intensidade nas ocupações de maior prestígio e instrução.[15] A exceção a esta tendência de uma maior equalização da presença de brancos e não brancos verifica-se entre os empregadores, onde o peso dos brancos tem crescido.

As desigualdades raciais apenas não são notadas no acesso aos bens ou serviços que foram universalizados, como as quatro primeiras séries do Ensino Fundamental. Nas séries seguintes, já se nota uma presença desigual de brancos e negros e daí para cima as chances de inclusão e ascensão de jovens negros e pardos são menores.[16] Mesmo em relação ao ensino superior, embora a entrada tenha se democratizado, negros, pardos e indígenas tiveram mais chances nas carreiras de menor prestígio, menos valorizadas pelo mercado e mesmo apresentando qualificações semelhantes aos brancos, auferem salários menores.[17]

Sul/Sudeste x Norte/Nordeste

São notórias, também, as desigualdades entre regiões e municípios brasileiros. Pesquisa publicada em 2004, no *Atlas da Exclusão Social*, aferiu o Índice de Exclusão Social (indicador que esclareceremos na próxima seção) para todos os 5.507 municípios brasileiros em 2000, concluindo que "(...) ao longo do território do quinto maior país do mundo, há alguns 'acampamentos' de inclusão social em meio a uma ampla 'selva' de exclusão", mais acentuada no Norte e Nordeste.[18] A partir de outro angulo de análise, levando em consi-

---

15 *Ibidem*, p. 382.
16 *Ibidem*, p. 103.
17 *Ibidem*, p. 153 e 188.
18 Pochmann, Marcio; Amorim, Ricardo (Orgs.). *Atlas da Exclusão Social no Bra-*

deração renda, capital humano e capital físico, a pesquisa de Marta Arretche constata melhora generalizada nos municípios brasileiros entre 1970 e 2010, distribuída, porém, desigualmente. As desigualdades de formação educacional ("capital humano") e infraestrutura física (energia elétrica, água e esgoto, coleta de lixo) entre os municípios declinaram, mas as desigualdades de riqueza se mantiveram estáveis e a pobreza permaneceu mais concentrada em determinados municípios, aumentando, assim, a distância entre áreas com menor e maior concentração de pobres.[19]

Questões teóricas e metodológicas

Como já foi dito, a análise e compreensão de um fenômeno tão complexo quanto as desigualdades pressupõe a elaboração de indicadores para medir e comparar suas diversas manifestações no tempo, no espaço, entre os grupos sociais e de acordo com diferentes variáveis. Como se trata de um assunto "quente", que diz respeito a todos os cidadãos, ao posicionamento na luta de classes e na luta política, certamente as escolhas dos métodos de pesquisa é um ponto crítico. Não está entre os propósitos deste artigo entrar no debate metodológico, mas considera-se relevante apresentar breve comentário sobre a relação entre metodologia e resultados de algumas pesquisas, a fim de registrar o problema, evitando que reste uma visão simplificadora, como se o conhecimento sobre o assunto estivesse pronto e fosse obtido sempre pelos mesmos caminhos.

O rigoroso projeto realizado pelos pesquisadores reunidos no Centro de Estudos da Metrópole partiu do diagnóstico de que o conhecimento das ciências sociais sobre as desigualdades ainda repousava em bases muito especulativas. Foram definidos, então, três

---

sil, p. 21.
19 Arretche, Marta (Org.), *op. cit.*, p, 196 e 201.

parâmetros orientadores das investigações realizadas sobre cada um dos temas, tendo como fonte os dados dos Censos Demográficos do IBGE de 1960 a 2010: estudar a trajetória das desigualdades no prazo longo a fim de "minimizar a importância de fatores aleatórios"; desagregar e examinar separadamente as diferentes dimensões das desigualdades (renda, gênero, raça, região etc.) e, finalmente, adotar a mesma métrica para avaliar a trajetória de cada dimensão. Desta forma, procurou-se evitar, por exemplo, que inferências construídas a partir da observação de uma única variável, a renda, fossem extrapoladas para outras dimensões ou que certas conclusões mais pessimistas ou otimistas fossem estabelecidas selecionando-se aspectos mais favoráveis ou desfavoráveis da trajetória das desigualdades.

Por sua vez, os pesquisadores do Instituto de Pesquisa Econômica Aplicada (IPEA) e da Fundação João Pinheiro que construíram o *Atlas da Exclusão Social no Brasil* estavam preocupados em medir a exclusão social da maneira mais ampla possível, levando em consideração não apenas o acesso aos bens, mas também a qualidade de sua fruição. Assim, o Índice de Exclusão Social é um agregado formado a partir de três grandes componentes: padrão de vida digno; participação da população no legado técnico cultural da sociedade e vulnerabilidade juvenil.[20]

Em relação à aferição da má distribuição de renda, as críticas se voltam contra o viés contido nos Censos Demográficos e na Pesquisa Nacional por Amostra de Domicílios (PNAD), por se basearem nas declarações individuais. A diferença entre a renda declarada à PNAD e a renda efetivamente recebida, segundo a Pesquisa de Padrão de Vida em 2007, seria de 40%.[21] O uso do Imposto de Renda como fonte, por sua vez, estabeleceu coeficientes de Gini de concen-

---

20 Pochmann, Marcio; Amorim, Ricardo (orgs.), *op. cit.*, p. 10.
21 Cardoso, Adalberto. *A Construção da Sociedade do Trabalho no Brasil: uma Investigação Sobre a Persistência Secular das Desigualdades*, p. 246.

tração de renda bem mais elevados do que os obtidos pela PNAD.[22] Piketty chama a atenção para o fato de que a desigualdade de renda entre as famílias é bem maior do que a dos salários entre assalariados, embora ressalve que a participação das rendas patrimoniais na renda total seja pequena. Assim, 10% dos lares mais ricos controlam 50% das rendas patrimoniais (dividendos, juros, alugueis), ao passo que 10% dos profissionais mais bem remunerados ficam com 23,7% da massa salarial.[23]

Causas sociais e históricas

A tardia abolição da escravatura e a maneira como se formou e regulamentou o mercado de trabalho tiveram peso determinante na reprodução de grandes desigualdades sociais no Brasil. A categoria "trabalho livre" coexistiu e foi marcada pelo trabalho escravo por muitas décadas antes da abolição de 1888. "Trabalho livre" não equivalia a trabalho assalariado em um sentido moderno, mas sim a formas degradadas de ocupação, próximas da condição servil. Nenhum tipo de reforma social acompanhou o fim do cativeiro, sendo deixados os escravos à sua própria sorte, sem terras e com os trabalhos mais duros nas lides agrícolas, uma vez que nos setores mais modernos e dinâmicos da agricultura, como o café na região Sudeste e particularmente em São Paulo, as melhores oportunidades foram destinadas aos imigrantes europeus. Como lembra Adalberto Cardoso, a escravidão legou às gerações futuras uma ética degradada do trabalho, uma imagem depreciativa do povo, uma indiferença das elites em relação às carências da maioria e uma hierarquia social extremamente rígida.[24]

---

22 Souza, Pedro de (Org.), *Brasil, Sociedade em Movimento*, p. 89.
23 Piketty, Thomas, *op. cit.*, p. 21.
24 Cardoso, Adalberto, *op. cit.*, p. 49.

O processo de urbanização, industrialização e desenvolvimento contém as potencialidades para a transformação dessa realidade e a sociedade brasileira experimentou com intensidade esse conjunto de mudanças no século XX. A população urbana passou de cerca de 45% do total, em 1960, para mais de 80% em 2010. O PIB cresceu 15 vezes entre 1940 e 1980, fenômeno sem equivalente no mundo ocidental, e o PIB *per capita* multiplicou-se por cinco no mesmo período.[25] Contrariando o que se podia esperar, as virtudes de uma sociedade moderna, dentre elas a redução das desigualdades, não acompanharam este processo e vão se instalando muito lentamente e de forma heterogênea. O que aconteceu? De forma geral, pode-se dizer que a transição para a sociedade urbana e industrial se processou por um tipo de articulação com a sociedade rural e oligárquica, nos níveis do poder político e da dinâmica socioeconômica, que conteve e reduziu as possibilidades mais fortes da mudança social. A concentração de terras, a baixa produtividade da produção agrícola, além da extensão muito tardia da legislação trabalhista e previdenciária ao mundo rural, tornaram-se fatores de expulsão da população do campo, pressionando os salários urbanos para baixo, como já vimos. O lento crescimento dos níveis de escolarização e qualificação profissional foram também fatores decisivos para os baixos salários.

Deve-se notar, ainda, que nosso padrão de industrialização foi moldado pela concentração de renda e pela posição periférica do Brasil no sistema econômico mundial. Celso Furtado conclui que as elites brasileiras demandavam bens de consumo típicos das economias avançadas, definindo o perfil de modelo industrial intensivo em tecnologias poupadoras de mão de obra.[26] O processo da

---

25 *Ibidem*, p. 252.
26 Arretche, Marta, *op. cit.*, p. 370.

industrialização também foi restringido de fora para dentro, pela associação subordinada ao capital internacional. Como consequência, ao lado e em transição permanente com a população empregada nas atividades urbanas mais dinâmicas, estabeleceu-se uma massa populacional em situação de informalidade e precariedade. Esta "massa marginal" pode ser vista de duas maneiras diferentes: ou como uma população em transição das ocupações profissionais mais arcaicas e menos produtivas para as mais modernas e rendosas, portanto, uma massa extrínseca e tendencialmente incorporável ao universo do trabalho moderno e protegido, ou então como uma população funcionalmente integrada ao sistema produtivo moderno de uma forma específica e constitutiva da dinâmica do capitalismo brasileiro, como parece ser o caso. A existência e reprodução desta massa populacional, ocupada em atividades informais, faz parte dos expedientes de rebaixamento do custo de reprodução da força de trabalho urbana, como já argumentou o sociólogo Chico de Oliveira.[27] A pesquisa de Adalberto Cardoso confirma este diagnóstico, ao comprovar que a passagem do setor formal para o informal do mundo do trabalho não é fenômeno residual, mas contínuo e de grandes proporções. Segundo o autor: "A experiência do assalariamento *formal* foi não só efêmera, mas também intermitente para grande parte dos trabalhadores brasileiros e poucos são aqueles que permaneceram em seus empregos tempo suficiente para se aposentar (...)".[28]

Não podemos esquecer que a sociedade escravista também legou à nossa precária modernidade um Estado moldado para servi-la, tornando-se ele mesmo um motor de reprodução das desigualdades. Isto porque se tratava de um Estado fraco desde o nas-

---

27 Oliveira, Francisco de, *op. cit.*, p 130.
28 Cardoso, Adalberto, *op. cit.*, p. 363.

cedouro, face à imensidão do território, à precariedade dos meios de transporte e comunicação e à sua penúria material, decorrente da incapacidade de tributar a atividade econômica interna. Configurou-se, assim, como um Estado dependente das oligarquias locais para a defesa do território e para a manutenção da ordem. Um Estado para o qual a questão social emergiu apenas depois de 1930 e que, no final do período imperial, dedicava 5% do gasto público para educação, saúde e assistência social e 33% para o serviço da dívida.[29] Quando, finalmente, a legislação social ganhou corpo, excluiu a maioria e os mais carentes: os trabalhadores rurais.

A trajetória das desigualdades

Os resultados da pesquisa reunidos no já mencionado livro *A Trajetória das Desigualdades*, permitiram comprovar um processo de redução das principais dimensões das iniquidades sociais a partir da década de 1990. Pode ser útil para a análise deste processo, relacionar os efeitos a suas diferentes causas principais, embora todos esses movimentos influenciem uns aos outros.

Processos estruturais de longa duração: As mudanças demográficas são uma das chaves da explicação para o sucesso de políticas redistributivas no Brasil hoje. A queda das taxas de fecundidade, que se intensificou nos anos 1980, produziu efeitos positivos sobre o mercado de trabalho, sendo um dos fatores que permitiram a redução do desemprego. Verificaram-se, ainda, mudanças nos padrões de nupcialidade, com a elevação da idade média de casamento das mulheres. Famílias menores têm maior probabilidade de manter os filhos dentro das escolas e fora do mercado de trabalho por mais tempo. Nos anos 1990 os fluxos migratórios campo-cidade perde-

---

29 *Ibidem*, p. 115.

ram volume e intensidade, contribuindo, assim, para a consolidação de mudanças no mercado de trabalho.

Efeitos de políticas de Estado, determinadas pela Constituição Federal: O Sistema Único de Saúde (SUS) é fruto da Constituição de 1988 (Capítulo II – Da Seguridade Social) e, portanto, da "época de forte invenção política", que lhe deu origem.[30] As bases do sistema estão definidas na Carta Magna: suas competências, a obrigação de aplicação de recursos mínimos por parte da União, estados e municípios bem como a gestão democrática. A importância do SUS pode ser medida pelo fato de que 70% da população brasileira dependem exclusivamente dele e que o acesso a cuidados com a saúde têm se ampliado. Entre 2003 e 2008, a proporção de pessoas que consultaram médicos aumentou de 55% para 70%.[31] Embora, na contramão de nossa intuição, as pesquisas não estabeleçam claramente uma associação positiva entre a oferta de serviços de saúde e os indicadores de saúde, isto provavelmente decorre de dificuldades metodológicas das investigações.[32] A assimetria das taxas de mortalidade infantil de diferentes regiões vem diminuindo e este resultado deve, sim, ser creditado ao funcionamento de um sistema universal de saúde, apesar de nossos indicadores de esperança de vida e mortalidade infantil ainda serem piores do que o de países como Chile e Argentina. De toda forma, é importante registrar que a expectativa de vida ao nascer ganhou onze anos de 1980 para 2010, passando de 62 anos para 73, e a mortalidade infantil caiu de 69 para 16 por mil nascidos.[33]

---

30 Oliveira, Francisco de; Rizek, Cibele Saliba (Orgs.). *A Era da Indeterminação*, p.16.
31 Souza, Pedro de (Org.), *op. cit.*, p. 121.
32 Arretche, Marta (Org.), *op. cit.*, p. 276.
33 *Ibidem*, p. 195.

Deve ser lembrado aqui que a "nova onda neoliberal", que chegou à América Latina em 2015, tem como uma de suas metas a desvinculação dos percentuais atuais dos gastos obrigatórios com saúde e educação, desconstruindo, assim, os frágeis fundamentos de bem-estar social do Estado brasileiro.

Assim como para a saúde, a Constituição Federal delineou para a educação um sistema nacional, desenvolvido posteriormente na Lei de Diretrizes e Bases da Educação Nacional (LDB). Entre outras inovações, destacam-se: a definição de percentuais obrigatórios de aplicação de receitas resultantes de impostos por parte da União (18%), estados (25%) e municípios (25%); o reconhecimento do acesso ao ensino fundamental como "direito público subjetivo" implicando em crime de responsabilidade da autoridade competente o não oferecimento ou a oferta irregular de vagas;[34] os planos decenais de educação, que, com base na participação democrática, vêm fortalecendo o compromisso do Estado com a educação pública. Sem estas obrigações constitucionais, a redução de desigualdades registradas nos indicadores da educação nacional das últimas décadas seria impraticável. A partir de 2000 a entrada no Ensino Fundamental praticamente universalizou-se, estando por volta de 98%. Em 2010, 90% dos jovens completaram pelo menos 4 anos de estudo, proporção que ficava pouco acima de 20% em 1960. Na faixa entre 16 e 18 anos, 70% completam o Ensino Fundamental em 2010, percentual que não ia além de 10% em 1960.[35]

Os compromissos constitucionais não têm sido suficientes, porém, para alterar rápida e radicalmente um quadro de miséria

---

34 Posteriormente a LDB, de 1996, atribuiu a qualquer cidadão, grupo de cidadãos, associação comunitária, organização sindical, entidade de classe ou outra legalmente constituída, e também ao Ministério Público, a legitimidade para peticionar o Poder Judiciário caso a autoridade competente não assegure a oferta de vagas no Ensino Fundamental, sendo a ação judicial gratuita e o rito sumário.

35 Arretche, Marta (Org.), *op. cit.*, p. 86.

educacional, que persiste. Os resultados médios registrados nos indicadores, por exemplo, encobrem grandes desigualdades entre níveis socioeconômicos, regiões e etnias. Basta dizer que os brancos são em média dois anos mais escolarizados do que os negros e a proporção de analfabetos na região Nordeste (17,4%) é o triplo da registrada na região Sudeste do país (4,8%).[36] Porém, mesmo estas desigualdades de oportunidades educacionais determinadas por raça/etnia, região e renda, registraram uma diminuição significativa quando examinadas na série histórica dos últimos cinquenta anos.[37]

Mesmo os indicadores médios revelam grandes "gargalos" na educação brasileira, situados nas transições para níveis educacionais superiores, representados pela conclusão do Ensino Médio e entrada e conclusão do Ensino Superior. Em quarenta anos, de 1960 a 2000, não houve proporcionalmente qualquer alteração no percentual de jovens em idade própria que concluíam o Ensino Médio. A taxa de jovens que ingressam no Ensino Superior também apresenta movimento irregular, chegando a 40% na década de 1980 e decaindo posteriormente, não se registrando, assim, uma ampliação contínua, como seria necessário.[38] Isto sem falar na qualidade do ensino. Exames que avaliam competências como alfabetização, numeração e resolução de problemas revelam desempenho abaixo das modestas metas estabelecidas oficialmente.[39]

Na área da assistência social, cabe lembrar que a Constituição determinou o pagamento "(...) de um salário mínimo mensal à pessoa portadora de deficiência e ao idoso que comprovem não possuir meios de prover à própria manutenção ou de tê-la provida por sua

---

36 Souza, Pedro de (Org.), *op. cit.*, p. 130.
37 Arretche, Marta (Org.), *op. cit.*, pp. 98 e 100.
38 *Ibidem*, p. 90.
39 *Ibidem*, p. 130.

família, conforme dispuser a lei".[40] Trata-se do *Benefício de Prestação Continuada* (BPC), implementado a partir de 1995. Estabeleceu também o salário mínimo como piso das aposentadorias rurais e urbanas, incluindo milhões de brasileiros sob o "guarda-chuva" protetor desta política. Em janeiro de 2014, cerca de 17 milhões de beneficiários do INSS recebiam o salário mínimo, entre aposentados e beneficiários do BPC.[41]

A importância de a Constituição delinear sistemas de enfrentamento das desigualdades pode ser avaliada por uma das principais conclusões apresentadas no estudo *A Trajetória das Desigualdades*: "As desigualdades que apresentaram declínio foram objeto de políticas cujo desenho visou deliberadamente produzir esse resultado e que ganharam grande centralidade na agenda do Governo Federal".[42] Outro aspecto importante a considerar é que é a sociedade, ao processar suas diferenças e conflitos, estabelece os limites do que o sociólogo Adalberto Cardoso denominou "fronteira percebida da necessidade", que são o "mínimo civilizatório aquém do qual a vida em sociedade não é considerada digna".[43] A inserção dos temas na Constituição é, assim, a forma jurídica mais segura de estabelecer esses "mínimos civilizatórios".

Efeitos de políticas de governo: Os estudos sobre a trajetória das desigualdades identificaram, na década de 1990, uma inflexão a partir da qual se verifica tendência à queda dos níveis de pobreza, das desigualdades de renda no mercado e de acesso a serviços públicos sociais. Políticas de governo também tiveram papel nesse trajeto. O controle da inflação e o crescimento econômico estabele

---

40 Constituição Federal do Brasil, p. 139.
41 Arretche, Marta (Org.), *op. cit.*, p. 437.
42 *Ibidem*, p. 7.
43 Cardoso, Adalberto, *op. cit.*, p. 29.

ceram requisitos básicos para que a agenda social pudesse ganhar visibilidade e conquistar terreno mais favorável a sua implementação. A política de reajustes reais do salário mínimo, que registrou ganhos reais de 72,31% de 2003 a 2015 (apesar de continuar muito aquém do salário mínimo necessário calculado pelo Departamento Intersindical de Estatística e Estudos Socioeconômicos – DIEESE), teve papel determinante na redução das desigualdades de renda. Os programas de transferência de renda, que começaram com o Bolsa Escola, no governo de Cristovam Buarque no Distrito Federal em 1995 e se consolidaram com o Bolsa Família, no governo Lula, tiveram papel importante na retirada de cerca de 36 milhões de pessoas da situação de pobreza.

Políticas de governo, como o Programa Nacional de Universalização e uso de Energia Elétrica, lançado em 2003, foram, também, responsáveis pela ampliação dos municípios providos com luz elétrica, e, desde a década de 1970, a indução federal tem contribuído para a constituição de empresas estaduais e municipais responsáveis pela implementação de políticas nacionais de habitação, abastecimento de água, esgoto sanitário.[44]

Finalmente, cabe mencionar as inovações institucionais que expandiram o crédito, ampliando o acesso da população de baixa renda ao mercado financeiro. Em 2001, o crédito correspondia a 22% do PIB e em 2014, ultrapassava 58%. A mudança de rota começou em 2003, com a criação do *Empréstimo Pessoal com Desconto em Folha de Pagamento,* crédito consignado com taxas de juros menores para funcionários públicos e trabalhadores com carteira assinada, programa estendido em 2004 para aposentados e pensionistas do INSS.[45] Foi grande o impacto econômico e social dessas

---

44 Arretche, Marta (Org.), *op. cit.* p. 225.
45 Souza, Pedro de (Org.), *op. cit.*, p. 94.

medidas, uma vez que as vendas no varejo dobraram entre 2003 e 2014, e o consumo interno tornou-se a locomotiva do crescimento no período. Estudo da economista Lena Lavinas comprova que o consumo de bens como aparelho celular, televisão e geladeira praticamente se universalizou em todas as faixas de renda em 2013, verificando-se uma aparente "inclusão pelo consumo".[46] Por outro lado, como as famílias se endividaram além de suas possibilidades, comprometendo 48% da renda com o sistema financeiro em 2015, e a economia entrou em grave processo recessivo em 2014, pode-se cogitar, como quer César Benjamin, que tudo não passou de uma "bolha de consumo" de longa duração, já que não fomentada sobre bases sustentáveis, como os ganhos de produtividade.[47] Porém, mesmo que sem equivalente na realidade socioeconômica, a percepção social provocada por essas mudanças é de uma "homogeneização", de uma inclusão na classe média.[48] O problema é que uma parte deste consumo é suprido por produtos importados e sustentado por um câmbio sobrevalorizado, desconectado, portanto, do crescimento industrial interno.

Considerações finais: o enfrentamento das desigualdades e o Estado de Bem Estar Social

Como vimos, as desigualdades sociais foram estruturantes na formação do Brasil, bloqueando até a construção de uma nação concomitante ao estabelecimento da soberania do Estado sobre o território no século XIX. A máquina das desigualdades era composta pela escravidão, pela concentração da propriedade da terra, pelo modelo agroexportador e pelo poder oligárquico/patriarcal, sustentáculo da

---

46 *Ibidem*, p. 97.
47 Benjamin, César, *O Longo Prazo Chegou*, p. 32.
48 Souza, Pedro de (Org.), *op. cit.*, p. 98.

ordem política, mais do que o frágil Estado imperial. Esta engrenagem alocou escravos, pobres, negros, índios e mulheres em posições subalternas, marginais, depreciadas, desiguais – de formas diferentes e atendendo a distintas funções. A transição posterior, já a partir de meados dos anos 1920, para uma ordem urbana e industrial, deu-se sem um corte profundo com o arcabouço social já estabelecido. Aconteceu, antes, o contrário: as estruturas arcaicas condicionaram o modelo de desenvolvimento e tiveram papel decisivo para seu deslanche, oferecendo gigantesca reserva de força de trabalho a preço vil. Portanto, existe um núcleo da produção e reprodução das desigualdades, a partir da concentração da propriedade fundiária e dos oligopólios empresariais, que não foi atingido ou resistiu às mudanças decorrentes da urbanização, das dinâmicas demográficas, das políticas de Estado e de governo. Trata-se aqui de mudanças que apenas profundas reformas ou revoluções costumam promover.

Vimos também que forças vigorosas se confrontaram com esta velha ordem, a começar pela emergência da questão social e a edificação da legislação trabalhista e previdenciária, a partir dos anos 1930, culminando na Constituição de 1988. A única forma que se conhece para "civilizar o capitalismo" e reduzir duradouramente as desigualdades é o Estado de bem-estar social e foi um desenho deste Estado o legado institucional mais importante da época de invenções políticas dos anos 1980. Esta foi a possibilidade nova inaugurada pelo que a Constituição de 1988 representa, e deveria ser a principal herança dos governos do Partido dos Trabalhadores: avanços e consolidação nos fundamentos e na eficácia do Estado de bem estar social. Este objetivo, porém, vai na contramão das tendências do capitalismo no século XXI, como indica o crescimento das desigualdades de renda na Europa e nos Estados Unidos. A severa recessão iniciada em 2014 no Brasil, combinada com grave crise política, começou a legitimar uma agenda de desmonte das precárias bases de nosso Estado de bem-estar social sob o argumento de crise fiscal do Estado e do colapso de um projeto governamental. O risco de que a trajetória de redução das desigualdades seja interrompida pela crise e por mudanças de governo deve fortalecer o estudo dos fundamentos sociais e históricos do Estado de bem-estar social, bem como sua defesa política, o que tentaremos fazer em poucas palavras a seguir.

O Estado de bem-estar foi propiciado, nos países centrais do capitalismo, por profundas reformas, notadamente a agrária, a tributária e a educacional. Como mencionado anteriormente, a estrutura fundiária no Brasil e na América Latina é das mais concentradas do mundo – pesada herança de nosso passado colonial, atualizada no período da ditadura civil-militar de 1964 com a fusão do capital agrário com o industrial e financeiro por meio da venda subsidiada de terras na fronteira agrícola em expansão. Sem uma ampla reforma agrária, que aproveite os 153 milhões de hectares improdutivos, valorize a agricultura familiar, barateie a produção de alimentos, gere emprego e renda no Brasil rural, sem isto o crescimento do mercado interno carecerá de bases autossustentáveis, as desigualdades regionais não serão eliminadas e a inclusão no mercado de trabalho urbano continuará sendo uma "utopia brasileira". Sem uma reforma tributária que mexa profundamente com a estrutura vigente, o Estado de bem-estar social carecerá sempre de seu mecanismo distributivo mais importante. É bastante conhecido o fato de que nossa estrutura tributária é regressiva, cobrando proporcionalmente mais impostos de quem ganha menos. Para quem ganha até dois salários mínimos, a carga tributária engole 48,9% da renda. Para quem recebe acima de 30 salários mínimos, corresponde a 26,3%. Impostos sobre a propriedade fundiária, as grandes fortunas, as grandes heranças têm peso irrisório em nossa carga tributária, assim as bases fiscais do Estado de bem-estar não foram asseguradas pela Constituição de 1988 e carecem de equacionamento. A construção de um sistema educacional, sólido, democrático, inclusivo, abrangente e multifuncional é, por sua vez, uma das bases culturais e sociais do Estado de bem-estar social. O Estado de bem-estar social resulta, também, da conjuntura econômica que propiciou aos países centrais do capitalismo taxas de crescimento sustentado no pós-guerra, no período que ficou conhecido como "os anos dourados". Ao contrário desse cenário, o que se vê no Brasil hoje é a precoce "desindustrialização" de nossa estrutura produtiva, o peso crescente das *commodities* em nossa pauta de exportação, a dependência dos investimentos externos (decorrentes da própria fragilidade fiscal do Estado), a falta de investimentos concentrados em infraestrutura produtiva.

É legítimo considerar que o Estado de bem-estar social também foi filho do medo que a luta de classes e a "guerra fria" infundiram nas classes dominantes dos países centrais, notadamente no pós-guerra. No caso brasileiro, para a inscrição dos direitos sociais na Constituição, dois pré-requisitos mostraram-se indispensáveis: o primeiro é a própria existência do regime democrático e o segundo é que milhares de movimentos sociais e políticos colocassem na arena pública a bandeira da questão social no processo da abertura política, conquistando, assim, a hegemonia para certas causas que marcaram a "Constituição Cidadã".

Certamente o principal problema na construção do Estado de bem-estar social é político, ou melhor, "sócio/político", no sentido de tratar-se de uma obra da "grande política", que se diferencia da "pequena política", segundo o filósofo italiano Antonio Gramsci por lidar com "(...) questões ligadas à fundação de novos Estados, à luta pela destruição, pela defesa, pela conservação de determinadas estruturas orgânicas econômico-sociais".[49] A prevalência de interesses oligárqui-

---

49 Gramsci, Antonio, *Cadernos do Cárcere*, p. 21.

cos, clientelistas, corruptos, rentistas, "neo-estamentais" no Estado são incompatíveis com o Estado de bem-estar social. E um acúmulo gradual de programas sociais e pequenas reformas não têm o condão de afastar tais interesses do poder. Assim, o dilema de definir se o ciclo virtuoso de redução das desigualdades sociais iniciado nos anos 1990 e de construção de uma sociedade mais justa e igualitária vai prosseguir e aprofundar-se ou estancar e retroceder passa por uma solução central: a construção de uma vontade política forte e de uma coalizão de forças em torno do projeto de retomar e completar a construção de um Estado de Bem-Estar Social no Brasil.

Referências

ARRETCHE, Marta (org.). *A trajetória das desigualdades: como o Brasil mudou nos últimos cinquenta anos.* São Paulo: Editora UNESP; Centro de Estudos da Metrópole, 2015.

BACELAR, Tânia. "A máquina da desigualdade". *Le Monde Diplomatique Brasil.* São Paulo, novembro 2007.

BENJAMIN, César et al. *A opção brasileira.* Rio de Janeiro: Contraponto, 1998.

BENJAMIN, César. *O longo prazo chegou.* Rio de Janeiro: Piauí, agosto 2013.

BRANDÃO, Carlos da Fonseca. *LDB passo a passo.* São Paulo: Avercamp, 2007.

CARDOSO, Adalberto. *A construção da sociedade do trabalho no Brasil*: *uma investigação sobre a persistência secular das desigualdades.* Rio de Janeiro: Editora FGV, 2010.

CONSTITUIÇÃO FEDERAL DO BRASIL, São Paulo: Escala, 2010.

GRAMSCI, Antonio. *Cadernos do cárcere.* Rio de Janeiro: Civilização Brasileira, 2000.

OLIVEIRA, Francisco. *Crítica à razão dualista/O ornitorrinco*. São Paulo: Boitempo, 2003.

OLIVEIRA, Francisco; RIZEK, Cibele Saliba (orgs.). *A era da indeterminação*. São Paulo: Boitempo, 2007.

PIKETTY, Thomas. *A economia da desigualdade*. Rio de Janeiro: Intrínseca, 2015.

POCHMANN, Marcio; AMORIM, Ricardo (orgs.). *Atlas da exclusão social no Brasil*. São Paulo: Cortez, 2004.

SOUZA, Pedro de (org.). *Brasil, sociedade em movimento*. São Paulo: Paz e Terra, 2015.

Do "arquipélago econômico" ao padrão urbano-industrial: explosão demográfica e urbanização caótica

Daniel Monteiro Huertas

É fato que os processos de urbanização, que correspondem ao surgimento, à organização e ao crescimento das cidades, sempre estiveram direta ou indiretamente associados à questão demográfica. O caso brasileiro envolveu uma complexa trama, a partir dos anos 1930, que entrelaçou desenvolvimento urbano-industrial, explosão demográfica e ruptura do "arquipélago econômico". Mas, como em quase todo o chamado Terceiro Mundo (América Latina, África e Ásia, exceto o Japão), esse processo avançou rapidamente por boa parte do território nacional, sobretudo a partir da segunda metade do século XX, marcado por erros e acertos; problemas e contradições.

Em 1872, o primeiro recenseamento oficial indicava a ocorrência de 642 municípios distribuídos em 20 províncias, além do então chamado município neutro, a sede da corte. No que diz respeito à população, eram 9.930.478 habitantes (dos quais 8.419.672 compunham a "população livre" e 1.510.806, a "população escrava"), e não foi feita distinção entre população urbana e rural. São Sebastião do Rio de Janeiro tinha apenas 274.972 habitantes e São Paulo, 31.385.

Antonio Risério (2012:184) afirma que a segunda metade do século XIX é "um período digno de nota na história da cidade no Brasil" por conta do aumento do grau de urbanização e dos movimentos de atualização das principais cidades do país. Mas, no início da República, ainda não era possível considerar o Brasil, amarrado estruturalmente na velha dicotomia sertão *versus* litoral, como sendo um país urbano por excelência. À exceção de poucas capitais situadas ao longo ou próximas da costa litorânea; de algumas áreas de Santa Catarina e Rio Grande do Sul, por conta da grande absorção de movimentos migratórios oriundos da Europa; e de Manaus e Belém, resultado da "febre da borracha", o quadro das cidades era muito parecido, ou seja, lento e disperso.

A rarefação demográfica e a escassez de cidades em boa parte do território nacional e, mais do que isso, a pouca ou quase nenhuma ligação entre elas – uma configuração territorial herdada do período colonial, sem que houvesse a constituição de uma rede urbana alimentada por um sistema de transportes de caráter integrador –, moldou a ideia do "arquipélago econômico", que ilustra perfeitamente o quadro urbano, econômico e demográfico brasileiro até a primeira metade do século XX. Assim, prevaleceu no país um "urbanismo de fachada", com verdadeiros circuitos interiores isolados, em grande parte por causa da inexistência de transportes interiores rápidos (Santos e Silveira, 2001).

A configuração do território brasileiro em "arquipélago" pode ser compreendida como resultado da divisão territorial do trabalho que por mais de quatro séculos contribuiu para que engrenagens socioeconômicas e políticas perversas mantivessem a colônia e o Estado-nação em situação geralmente desfavorável na divisão internacional do trabalho. Quadro esse que pouco estimulou um desenvolvimento endógeno que beneficiasse em primeiro plano a maturação do mercado interno, a alavancagem de forças produtivas progressistas e a possibilidade de poupança interna – sufocado pelo conjunto latifúndio agroexportador, escravidão e submissão aos desígnios do capitalismo internacional.

Nota-se aí a predominância de uma estrutura produtiva com especialização marcante na exportação de produtos primários, determinação que pode ser tida como causa e consequência da modelagem territorial do país compartimentada em um vasto "arquipélago econômico", ideia bastante trabalhada por alguns autores como condicionante direta da situação socioeconômica colonial, pouco alterada com o advento do Império e durante a República Velha.

Apesar do quadro territorial incompleto e rarefeito, tanto do ponto de vista urbano quanto populacional – em 1920, o país registrava 30.635.605 habitantes em 1.302 municípios segundo o Censo Demográfico daquele ano –, cabe destacar que os movimentos territoriais ocorridos ao longo de quatro séculos foram suficientes para deslocar pessoas, mercadorias, capitais, ideias e ordens ao longo dos caminhos que se abriam. Consequentemente, fazendas, vilas, povoados, prelazias e cidades surgiam, anunciando o futuro urbano e demográfico do país, mesmo que preso aos crônicos e históricos problemas estruturais.

Pois como bem aponta Risério, modernização implicou segregação socioespacial. "Intervenção pública seletiva e discriminatória no espaço urbano, privilegiando os privilegiados. Para os pobres, higienismo. Para os ricos, Higienópolis. Uma segregação nítida e ostensiva, como a cidade barroca-escravista brasileira jamais conheceu." (Risério: 2012:2010). Ao futuro urbano do país estavam sendo traçados espaços que serviriam para amontoar gente, de preferência a muitos quilômetros de distância das zonas arquitetadas para os notáveis.

Do Estado Novo ao Plano de Metas: rumo ao interior

Apesar da imensa obra conduzida por Rondon, o interior do Brasil ainda era visto como uma terra ignota, habitada por dezenas de nações indígenas e distante do progresso, que já imprimira a sua marca indelével em alguns pontos da faixa litorânea. Com o declínio das oligarquias cafeeiras no comando do país, um novo cenário de mudanças territoriais profundas estaria por vir: era preciso desbravar os sertões, ocupar a hinterlândia e ampliar o raio macroeconômico do imenso território brasileiro. Os anos 1930 marcam a emergência de um novo padrão de interpretação do país, cuja noção de civilização será substituída em seu papel catalisador pelo de modernização (Moraes, 2005). "Tal conceito, central no pensamento brasileiro do século XX, reveste-se também de densa espacialidade. Pode-se dizer que modernizar é, entre outras coisas, reorganizar e ocupar o território, dotá-lo de novos equipamentos e sistemas de engenharia, conectar suas partes com estradas e sistemas de comunicação" (Moraes, 2005:96-97).

Durante o Estado Novo (1937-1945), o presidente Getúlio Vargas decidiu empreender algumas ações que objetivassem olhar o país sob outro ângulo, forçando o desenvolvimento para o interior. Em sua política territorial, preocupou-se com a expansão do Brasil econômico, levando a colonização para o oeste e procurando criar núcleos onde fossem instalados os colonos que desbravassem terras virgens para o mercado nacional (Andrade, 1996). Além disso, procurou valorizar a hinterlândia, agora não mais vista como o sertão bárbaro, mas como a matriz da brasilidade (Moraes, 2005).

Para a concretização dessa tarefa, Vargas realizou a adequação do aparelho estatal, cuja ótica geopolítica ocupava destacada posição no contexto governamental com a incorporação da ideia de planejamento e com a implantação de órgãos gestores de políticas territoriais. A criação do Conselho Nacional de Geografia (CNG), em 1937, e do Instituto Brasileiro de Geografia e Estatística (IBGE), em 1938, foi a grande estratégia de incrementar o conhecimento sobre a realidade do país, com a difusão do conceito de região no discurso oficial e a realização de trabalhos de campo, estudos regionais, censos demográficos mais técnicos e levantamento de cartas ao milionésimo.

No discurso proferido no Palácio do Catete, à meia-noite de 31 de dezembro de 1937, Vargas anuncia a intenção de promover a "Marcha para o Oeste", tida como a ideia de uma "segunda conquista" do território pátrio:

> O verdadeiro sentido da brasilidade é a marcha para o oeste. No século 18, de lá jorrou a caudal de ouro que transbordou na Europa e fez a América o continente das cobiças e tentativas venturosas. E lá teremos de ir buscar, dos vales férteis e vastos, o produto das culturas variadas e fartas. Das entranhas da terra, o metal com que forjar os instrumentos de nossa defesa e do nosso progresso industrial.[1]

A construção de Goiânia para abrigar a nova capital de Goiás, em substituição à colonial Vila Boa, é tida como o alicerce da "Marcha para o Oeste". A primeira cidade planejada do Centro-Oeste abriria caminho para a futura construção de Brasília e para a inserção definitiva dos sertões do Planalto Central ao imaginário nacional, já que Goiás aparecia ao consenso geral da nação como

---

1 Extraído da revista *História Viva* (Duetto Editorial), edição especial temática nº 4 ("O Brasil que Getúlio sonhou"), 2004. Três anos mais tarde, em viagem à Amazônia, Vargas voltaria a evocar a necessidade de lançar os olhos da nação para o interior, no que ficaria conhecido como "discurso de Manaus".

uma ficção geográfica, sem perspectivas animadoras de crescimento e elevação do padrão de vida de seus habitantes.

Inaugurada oficialmente em 1937, Goiânia edificou-se inserida em uma perspectiva geopolítica de integração nacional, como se lhe tivesse sido destinada uma função civilizadora a desempenhar na história do Estado, "concorrendo para a integração do Centro-Oeste brasileiro no processo de desenvolvimento homogêneo do país" (Sabino Jr., 1960:13). As palavras do então presidente em discurso proferido na nova capital, em 7 de agosto de 1940, ilustram perfeitamente uma das ideias concretizadas pela "Marcha para o Oeste":

> A visita que ora vos faço é prova de uma concepção renovadora da Pátria grande e forte. Torna-se imperioso localizar no centro geográfico do país poderosas forças capazes de irradiar e garantir a nossa expansão futura. Do alto dos vossos chapadões infindáveis, onde estarão, amanhã, os grandes celeiros do país, deverá descer a onda civilizadora para as planícies do Oeste e do Noroeste (*apud* Sabino Jr., 1960:20-21).

Entre 1942-1944, no auge da Segunda Grande Guerra, o governo implantou colônias agrícolas nacionais no Mato Grosso (Dourados), Pará (Monte Alegre), Amazonas (Rio Preto da Eva) e Goiás (Ceres) – que décadas depois se tornariam cidades – e estimulou a migração de levas de nordestinos aos seringais amazônicos, no episódio que ficou conhecido como a "Batalha da Borracha".

Ainda nesse período, Vargas instituiu por decreto cinco territórios federais para estimular o povoamento, a colonização, a presença militar e o controle fundiário de regiões fronteiriças, em uma ação de natureza eminentemente geopolítica, mas que proporcionou significativos reflexos urbanos e demográficos nos confins da Amazônia (Guaporé, mudado para Rondônia em 1956; Rio Branco, rebatizado como Roraima em 1962, e com densa intervenção urbana na capital Boa Vista; e Amapá) e na fronteira com Paraguai e Argentina (os territórios de Ponta Porã e Iguaçu foram extintos em 1946).

Mas foi a Expedição Xingu-Roncador, organizada e sistematizada na década de 1940 pela instituição da empresa estatal Fundação Brasil Central (FBC), o símbolo máximo do movimento de penetração do interior do território nacional naquele momento. Dentre os seus objetivos destacavam-se a implantação de vias de circulação com o rio Amazonas e a exploração e povoamento do maciço central nas regiões cabeceiras do rio Xingu até o Araguaia. Uma das heranças da empreitada foi a abertura de 1,5 mil km de picadas e o estabelecimento de 19 campos de pouso e 43 vilas, que em pouco tempo germinariam núcleos populacionais maiores com algum dinamismo regional, como Aragarças (GO) e Nova Xavantina (MT).

Outra dinâmica territorial de vulto estimulada e induzida pelo governo Vargas foi a ocupação do Norte Paranaense, cujo processo de urbanização fora promovido majoritariamente pela ação de companhias imobiliárias e que, "em razão de sua intensidade espacial e temporal, apresenta-se como fenômeno ímpar no Brasil" (Rosanelli, 2009:2). Esta nova fronteira para a expansão capitalista foi desenvolvida mediante ondas de colonização (migrantes paulistas em sua grande maioria), configuradas territorialmente em "Norte Pioneiro" (ou "Norte Velho"), na divisão com São Paulo; "Norte Novo", que compreende as cidades-polo de Londrina, Maringá, Apucarana e Ivaiporã; e "Norte Novíssimo", em direção ao Mato Grosso do Sul, incluindo as cidades de Umuarama, Cianorte, Paranavaí e Campo Mourão.

Entre 1923 e 1966, 96 cidades foram moldadas e erguidas por 41 companhias imobiliárias, constituindo a face urbana da fronteira do café no Paraná. A interdependência entre os núcleos urbanos criados foi uma característica distinta deste movimento e, "com o avanço do povoamento, formava-se paulatinamente uma rede de cidades que os conectavam entre si e com o restante do país" (Rosanelli, 2009:71).

Todos os movimentos supracitados tinham como imperativo a ruptura do "arquipélago econômico", e no futuro do Brasil cabia ao modal rodoviário papel de destaque nesse processo, alicerçado pelo binômio industrialização-urbanização com a incorporação gradativa de variáveis relativas à expansão da fronteira agrícola e ao deslocamento espacial da força de trabalho. "O objetivo de interiorizar a ocupação e integrar o território encontrou no transporte rodoviário uma solução. A rede territorial formada pelas rodovias tornou-se uma possibilidade materializada de realização dos fluxos de mercadoria entre os estados da federação" (Xavier, 1997:36-37).

No Estado Novo, cujo projeto enfatiza a unidade política, o desenvolvimento econômico e a defesa militar, Vargas estende ao máximo essa concepção adotando uma postura geopolítica que "fornece elementos importantes para a implantação de uma política territorial por meio de redes de transporte com amplitude nacional, que permitam o estabelecimento de comunicações entre as regiões brasileiras" (Vlach, 2002-2003:141-142).

A opção pelo rodoviarismo – o governo de Getúlio Vargas instrumentaliza o modal rodoviário com a criação do Departamento Nacional de Estradas de Rodagem (DNER) e do Conselho Nacional do Petróleo, ambos em 1937; do Imposto Único sobre Combustíveis e Lubrificantes (IUCL) em 1940; do Plano Rodoviário Nacional (PRN), em 1944; e do Fundo Rodoviário Nacional (FRN), em 1945 – é uma variável que precisa ser compreendida para o projeto nacional-desenvolvimentista colocado em prática, pois a malha rodoviária que se estabelece a partir desse contexto "já afirmava um sentido geral longitudinal e mais interiorizado da formação territorial se sobrepondo ao direcionamento histórico litoral-interior desenhado desde os primórdios da colonização" (Moares, 2009:115).

Soma-se à essa determinação a extinção das tarifas comerciais interestaduais, "um avanço fundamental no processo de integração econômica do espaço nacional" (Santos e Silveira, 2001:42).

É apenas após a Segunda Guerra Mundial que a integração do território se torna viável, quando as estradas de ferro, até então desconectadas na maior parte do País, são interligadas; constroem-se estradas de rodagem, pondo em contato as diversas regiões entre elas e com a região polar do país; empreende-se um ousado programa de investimentos em infraestruturas. Ainda uma vez, uma nova materialidade superpõe novos sistemas de engenharia aos já existentes, oferecendo as condições técnicas gerais que iriam viabilizar o processo de substituição de importações para o qual todo um arsenal financeiro, fiscal, monetário serviria como base das novas relações sociais (incluído o consumo aumentado), que iriam permitir mais uma decolagem. Esse período duraria até fins dos anos 1960 (Santos, 2005:38-39).

Com o estopim de um processo de urbanização jamais visto na história do território brasileiro, cidades planejadas para ocupar postos de comando (Belo Horizonte, Goiânia, Londrina e, mais tarde, Brasília) na hinterlândia revelam nessa localização "tanto o intuito geopolítico que as estabelecia quanto o dinamismo econômico que vai sustentá-las" (Moraes, 2009:115).

Ao lado dos desígnios da geopolítica, respondiam ao fato de que uma economia nacional vinha se afirmando gradativamente envolvendo fluxos inter-regionais e definindo uma clara hierarquia geoeconômica dotada de uma forte divisão espacial do trabalho no país (Moraes, 2009:115).

Em seu ímpeto desenvolvimentista, o presidente Juscelino Kubitscheck evidencia que era preciso dar um salto para o futuro, "desenvolver 50 anos em 5", com um programa de investimentos distribuídos entre os setores de energia, transportes, alimentação, indústria de base e educação. A consolidação do mercado interno era o objetivo básico do desenvolvimento orientado para a homogeneização do território, buscando equacionar a questão regional com a superação das desigualdades regionais.

Mas se tornava essencial atrair mão de obra, capitais e empreendimentos para o coração do Brasil, e a nova capital, a cerca de 1 mil km da faixa litorânea, significava o rompimento definitivo com a velha concepção da vocação agrícola do país. Assim, o governo propõe uma guinada no curso do desenvolvimento nacional, levando-o para o interior, e incentiva a industrialização com o consequente alargamento do mercado interno. "Sua grande missão será contribuir para que o Brasil se integre em si mesmo, para que o Brasil econômico se expanda pelo território que forma o Brasil político" (Andrade, 1968:181).

A ampliação do raio macroeconômico do país e a abertura de novas terras (sul do Pará, sul do Maranhão, centro-norte de Goiás, Mato Grosso, Rondônia e Acre) seriam orientadas pelas novas rodovias a serem abertas ou pavimentadas, materializando as bases físicas de um mercado doméstico que vincularia as cidades que surgiriam com a expansão da fronteira agrícola e os consequentes movimentos migratórios aos principais centros econômicos do país. Consequentemente, a ampliação dos fluxos de capital e dos fluxos produtivos e uma nova dinâmica nas relações centro-periferia configurariam uma estrutura produtiva densa, integrada, complexa e diversificada, localizada em várias parcelas do território nacional.

Rasgar o território nacional com novas estradas, além de melhorar e pavimentar boa parte das existentes torna-se um imperativo, sobretudo após o anúncio da construção de Brasília, guinada radical no curso do desenvolvimento nacional. "O discurso e a materialização física das metas caminham em consonância, com a tarefa estatal de construir o país objetivando-se em agressivas políticas territoriais, num esforço de produção de espaço ímpar na história brasileira" (Moraes, 2005:99).

A partir deste momento, será desencadeado no Brasil um processo avassalador de migração, urbanização e metropolização, tendo o meio urbano qualificado como *locus* de modernidade. A população urbana sofrerá um pulo substancial – de 36,15% do total do país em 1950 para 55,92% em 1970 –, demarcando uma urbanização que revela a alteração da estrutura econômica nacional com o caráter dominante da acumulação industrial, com consequências diretas e indiretas em relação à questão demográfica.

Apesar de contar com metas direcionadas aos demais modais (ferroviário, serviços portuários e de dragagem, Marinha Mercante e aéreo), o próprio governo admite a elevada prioridade ao rodoviário, justificada "pelas próprias exigências de crescimento do País e das falhas estruturais do sistema ferroviário" (Brasil, 1958:165).

> Assim é que, presentemente, repousa no transporte por estradas de rodagem a parcela preponderante do intercâmbio entre várias regiões do País. Cabe-lhe, ainda, papel de proeminência na evolução do sistema viário terrestre, seja diversificando-lhe as correntes do tráfego, seja suprimindo falhas operacionais de outros meios de transporte, seja ainda funcionando como linha de ensaio germinativa de desenvolvimento regional (Brasil, 1958:165).

A "meta do transporte rodoviário", como ficou indicado, englobou a tarefa de obras de construção e melhoramentos de 10.453 mil km em 25 estradas, ampliado posteriormente para 12.424 km

– equivalente a 51,2% dos custos totais da meta. O plano ainda previa inicialmente a pavimentação de 3.778 km – total considerado modesto pelo DNER por conta das "necessidades prementes" –, restringida às estradas cujo volume diário de trânsito era superior a 250 veículos/dia. Após revisão, esse total foi estendido para 5.656 km, perfazendo 48,8% dos custos totais da meta.

Do ponto de vista interregional, o Plano de Metas empreendeu importantes ligações rodoviárias: Nordeste-Sudeste (Rio-Bahia e Rio-Bahia litorânea); Sudeste-Centro-Oeste (SP-MS e MG-GO); Sul-Sudeste (PR-SP) e a chamada Rodovia Transbrasiliana, tida como a "espinha dorsal do sistema rodoviário brasileiro" e idealizada por Getúlio Vargas no Estado Novo. A programação inicial previa a sua implantação de Goiânia a Irati (PR) e de Joaçaba (SC) a Santa Maria (RS).

Com o programa já em andamento, JK concebeu um "cruzeiro rodoviário" para servir a futura capital, fato que poderia significar, física e simbolicamente, a ruptura definitiva do "arquipélago econômico". Direcionada para todos os quadrantes do imenso território nacional, aquele ponto encravado nos sertões do Planalto Central, ou no coração do país, seria invadido por novos nexos técnicos e informacionais. O trem[2] e o avião seriam insuficientes para tornar o Distrito Federal um dos principais nós viários de todo o território nacional, e uma rede de estradas era "indispensável à afirmação do Estado sobre o conjunto do território" e "imprescindível para a expansão do consumo do que era produzido internamente" (Santos e Silveiras, 2001:45).

> Construída num ponto estratégico, as estradas que a servem – um verdadeiro tecido conjuntivo de artérias e veias

---

2 A Estrada de Ferro de Goiás (EFG) findava em Anápolis, e seus trilhos desempenharam importante papel no transporte de pesado material de construção aos canteiros de obras de Brasília.

de intercomunicação interna – realizam, com perfeição, uma verdadeira *costura* do Brasil por dentro, aproximando os Estados que, embora geograficamente limítrofes, viviam tão distanciados, uns dos outros, como se pertencessem a países diferentes (Kubitschek, 2002:13-14).

Tive, então, a visão do que deveria ser feito. Rasgaria um cruzeiro de estradas, demandando dos quatro pontos cardeais, tendo por base Brasília. Não se conquista uma terra se não se tem acesso a ela. E a estrada é um elemento civilizador por excelência. Concebi, pois, o plano de grandes longitudinais, cortadas, quase na perpendicular, pelas grandes transversais. No centro do sistema ficaria Brasília, que seria uma torre para se contemplar o Brasil (Kubitschek, 2002:84).

Esse sistema rodoviário (Mapa 1) deveria atravessar áreas ermas do território nacional e algumas das principais capitais estaduais, em distâncias superiores aos três dígitos, marcando o Distrito Federal como um ponto de apoio entre o litoral e o sertão, conforme a composição representada abaixo:

• sentido Belém e São Luís: Anápolis-Belém (BR-14) e Porto Franco-São Luís (BR-21);

• sentido Goiânia, Cuiabá, Porto Velho e Rio Branco: Brasília-Anápolis (trecho não planejado); Anápolis-Goiânia (BR-11); Goiânia-Rio Verde (BR-54); Rio Verde-Cuiabá (BR-31) e Cuiabá-Rio Branco (BR-29);

• sentido Fortaleza, Recife e Salvador: Brasília-Fortaleza (trecho não planejado); Barreiras/BA-Salvador (BR-28); Picos/PI-Parnamirim/PE (BR-26) e Parnamirim-Recife (BR-25);

- sentido Belo Horizonte e Rio de Janeiro: Brasília-Belo Horizonte (trecho não planejado) e Belo Horizonte-Rio de Janeiro (BR-3);

- sentido São Paulo: Brasília-divisa MG/SP (trecho não planejado) e Via Anhanguera.

Mapa 1: 'Cruzeiro rodoviário' de JK (1956-58)

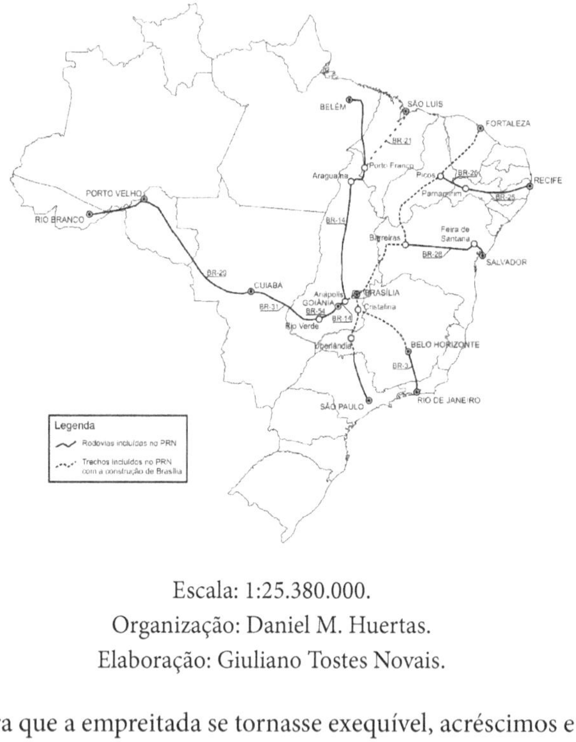

Escala: 1:25.380.000.
Organização: Daniel M. Huertas.
Elaboração: Giuliano Tostes Novais.

Para que a empreitada se tornasse exequível, acréscimos e alterações deveriam se impor ao Plano de Metas, já que o Plano Quinquenal de Obras Ferroviárias Federais (PQOR) fora elaborado sem a previsão da transferência da capital federal. Apenas a BR-14, que passou a se chamar Belém-Brasília em direção ao norte, havia sido planejada. A Brasília-Acre já tinha trechos finalizados ou em obras em Mato Grosso e Goiás, e foi preciso apenas incorporar os 160 km entre Brasília e Anápolis. Do projeto rodoviarista de JK, essas duas estradas seriam imensos troncos que cortariam boa parte do Centro-Oeste para alcançar as bordas oriental e ocidental da Amazônia, numa tarefa considerada impossível por alguns técnicos da época.[3] Essas novas vias expandiram a fronteira agrícola nacional e facilitaram a integração intra e interregional de Goiás. Houve a criação de municípios no norte do Estado (Uruaçu, Porangatu, Gurupi, Paraíso do Norte e Colinas), cujo eixo da Belém-Brasília, para Teixeira e Rigonato (2004: 3), "passou a servir como ponto demográfico importante para subsidiar os fluxos da frente pioneira em direção ao norte do país". Assim, Goiás teria se transformado em um "laboratório de fronteiras", numa fase na qual as rodovias passaram a fazer parte de uma ação conjunta para criação de um mercado nacional unificado e comandado por São Paulo. No período 1940-1960, o total de migrantes residentes no Estado saltou de 159.479 para 518.673, registrando um crescimento de 325%. Minas, Bahia, Maranhão e São Paulo, posteriormente, foram os principais pontos de origem dos fluxos migratórios.

No mesmo sentido, Guimarães e Leme (2002) explicam que houve a criação de uma nova espacialidade em Goiás. A superação da rota ferroviária – a Estrada de Ferro de Goiás (EFG) e a Rede Mineira de Viação (RMV) eram as duas linhas da Rede Ferroviária Federal que chegavam ao Estado – prejudicou a posição locacional de Anápolis, agora comprimida entre dois grandes eixos de aglomeração urbana, e Brasília passou a exercer o papel de absorvedor de migração, cujos fluxos pendulares no entorno do DF também influenciaram o

---

3 Huertas (2009) mostra detalhadamente as manobras técnico-operacionais empreendidas na epopeia de levar a rodovia a Belém e Rio Branco, rasgando a floresta amazônica.

noroeste de Minas Gerais, todo o estado de Goiás e a Região Nordeste em geral (sobretudo o oeste da Bahia e o sul do Piauí).

Na análise dos geógrafos Bertha Becker e Cláudio Egler (1994:122), o cruzeiro rodoviário de JK desempenhou um duplo papel, pois articulou os sistemas viários federal, estadual e municipal das regiões Sudeste e Centro-Oeste, enquanto rodovias de penetração ligaram o Norte à área *core* do país. "A nova capital, situada numa posição estratégica, em contato com todas as periferias, representou uma verdadeira ponta de lança do 'centro', estimulando tanto o avanço da franja pioneira, quanto as ligações econômicas com São Paulo." E continuam: "Nesse processo, esfacelou-se gradativamente a estrutura espacial em 'arquipélago', substituída por uma de tipo centro-periferia" (Becker e Egler, 1994:87).

Ao analisar a relação entre o crescimento nacional e a nova rede urbana que se desenhava nos anos 1960, Milton Santos (2006:220, grifo no original) afirmava que a evolução do estado de organização das cidades no Brasil era marcada por uma *"urbanização interior*, que está ligada aos progressos da industrialização e dos transportes terrestres e à elevação geral do nível de vida, no interior do país". No intrincado feixe entre industrialização e urbanização, Santos explica (2006:221) que a situação das cidades médias (ou intermediárias)[4] estava passando por transformação substancial, e um dos elementos explicativos desse fenômeno era o efeito demonstrativo, "representado por contatos mantidos, graças aos caminhões e automóveis e

---

4   Este conceito é uma problemática relevante no âmbito da Geografia Urbana, mas Branco (2006:246) o entende como "um conjunto de cidades que, no contexto da rede urbana, constituam (...) nós articuladores entre as grandes metrópoles e as cidades menores, localizadas em sua área de influência, caracterizadas por patamar de tamanho populacional, econômico e qualidade de vida". A definição de cidades médias, portanto, expressa não apenas a classificação por porte populacional, mas inclui também o papel e as funções que desempenha na rede urbana regional, nacional e até mesmo internacional.

os diferentes meios de divulgação", gerando um grande número de necessidades no crescente meio urbano.

Até então, as cidades maiores situavam-se no litoral ou em áreas próximas. (…) É num Brasil integrado pelos transportes e pelas necessidades advindas da industrialização que vão nascer importantes cidades no interior. Estas decorrem do crescimento populacional, da elevação dos níveis de vida e da demanda de serviços em número e frequência maiores que anteriormente. Novas formas de relação entre metrópole econômica e centros regionais se estabelecem por intermédio do caminhão (Santos e Silveira, 2001:44).

Para Milton Santos, é uma nova fase, na qual se pode falar que tanto o território quanto o mercado "se haviam unificado em escala nacional", com tendência ao desaparecimento das economias regionais de autossubsistência. "A necessidade de intercomunicação é assim exaltada com a complementação recíproca entre regiões, levando à ampliação quantitativa e qualitativa da urbanização" (Santos, 2005:46-47). Pierre Monbeig (1971:364) lembra que muitas capitais regionais da franja pioneira, como Londrina, Marília e São José do Rio Preto, acabaram se tornando nós de comunicação, e coloca a estrada de rodagem como um dos elementos responsáveis pelo desdobramento da função urbana no país.

Nos últimos anos, pois, a rede rodoviária (…) perdeu sua função linear, para entrecruzar-se numa distribuição quadricular, correspondendo os grandes pontos de reagrupamento aos centros urbanos mais sólidos. (…) Eis uma função que se concretiza na paisagem urbana pela construção de estações rodoviárias, onde chegam e de onde partem, ao longo do dia, as jardineiras sobrecarregadas de viajantes e volumes de carga (Monbeig, 1971:364).

Ademais, foram explícitos os impactos para o aspecto urbano e demográfico da Amazônia com a abertura das rodovias Belém-Brasília e Brasília-Acre. Becker as definiu como duas "pinças rodoviárias" ao redor da hinterlândia, fundamentais para a modificação da percepção regional, que assumiria posição-chave frente às prioridades políticas de ordem interna e externa. "A implantação de rodovias que a contornam, desencadeando movimento pioneiro ativo – constituído por grandes pecuaristas do 'centro' e pelo excedente demográfico das regiões deprimidas –, representa um primeiro passo na vinculação terrestre da região com o 'centro', captando a fímbria da hileia para a órbita do 'centro'" (Becker, 1982:63).

A integração física com o centro vital do país é representada pela implantação da rede rodoviária, que agiliza o acesso à região e desencadeia uma grande transformação nos meios de circulação com o declínio da navegação fluvial. No plano urbano verifica-se a decadência de algumas cidades que gravitam em torno do rio e do comércio atacadista, enquanto crescem aquelas situadas junto às rodovias recém-construídas. Portanto, nota-se uma transformação no padrão tradicional de ocupação espacial da maior bacia hidrográfica do mundo, até então de base flúvio-linear. A entrada na era rodoviária seria a principal responsável por esse processo, reduzindo bruscamente a navegação de cabotagem para Belém e levando o caminhão ao Planalto Central e às bordas da hileia.

A Brasília-Acre veio a modificar a fisionomia da região, cuja ligação com o Centro-Sul traria repercussões a curto e médios prazos, dentre os quais o surgimento de novos núcleos habitacionais e a ampliação dos já existentes. No período 1960-1970, a população de Porto Velho passou de 29 mil para 41 mil habitantes e a de Rio Branco, de 17 mil para 34 mil (Neto, 1991). Já Guimarães e Leme (2002) a consideram fundamental para a consolidação dos três principais núcleos do Mato Grosso (Cuiabá, Rondonópolis e Cáceres), que mantiveram as suas próprias vantagens locacionais e se integraram ao Acre, Rondônia e Triângulo Mineiro.

Como o 'Brasil potência', 2/3 do território nacional são tidos como área de expansão da fronteira agrícola, estimulando a urbanização dos cerrados e franjas da Amazônia

A partir de meados da década de 1960 um imbricado sistema de objetos e de ações planejado e instituído pela ditadura militar (1964-1985), em consonância com alguns vetores hegemônicos mundiais (Revolução Verde, por exemplo), acarretará uma série de políticas territoriais que transformará as regiões Norte e Centro-Oeste em áreas de expansão da fronteira agrícola. Durante esse período, a fronteira receberá, de modo estritamente seletivo e pontual, um conjunto de eventos portadores de uma modernidade que servirá como base para a instalação do meio técnico-científico-informacional.

Nessa ótica, a fronteira agrícola precisa ser compreendida como um elemento específico da formação socioespacial brasileira, inserida principalmente no avanço sistemático e feroz do circuito da soja sobre vastas extensões do Centro-Oeste, cujos novos conteúdos em ciência, técnica e informação serão capazes de configurar o que Santos e Silveira (2001) preferiram chamar de *belts* modernos e novos *fronts*. A fronteira, assim, mantém implícita uma visão capitalista de apropriação e ocupação do espaço, mas que carregará consigo movimentos migratórios exponenciais e a criação e expansão de cidades em quase todo o domínio dos cerrados, avançando pela floresta amazônica.

Moraes mostra que o Estado reafirma com força uma visão geopolítica da atuação governamental "que repõe integralmente a concepção autoritária que identifica o Brasil com seu território" sob a chancela da "integração nacional como projeto básico". E continua: "As noções de modernização e de desenvolvimento perdem seu componente social e político, passando a qualificar apenas os aparatos produtivos e as infraestruturas" (Moraes, 2005:100).

Agora, mais do que nunca, elementos geopolíticos se farão presentes na forma de se pensar o território nacional, e as vias de circulação contêm elementos suficientes para corroborar essa visão por seu caráter amplamente geoestratégico, sobretudo por causa das dimensões continentais do Brasil, da extensão de suas fronteiras terrestres e do anseio em incrementar planos faraônicos de integração e ocupação territorial, impactando diretamente na estrutura da rede urbana nacional.

Despontavam as evidências que indicariam que à rodovia caberia o papel de integrar e desbravar o território nacional, pois entre 1969 e 1974 houve uma "centralização relativa e temporária" no modal rodoviário em termos de responsabilidade administrativa, mecanismos de financiamento e tomada de decisões "motivada pela ideia de que, em matéria de planejamento dos transportes, o interesse predominante deveria ser o nacional" (Barat, 1996:208).

E as rodovias, melhor do que os demais modais cumpririam essa função, num cenário macroeconômico marcado pela modificação profunda na demanda dos serviços de transporte – crescimento anual de 9,2% entre 1950-1965, superior à taxa de elevação anual do PIB de 5,2% no mesmo período –, com alteração na estrutura dos serviços e na distribuição espacial dos fluxos. Esse processo, emoldurado por expressivas taxas de migrações internas e de urbanização, além da incorporação de novas áreas ao setor agropecuário, era economicamente favorável ao transporte rodoviário, sobretudo diante de um desequilíbrio na estrutura de demanda do setor de transportes pela ausência de condições necessárias à integração dos modais (Carneiro, 1970).

Sempre atento às transformações no mundo subdesenvolvido, Pierre George já visualiza a verve rodoviária do regime militar como indutora de ocupação de regiões pouco povoadas, sobretudo o Planalto Central e a Amazônia. E a etapa principal para a consecução de grandes obras rodoviárias com o intuito declarado de estimular a ocupação dos chamados "vazios demográficos" e/ou de manobrar a integração nacional foi um pacote denominado Programas Especiais na Área dos Transportes, cujos planos propostos – Programa de Integração Nacional (PIN), de 1970; Programa de Redistribuição de Terras e de Estímulo à Agroindústria do Norte e do Nordeste (Proterra) e Programa de Desenvolvimento do Centro-Oeste (Prodoeste), ambos de 1971; e Programa Especial para o Vale do São Francisco (Provale), de 1972 – atendem diretamente a objetivos geoeconômicos e/ou geopolíticos atrelados ao planejamento regional e corroboram as "considerações estratégicas e circunstanciais".

Destacam-se a implantação das rodovias Transamazônica (BR-230), Cuiabá-Santarém (BR-165, mais tarde modificada para BR-163) e Porto Velho-Manaus (BR-319), empreendimentos de grande vulto que mobilizaram recursos expressivos para a sua consecução, rasgando a floresta amazônica em distâncias que ultrapassam os três dígitos.[5]

Eventos faraônicos, de cunho geoeconômico e geopolítico, em consonância com a nova diretriz imposta pelo regime militar à Amazônia, agora um novo alvo do capital. Cabe ressaltar que no biênio 1966-1967 o governo Castello Branco já havia elaborado o "Plano Amazônia", um arcabouço jurídico-institucional de indução de ações produtivas e especulativas ao âmago da floresta. Daí surgiu a redefinição da Amazônia Legal, delimitando a área de atuação da

---

5   Huertas (2009) demonstra com detalhes o processo de construção dessas rodovias, além de analisar a psicosfera gerada pelo regime para justificar esses empreendimentos e os impactos territoriais desse conjunto rodoviário.

Superintendência do Desenvolvimento da Amazônia (Sudam) e do Banco da Amazônia S/A e de concessão de incentivos fiscais à região, além do impulso industrial com a criação da Superintendência da Zona Franca de Manaus (Suframa).

Segurança nacional, ocupação e integração nacional compõem a tríade que passa a orientar as ações públicas básicas para a Amazônia Legal, e juntamente com o anúncio de grandes troncos rodoviários o governo federal edita a lei nº 1.164, de 1º de abril de 1971, que declarava "indispensáveis à segurança e ao desenvolvimento nacional as terras devolutas situadas na faixa de 100 km de largura em cada lado do eixo de rodovias na Amazônia Legal", construídas, em construção ou planejadas. De uma tacada só, houve um verdadeiro confisco do controle de cerca de 21.500 km de terras contínuas, que ficaram sob a supervisão do recém-criado Instituto Nacional de Colonização e Reforma Agrária (Incra), criado para organizar a doação dos lotes e organizar os planos oficiais de colonização.[6]

Para a abertura ao capital em grande escala, Ariovaldo de Oliveira (1988) denuncia a autorização pelo Senado Federal para que o Incra pudesse lotear a Amazônia Legal em propriedades com mais de 30 vezes a dimensão expressa na Constituição (3 mil hectares para as terras devolutas) e, assim, redefinir as frentes de colonização. O eixo da BR-163 fora entregue aos empresários privados – que investiram preferencialmente no Mato Grosso – e o da BR-364, em Rondônia, mesclou projetos voltados a colonos (pequena propriedade) com outros destinados a médios e grandes fazendeiros.

"No imaginário coletivo de especuladores e empresários do Centro-Sul, vislumbrava-se a perspectiva de novos investimentos e a expansão de suas atividades. No horizonte camponês, as vítimas

---

6 Esta função já cabia Instituto Nacional de Desenvolvimento Rural (Inda) e ao Instituto Brasileiro de Reforma Agrária (Ibra), absorvidos pelo Incra.

da seca do sertão nordestino e os expropriados pelo então recente processo de mecanização das lavouras do Sul – principalmente do Noroeste Gaúcho e Oeste Paranaense – avistavam um pedaço de terra e o recomeço da vida. O movimento migratório rumo ao "Eldorado" atinge proporções consideráveis, faz brotar cidades no "meio do nada" e contribui decisivamente para o incremento demográfico das zonas de expansão da fronteira." (Huertas, 2009:143).

Portanto, foram adotadas duas estratégias distintas pelo governo federal para o processo migratório que se desencadearia:

• Colonização induzida (ou dirigida): restrita às empresas colonizadoras privadas, ocorreu de forma acentuada no Centro-Norte do atual Mato Grosso (chamado de "Nortão") com pequenos proprietários sulistas;

• Colonização oficial (ou espontânea): controlada e orientada pelo Incra sob diversos modelos (PIC, PAD, PAR, PEA, PA, PAC, PEC e Nuar)[7], concentrou-se principalmente em Rondônia, ao longo do eixo da BR-364. No Mato Grosso, também houve participação da Companhia de Desenvolvimento do Estado do Mato Grosso (Codemat).

Durante os anos 1970, com a BR-364 ainda sem pavimentação asfáltica, o Incra promoveu o primeiro surto de colonização em Rondônia. Como resultado, a população do então território federal aumentou de 111.064 habitantes (1970) para 491.069 (1980), um crescimento populacional de 442%. Além disso, houve a criação de cinco

---

7   Os modelos implantados foram projetos Integrado de Colonização (PIC); de Assentamento Dirigido (PAD); de Assentamento Rápido (PAR); Especial de Assentamento (PEA); de Assentamento (PA); de Assentamento Conjunto (PAC); Especial de Colonização (PEC) e Núcleo Urbano de Apoio Rural (Nuar).

novos municípios (Ariquemes, Ji-Paraná, Cacoal, Pimenta Bueno e Vilhena) pelo decreto-lei nº 6.448, de 11 de outubro de 1977. O trabalho de Gislaine Moreno (1993) investiga minuciosamente os planos privados estendidos para o norte mato-grossense, que em pouco mais de 20 anos ganhou 50 novas cidades. Para ela, esse processo ocorreu, de certo modo, como consequência do estágio de diferenciação social verificado no Centro-Sul do país – que, por causa da concentração fundiária ocorrida com a modernização agrícola, obrigou os camponeses expropriados a procurar novas terras em direção à Amazônia.

Segundo Huertas (2009:144), foi "a única alternativa que restou – e bem trabalhada pelo regime militar, com farta propaganda das cidades que estavam sendo planejadas e construídas sob os auspícios de companhias colonizadoras, grande parte de propriedade de gaúchos, paranaenses e paulistas". As 33 empresas autorizadas pelo Incra implantaram no Mato Grosso 88 projetos de colonização particular, abrangendo 3,25 milhões de hectares ocupados por cerca de 20 mil famílias de colonos (Moreno e Higa, 2005).

Sinop e Alta Floresta são as duas principais cidades deste modelo – versões modernas do que já havia ocorrido no norte do Paraná, nos anos 1930 e 1940, com Londrina e Maringá –, ou uma "reprodução ampliada monopolista da produção da terra mercadoria" (Moreno, 1993:332). Respectivamente sob responsabilidade das colonizadoras Sociedade Imobiliária do Noroeste do Paraná S/A (Sinop) e Integração, Desenvolvimento e Colonização S/A (Indeco), ambas serviram de base para todos os empreendimentos do gênero na região, com franca ascensão do comércio e oferecimento de facilidades de obtenção de crédito oficial (agências bancárias do Banco do Brasil e do Banco da Amazônia) e privado.

A especulação fundiária, possibilitada pela facilidade de aquisição de grandes extensões de terra (oferecidas a preços baixos pelo governo federal e estadual), foi uma das tônicas da ação das empresas colonizadoras. Mesmo assim, o alto custo de alguns projetos particulares e o declínio de outros (fracasso ou morosidade na consolidação e emancipação da maioria dos projetos; perda da renda e grande evasão de parceleiros) obrigou o Incra a implantar no Estado algumas modalidades oficiais.

Na análise de Abreu (2001), a atuação do Incra no Estado apenas em 1978 reflete o poder dos empresários e especuladores na capacidade de construir cidades e de interferir na abertura de eixos rodoviários, já que muitas estradas foram abertas pelas próprias colonizadoras.

Ao analisar as mudanças na rede urbana brasileira relacionadas com as diferentes tendências da economia regional e suas significações espaciais, Santos enxergava as zonas pioneiras que se abriam como criatórios de cidades, com menor ou maior produção de riqueza, cuja distância entre elas seria resultado das condições de transporte. Assim, delineava-se uma seleção de aglomerações em detrimento de outras, caso das antigas zonas pioneiras estabilizadas (velhas zonas do cacau, café e tabaco na Bahia, velhas cidades do café no vale do Paraíba e velhas cidades do açúcar em Sergipe e Pernambuco), que perdiam a sua pretérita primazia. "Quando a revolução dos transportes se acompanha da concentração fundiária, então a regressão é fatal" (Santos, 2006:220).

Segundo Goldenstein e Seabra (1982:44), a nova organização urbana "apresenta características, formas e 'densidades' diferentes, dado o desenvolvimento desigual das forças produtivas e das relações de produção, assim como pelo próprio caráter genealógico do espaço social". Ora, simultaneamente à consolidação da Região Concentrada (regiões Sul e Sudeste, tidas por Milton Santos como o verdadeiro polo da vida econômica nacional, na qual as variáveis do período atual implantam-se sobre um meio mecanizado, portador de um denso sistema de relações por causa de uma urbanização articulada, do padrão de consumo das famílias e de uma vida comercial mais intensa), a região Centro-Oeste é alvo de modernizações que a colocará, no intervalo de duas décadas, como o espaço por excelência do agronegócio oligopolista exportador.

Êxodo rural, crescimento urbano e metropolização como dínamos de grandes transformações

Simultaneamente à expansão da fronteira agrícola e à consequente abertura de novos núcleos urbanos, verificavam-se em franco processo grandes movimentos migratórios pelo país, fato que contribuiu decisivamente para a consolidação do binômio urbanização-industrialização. "Assim, as migrações internas, entre 1930 e 1950, seguiram, basicamente, rumo ao meio urbano dos municípios, às fronteiras agrícolas (Paraná, Centro-Oeste e Maranhão) e aos centros industriais do Sudeste", afirma Berquó (2003:23), estimando que a migração rural-urbana atingiu 3 milhões de pessoas na década de 1940.

Cabe ressaltar que entre 1940-1950 e 1950-1960 a taxa média anual de crescimento da população brasileira atingiu, respectivamente, 2,39% e 2,99%. Esse movimento é responsável pelo aumento da mão de obra industrial, que no período 1920-1950 cresce 356,2%, sendo 67,3% no Sudeste (Camargo, 1960).

Torna-se evidente, portanto, uma evolução demográfica da população brasileira, marcada por transições decorrentes de mudanças nos níveis de natalidade/mortalidade (medidos em proporção a 10 mil habitantes e cuja diferença revela o crescimento natural) e fecundidade (filhos por mulher), conforme indica a Tabela 1. Ademais, é bom lembrar que a entrada de estrangeiros – a imigração internacional contribuiu com 10% da evolução da população entre 1900 e 1940 e cerca de 4 milhões de imigrantes chegaram ao país entre 1880 e 1930 (Patarra, 2003) – deixa de ter influência na determinação da taxa de crescimento geral da população.

Tabela 1: Taxas de fecundidade, natalidade e mortalidade (1940-80)

Ano	Fecundidade	Natalidade (em ‰)	Mortalidade (em ‰)
1940	6,2	44	25,3
1950	6,2	44,4	20,6
1960	6,3	43,4	13,4
1970	5,8	37,7	9,4
1980	4,4	37,1	8,8

Fonte: IBGE (*apud* THÉRY Hervé e MELLO, Neli Aparecida de. *Atlas do Brasil: Disparidades e Dinâmicas do Território*. São Paulo: Edusp, 2005).

Foi apenas no Censo de 1940 que a população brasileira foi qualificada e quantificada pela primeira vez entre urbana e rural e até o censo seguinte em nenhuma unidade da federação o crescimento relativo da população rural ultrapassou o da população total. Em outras palavras, verificava-se a tendência ao decréscimo relativo e contínuo da população rural, embora acentuado em algumas regiões e moderado em outras.

Segundo Camargo (1960), uma das consequências demográficas do êxodo rural é a intensificação das migrações inter-regionais, demarcada pelo fato de que em todas as regiões havia naturais residentes de outras regiões e Estados, fenômeno que tende a se intensificar na maior parte do país – crescimento de 135,2% no Sul (206,9% no Paraná); 59% no Centro-Oeste; 25,31% no Nordeste; 44,8% em São Paulo; 42,7% no Distrito Federal e 8,7% em Minas Gerais.

Para Cortês (1958:60), a situação demográfica do país só começa a se modificar "pela melhoria das condições de transporte, indispensáveis ao aligeiramento da grande limitação que as dificuldades de deslocamento sempre representaram aos movimentos migratórios". O autor destaca também o conhecimento das oportunidades de trabalho e de obtenção de melhores condições de vida que se propagam pelos serviços de radiodifusão como indutores dos fluxos, mas ressalta que é somente a partir de 1949, por conta da ligação rodoviária pela Rio-Bahia (atual BR-116 no trecho Rio de Janeiro-Feira de Santana), que a curva do movimento migratório para São Paulo "ascende absurdamente".

Camargo (1960) destaca o caso de São Paulo, que em 1950 já contava com cerca de 1,8 milhão de naturais de outros Estados, apesar de 507 mil paulistas terem se deslocado para fora do Estado – portanto, um acréscimo populacional de 119% em relação a 1940. Para o autor, a saída de paulistas se deu mais em função do avanço das fronteiras econômicas em direção a Goiás, Paraná, Minas Gerais e Mato Grosso do que propriamente de correntes migratórias.

Inicialmente de caráter rural-rural, a fim de substituir o imigrante europeu nas lavouras de café e algodão, o fluxo nordestino para São Paulo rapidamente se torna rural-urbano, exigência do vertiginoso crescimento industrial da capital paulista. Do total de 1.104.757 trabalhadores nacionais entrados no Estado de São Paulo entre 1934 e 1951, 763.646 vieram do Nordeste (445.381 da Bahia); 322.375, do Sudeste (290.061 de Minas Gerais); 17.951, do Sul; 535, do Norte e 250, do Centro-Oeste (Paiva, 2004).

O historiador Odair da Cruz Paiva desenvolveu excelente trabalho sobre esse processo, no qual demonstra com precisão que o contexto reforçava uma apresentação negativa do Nordeste que representa as mudanças em curso na divisão territorial do trabalho.

> Se de um lado o Nordeste ia constituindo-se enquanto região seca, pobre e inviável, São Paulo constituía-se, ao mesmo tempo, como o lugar das possibilidades de uma vida melhor. (...) A efetivação de forma mais articulada do projeto industrial no Centro-Sul obrigava uma integração subalterna por parte de regiões cujo padrão de desenvolvimento não suportaria a concorrência (Paiva, 2004:204-205).

Originalmente morador do campo, fugindo da seca e faminto por trabalho, em um primeiro momento o nordestino é dirigido para as fazendas de café e algodão do interior paulista permeado pela representação da precariedade do rural *versus* a fartura do urbano. A propaganda paulista coloca São Paulo como o lugar da alternativa, que precisa ser desenvolvido; o lugar da urbanidade e do *frenesi*. Em outras palavras, a "Pauliceia Desvairada" de Mário de Andrade (Paiva, 2004). Com o *boom* industrial, o migrante passa a ocupar outra função: a de abastecer de mão de obra barata as fábricas, sustentando o parque industrial crescente. O nordestino, portanto, acaba por substituir o imigrante europeu no campo e na cidade.

Na introdução de amplo diagnóstico do movimento migratório dos anos 1960, o IBGE (1979) reconhece a migração "não como uma simples representação demográfica, mas, basicamente, como deslocamento da força de trabalho, movimentação da pobreza e estratégia do fator trabalho, face às estratégias do fator capital", na qual se percebe "a dimensão política-sócio-econômica da identificação proposta", que era desvelar as áreas de atração e evasão populacional.

Aí está outro traço marcante da sociedade brasileira até meados dos anos 1980, que Mello e Novais (1998) qualificam como uma "sociedade em movimento", simultaneamente causa e consequência da nova divisão territorial do trabalho:

> Movimento de homens e mulheres que se deslocam de uma região a outra do território nacional, de trem, pelas novas estradas de rodagem, de ônibus ou amontoados em caminhões paus-de-arara. São nordestinos e mineiros, fugindo da miséria e da seca, em busca de um destino melhor em São Paulo, no Rio de Janeiro, no Paraná da terra roxa; depois, são os expulsos do campo pelo capitalismo, de toda parte, inclusive de São Paulo, do Paraná, agora hostil ao homem; são gaúchos que avançam pelo Oeste de Santa Ca-

tarina, passam pelo Oeste do Paraná, alguns entram para o Paraguai, outros vão subindo para Mato Grosso do Sul e Goiás, passam pela nova capital, Brasília, em direção à fronteira norte (...), onde se encontrarão com outra corrente migratória de nordestinos. Movimento de uma configuração de vida para outra: da sociedade rural abafada pelo tradicionalismo para o duro mundo da concorrência da grande cidade, ou para o mundo sem lei da fronteira agrícola; da pacata cidadezinha do interior para a vida já um tanto agitada da cidade média ou verdadeiramente alucinada da metrópole (Mello e Novais, 1998:585-586).

De fato, um contexto de extraordinário crescimento do êxodo rural: cerca de 14 milhões de pessoas abandonaram o campo nos anos 1960 – apenas São Paulo, Rio de Janeiro, Belo Horizonte, Curitiba, Porto Alegre, Salvador, Recife, Fortaleza, Belém e Brasília receberam um saldo conjunto de 4.757.923 migrantes (IBGE, 1979) –, e outros 17 milhões na década seguinte, como explicam Mello e Novais (1998:619): "A miséria rural é, por assim dizer, exportada para a cidade. E, na cidade, a chegada de verdadeiras massas de migrantes (...) pressionou constantemente a base do mercado de trabalho urbano".

Brasília é um capítulo à parte. Já com 141.742 habitantes em 1960, na sua inauguração, estima-se que cerca de 60 mil nordestinos, batizados de candangos, trabalharam nos 41 meses consumidos na sua construção. O Núcleo Bandeirante, hoje uma das cidades-satélites do DF, foi o embrião de seu povoamento, albergando a sede da Companhia Urbanizadora da Nova Capital do Brasil (Novacap) e as levas de migrantes que desembarcavam freneticamente atrás de sonhos e perspectivas.

Mas como explica Paviani (1987), já em meados dos anos 1960 é iniciada a venda de terrenos e a abertura de novos espaços de terras públicas para a construção de conjuntos habitacionais, descaracterizando os planos originais para a cidade. Consequentemente, o solo urbano perdeu o seu caráter social em detrimento da ação de mecanismos do mercado imobiliário, que elevou o preço da terra e jogou a população de baixa renda para periferias cada vez mais distantes do Plano Piloto. Paralelamente, segundo o autor, houve "um elevado grau de discriminação social, talvez mais evidente em uma cidade 'planejada' do que em outros grandes centros urbanos de crescimento 'espontâneo'", demarcado acentuadamente pelo "encarecimento dos aluguéis ou da inflação dos preços dos imóveis, tanto no centro quanto nas 'cidades-satélites'" (Paviani, 1987:36).

A década de 1970 apenas intensificou as tendências anteriores, e apesar da abertura de frentes pioneiras em direção à floresta amazônica as migrações foram predominantemente para o meio urbano, fato que marca a consolidação dos grandes centros urbanos com o crescente processo de metropolização (Berquó, 2003).

Em ampla análise sobre o fenômeno do êxodo rural brasileiro, Regina Bega Santos (1994) afirma que existem duas grandes variáveis que procuram explicá-lo. Primeiramente, o que chamou de "fatores de estagnação", relacionados à incapacidade da agricultura de subsistência em elevar a produtividade da terra para suprir as necessidades produzidas pelo crescimento familiar. Esta questão contém forte ligação com a histórica ausência de reforma agrária no país e com as migrações temporárias (bóias-frias, barrageiros, garimpeiros, etc).

Em segundo lugar, chama a atenção para os "fatores de mudança", intrínsecos ao próprio processo de desenvolvimento econômico. São elementos dinâmicos e correlacionados com o fascínio urbano que penetra no seio da sociedade como verdadeiro catalisador de efeito-demonstração. As cidades, principalmente as grandes, passam a ser vistas como lugares de oportunidades infinitas, acelerando, assim, a expulsão dos trabalhadores rurais.

A taxa de população urbana do país salta de 31,24% em 1940 para 67,57% em 1980 (Tabela 2), e a mesma autora (1994:47) salienta que até este período em nenhum Estado houve perda demográfica, "o que significa que os movimentos migratórios envolveram apenas parte do crescimento vegetativo da população". Como verificado, os períodos 1950-1960, 1960-1970 e 1970-1980 registraram as maiores taxas de crescimento da população brasileira, cujo efetivo total atingiu os três dígitos em 1980, mas a análise ficaria incompleta sem mencionar o fato de que a redução sistemática da mortalidade infantil a partir dos anos 1970 também contribuiu para o incremento das cifras demográficas.

Tabela 2: População e taxa de urbanização (1940-80)

Ano	População total		População urbana		População rural	
	absoluta	Taxa média geométrica de crescimento anual	absoluta	em %	absoluta	em %
1940	41.165.289	1,49% (1920-40)	12.880.182	31,2	28.285.107	68,8
1950	51.941.767	2,39% (1940-50)	18.782.891	36,2	33.158.876	63,8
1960	70.070.457	2,99% (1950-60)	31.303.034	45,1	38.767.423	54,9
1970	93.139.037	2,89% (1960-70)	52.084.984	55,9	41.054.053	44,1
1980	119.002.706	2,48% (1970-80)	80.436.409	67,5	38.566.297	32,5

Fonte: IBGE, Censos Demográficos 1940-1980.

Explicam a queda da mortalidade infantil a ampliação (embora aquém do necessário) da cobertura de serviços de saneamento básico (acesso a água tratada e coleta e tratamento de esgoto); o aumento de serviços de assistência primária de saúde e médico-hospitalar (sobretudo exames pré-natal e parto); a amplitude de programas de prevenção (vacinação, reidratação oral e aleitamento materno) e o declínio das taxas de fecundidade da mulher brasileira. Mas sempre é preciso esclarecer que estes índices variam em todo o Brasil, como produto das crônicas e históricas desigualdades regionais.

Diante do quadro exposto, pode-se confirmar que é a partir da década de 1970 que o fenômeno da metropolização deixa de ficar restrito a São Paulo e Rio de Janeiro, atingindo outras capitais estaduais que igualmente passam a registrar intenso ritmo de crescimento urbano, principalmente por conta do afluxo migratório.

Santos (2003) aponta a configuração do que chamou de macrocefalia, causada pela desintegração e/ou extroversão de economias regionais e caracterizada por um inchaço populacional concentrado, constituindo um reservatório de mão de obra barata que acaba por garantir o estabelecimento de um estoque de capital fixo indispensável aos empreendimentos industriais.

Como explica Ronaldo Gouvêa (2005:92), com o regime militar "a questão metropolitana veio a reforçar a ideia de que a importância econômica das áreas urbanas transcendia os interesses municipais e de que o governo federal deveria assumir parte das responsabilidades da gestão urbana".

> Considerava-se, então, que o *locus* da produção havia se deslocado para os grandes centros urbanos, na medida em que as cidades passaram a ser vistas não só como espaço de vivência, mas também como importantíssimas unidades de produção. Era preciso, pois, que se cuidasse de sua administração, em busca de eficiência enquanto espaço produtivo (Gouvêa, 2005:90).

No seio do I Plano Nacional de Desenvolvimento (PND), em 1973 foram instituídas as oito primeiras regiões metropolitanas do país, pela lei complementar federal nº 14. No ano seguinte, após a fusão dos estados da Guanabara e do Rio de Janeiro, é criada, também por lei complementar, a Região Metropolitana do Rio de Janeiro (Tabela 3).

Tabela 3. Evolução populacional das regiões metropolitanas (1940-1980)*(x 10³ habitantes)

RMs	1940	1950	1960	1970	1980
Belém	206	255	399	633	999
Belo Horizonte	211	353	683	1.235	2.540
Curitiba	142	181	357	484	1.441
Fortaleza	180	270	507	520	1.580
Porto Alegre	266	324	635	886	2.231
Recife	348	525	788	1.061	2.347
Rio de Janeiro	1.764	2.378	4.862	6.719	9.014
Salvador	290	417	650	1.007	1.767
São Paulo	1.326	2.198	3.602	5.925	12.584

Fonte: IBGE (*apud* Gouvêa, 2005:92).

Obs.: * Os dados relativos ao período 1940-1970 referem-se à população dos municípios polarizadores. Os dados de 1980 apresentam efetivamente a população metropolitana.

No período em questão, a participação das regiões metropolitanas no total da população do país se amplia de 14,98%, em 1940, para 28,93%, em 1980, com 28.862.443 de brasileiros se instalando em alguma delas. Apenas as aglomerações de São Paulo e Rio de Janeiro, entretanto, são responsáveis pela absorção de mais de um quarto deste contingente, cujas periferias recebem, respectivamente, 11,61% do incremento demográfico de todo o país, e os municípios-centro recolhem 13,97% (Santos, 2005).

O crescimento do número de cidades também precisa ser levado em consideração no período 1940-1980, fator importante para a compreensão dos fenômenos em curso: nada menos do que 2.418 municípios são criados – de 1.574 para 3.992, um salto de 153,6%. Destes, além do município de Fernando de Noronha (que na Constituição Federal de 1988 tornou-se um território estadual de Pernambuco), 65 estão localizados na Região Norte; 790, no Nordeste; 253, no Centro-Oeste; 770, no Sudeste e 539, no Sul (IBGE, 2013), que registraram incremento no quadro municipal de, respectivamente, 73,8%, 135,2%, 312,3%, 120,3% e 297,7%.

Como o conceito de cidade no Brasil é político-administrativo – é a sede do município, *locus* por excelência do meio urbano municipal, no qual estão assentados o Executivo (Prefeitura), e o Legislativo (Câmara dos Vereadores) –, o país ganha, portanto, mais 2.418 cidades. Os demais núcleos urbanos mantêm o *status* de distritos municipais, subordinados diretamente ao poder executivo municipal, embora muitos deles conseguirão a sua emancipação nas décadas seguintes.

Globalização neoliberal, crescimento insustentável e nova tragédia urbana

De 1940 a 2010, a população total do país cresceu 363%, mas a população urbana foi aumentada em 1.249%, ou seja, 3,4 vezes mais. Uma tentativa de explicar resumidamente este processo em sua totalidade, emoldurado por um amplo conjunto de variáveis correlacionadas, foi um dos objetivos deste capítulo. Mas concordamos com Ermínia Maricato (2015:66), que afirma que até meados dos anos 1980 "grande parte das cidades era extremamente precária, invisível para os mapas das secretarias de planejamento, e exigia intervenção urgente na busca de melhorias habitacionais, urbanas, paisagísticas, de saneamento, de drenagem e ambientais, a fim de eliminar os riscos decorrentes de enchentes, desmoronamentos, epidemias, insalubridade e da difícil mobilidade".

Se podemos falar em uma configuração territorial do espaço urbano brasileiro neste início de século XXI, é muita nítida a diferenciação entre áreas metropolitanas e não-metropolitanas. Mas outras questões compõem o quadro, muitas delas como tendências desenhadas desde meados dos anos 1990: o crescimento (demográfico e econômico) das chamadas cidades médias; a atração que ainda exercem as frentes de expansão da fronteira agrícola, que já configurou as "cidades do agronegócio" (Elias, 2006); a retração econômica e populacional de cerca de 2 mil municípios, geralmente marginalizados dos principais circuitos econômicos; a intrínseca (e muitas vezes perversa) relação entre grandes projetos e urbanização, como demonstrou recentemente os casos de Belo Monte, em Altamira (PA), e Jirau e Santo Antônio, em Porto Velho; e a multiplicação de novas cidades (sobretudo pequenas, com até 5 mil habitantes) no interior do país (1.573 municípios foram emancipados no período 1980-1996).

A política urbana também avançou, pois novos instrumentos foram alavancados pelo governo federal entre 2001 e 2003, contemplando muitos dos "programas pelos quais os movimentos sociais haviam lutado muito, como a regulação urbanística e jurídica" (Maricato, 2015:66). A autora mostra que esta dinâmica política envolveu três frentes (produção acadêmica, movimentos sociais e prefeituras democráticas), com a conquista de importantes marcos institucionais.

> (...) destaca-se um conjunto de leis voltadas para a justiça urbana, sendo o Estatuto da Cidade a mais importante delas; e também um conjunto de entidades, como o Ministério das Cidades e as secretarias nacionais de habitação, mobilidade urbana, saneamento ambiental e programas urbanos, que agora retomavam a questão urbana de forma democrática; e houve ainda a consolidação de espaços dirigidos à participação direta das lideranças sindicais, profissionais, acadêmicas e populares, como as Conferências Nacionais das Cidades e o Conselho Nacional das Cidades (Maricato, 2015:67).

Mas, segundo Maricato (2015:68), também se formou um profundo paradoxo, pois quando o Estado finalmente retoma uma agenda de altos investimentos em habitação, saneamento e transporte urbano no âmbito do Programa de Aceleração do Crescimento (PAC), "um intenso processo de especulação fundiária e imobiliária promoveu a elevação do preço da terra e dos imóveis, considerada a 'mais alta do mundo'". Para ela, o "nó da terra" não foi destravado, apesar de leis e planos que objetivavam o contrário, pois "a terra se manteve com precário controle estatal" e câmaras municipais e prefeituras "flexibilizaram a legislação ou apoiaram iniciativas ilegais para favorecer empreendimentos privados".

Embora a pobreza hoje seja endêmica nas cidades brasileiras, as regiões metropolitanas, mais do que qualquer outro espaço urbano do país, expõem as grandes mazelas que boa parte de seus contingentes populacionais, majoritariamente os pobres que habitam as periferias, são submetidos diariamente. Gouvêa (2005:19) chega a afirmar que, a partir de 1980, a crise econômica e a desconcentração industrial tornaram as regiões metropolitanas os mais notáveis *loci* de segregação espacial e miséria, e que, "em função de fenômenos como desemprego em massa, exclusão social crescente e violência urbana, a questão social no Brasil de hoje é, acima de tudo, uma questão metropolitana".

Cabe lembrar que desde a Constituição de 1988 a criação, organização e gestão das regiões metropolitanas são de responsabilidade estadual, e que além daquelas nove instituídas por lei complementar nos anos 1970 já foram criadas mais 61 regiões metropolitanas (43 a partir de 2003, Tabela 6), distribuídas em 23 estados e no Distrito Federal, fato que reflete uma verdadeira banalização do conceito. Ademais, nos lembra Gouvêa (2005:19), que apesar da significativa redução das taxas de crescimento demográfico nas duas últimas décadas, "os índices de crescimento populacional das regiões metropolitanas, notadamente dos seus municípios periféricos e mais pobres, continuam relativamente altos".

As Tabelas 4 e 5 revelam que, entre 1991 e 2010, a participação dos habitantes que vivem em núcleos urbanos metropolitanos em relação à população total do país aumentou de 38,9% para 42,3%, enquanto a população urbana foi ampliada de 75,6% para 84,3%.

Tabela 4. População e taxa de urbanização (1991-2010)

Ano	População total		População urbana		População rural	
	absoluta	Taxa média geométrica de crescimento anual	absoluta	em %	absoluta	em %
1991	146.825.475	1,93% (1980-1991)	110.990.990	75,6	35.834.485	24,4
2000	169.799.170	1,64% (1991-2000)	137.953.959	81,2	31.845.211	18,8
2010	190.755.799	1,02% (2000-2010)	160.925.792	84,3	29.830.007	15,7

Fonte: IBGE, Censos Demográficos 1991-2010.

Compreensão da Realidade Brasileira 263

Tabela 5. População metropolitana (1991-2010)

Regiões metropolitanas	1991	2000		2010	
	População total	População total	Taxa de crescimento anual (1991-2000)	População total	Taxa de crescimento anual (2000-2010)
Belém	1.332.840	1.795.536	3,37%	2.275.032	2,67%
Belo Horizonte	3.436.060	4.357.942	2,68%	5.414.701	2,42%
Curitiba	2.000.805	2.726.556	3,50%	3.174.201	1,64%
Fortaleza	2.269.045	2.984.689	3,09%	3.165.767	0,60%
Porto Alegre	3.026.819	3.718.778	2,31%	3.958.985	0,64%
Recife	2.681.705	3.337.565	2,51%	3.690.547	1,05%
Rio de Janeiro	9.814.574	10.894.156	1,17%	11.835.708	0,86%
Salvador	2.496.521	3.021.572	2,14%	3.573.973	1,82%
São Paulo	15.444.941	17.878.703	1,64%	19.683.975	1,00%
Demais RMs*	14.637.410	18.452.682	2,60%	23.950.102	2,97%
Total	57.140.720	69.168.179	2,10%	80.722.991	1,67%

Fonte: Gouvêa (2005); Censo Demográfico 2010; IPEA, *Atlas do Desenvolvimento Humano nas Regiões Metropolitanas Brasileiras*, 2014 e http://escola.britannica.com.br/article/483502/regiao-metropolitana.

Obs.: *Inclui as RMs de Aracaju; Maceió; João Pessoa; Natal; São Luís; Goiânia; São Paulo (Baixada Santista e Campinas); Vale do Aço (MG); Vitória; Paraná (Londrina e Maringá) e Santa Catarina (Carbonífera, Florianópolis, Foz do Rio Itajaí, Norte/Nordeste Catarinense, Tubarão e Vale do Itajaí) e a Região Integrada de Desenvolvimento do Distrito Federal e Entorno (Ride); todas criadas entre 1995 e 2003.
Não estão sendo consideradas as RMs criadas entre 2003-2016.

Levantamento do IBGE[8] evidencia que 71,7% das 11.425.644 de pessoas que vivem em áreas precárias e de risco no Brasil (margens de rios, córregos e lagos; faixas de domínio de rodovias, ferrovias, linhas de transmissão, oleodutos e gasodutos; palafitas; aterros sanitários, lixões e áreas contaminadas; praias e dunas; unidades de conservação e manguezais) estão nas regiões metropolitanas de São Paulo (18,9% do total geral), Rio de Janeiro (14,9%); Belém (9,9%); Salvador (8,2%); Recife (7,5%); Belo Horizonte (4,3%); Fortaleza (3,8%); São Luís (2,8%); Manaus (2,8%) e Baixada Santista (2,6%). O órgão define esses espaços como "aglomerados subnormais", áreas ocupadas irregularmente (conhecidas como favelas, invasões, grotas, comunidades, baixadas, vilas, ressacas, mocambos, palafitas, entre outros) que evidenciam duas grandes mazelas sociais estruturais do país (déficit habitacional e saneamento básico insuficiente) e se caracterizam por limitada oferta de serviços públicos e irregularidades no padrão urbanístico.

Para Maricato, apenas uma profunda reforma urbana (binômio reforma fundiária-imobiliária) será capaz de reverter o quadro supracitado, já que crescimento não significa necessariamente desenvolvimento, pois mantém a reprodução da intensa desigualdade social e a predação ambiental, não garantindo cidades melhores e mais igualitárias. "Distribuição de renda é importante, mas não garante a 'distribuição de cidade', ou seja, o direito à cidade". Para ela, "o que está em jogo é a apropriação das rendas de localização; e os pobres, quando próximos, deprimem o valor dos imóveis e por isso são 'empurrados', em grande parte, para fora das áreas urbanizadas consolidadas" (Maricato, 2015:69). Por isso, completa, a "máquina de crescimento" infla as cidades não pela racionalidade social ou ambiental, mas pela

---

8   IBGE. *Censo Demográfico 2010: Aglomerados Subnormais, Informações Territoriais*. Rio de Janeiro: IBGE, 2013.

lógica dos interesses dominantes: capital imobiliário, empreiteiras de construção pesada e indústrias automobilísticas em consonância com o financiamento de campanhas eleitorais.

Como afirmam Meirelles e Athayde (2014:54), para "compreender o país que muda para melhor, a despeito de inúmeras pendências seculares no que tange à universalização de direitos", é conveniente olhar para as favelas, "fundamentais para que reconheçamos, na experiência pretérita, os erros na gestão do Estado e para que possamos, com ciência e generosidade, construir agora o Brasil do futuro".

> Caminhando por becos e vielas, muitas vezes ofegantes, ouvimos o choro da criança desassistida, diante de um barraco vazio, mas também testemunhamos a alegria do jovem pai de família que num sábado ensolarado erguia o segundo andar de sua residência. Vimos passar uma mãe aflita, que reclamava da ausência de um posto de saúde. Logo depois, encontramos um jovem negro orgulhoso, que celebrava seu ingresso na universidade pública.
>
> Este é o Brasil do morro, que também pode ser plano ou pantanoso e que, independentemente do formato, está presente em qualquer grande cidade. Prevalece aqui o contraste, a dor, a alegria e, sobretudo, a sensação de que nada vai permanecer igual por muito tempo. Sobre cada favela, o tempo todo, vai subindo a outra e não há nada que a detenha (Meirelles e Athayde, 2014:166-67).

Em relação à questão demográfica, algumas observações precisam ser feitas a partir dos anos 1990. Talvez a principal delas seja o fato de que há uma tendência de queda da taxa de crescimento populacional, cujo resultado é a nova configuração da pirâmide etária brasileira, que vem apresentando sistematicamente diminuição de sua base (crianças e adolescentes) e aumento da população adulta e idosa (meio e ponta da pirâmide). Em poucas palavras, a população brasileira está em processo de envelhecimento, uma discussão que envolve políticas públicas correlatas de saúde e previdência social.

No quesito migração, predominam os fluxos intrarregionais e as regiões Norte e Centro-Oeste mantêm o *status* de polos de atração, embora sem a força verificada nos anos 1950-1970. Rosana Baeninger (2008:5) demonstra que a migração interestadual perde volume entre 1995 e 2006. "Esse decréscimo, contudo, não implica em uma tendência à estagnação das migrações; ao contrário, denota outros arranjos da própria migração interna, bem como seus atuais desdobramentos, com novas modalidades de deslocamentos populacionais em âmbitos locais e regionais." Uma dessas novas modalidades é o aparecimento de refluxos Sudeste→Nordeste, equilibrando a balança do tradicional corredor de migração Nordeste→Sudeste.

Além disso, as metrópoles deixam de ser atrativas (trânsito, insegurança, estresse, poluição etc) na medida em que as cidades médias (Uberlândia/MG, Ribeirão Preto/SP, Caxias do Sul/RS, Joinville/SC, Vitória da Conquista/BA, Mossoró/RN, Santarém/PA, Ji-Paraná/RO, Anápolis/GO, Três Lagoas/MS, por exemplo) passam a desempenhar um papel mais relevante para o conjunto da economia nacional. Entretanto, se as cidades-polo registram baixo crescimento populacional, grande parte das cidades de seu entorno que compõem o cinturão metropolitano está no sentido oposto.

Apesar de todos os problemas e contradições, não é exagero afirmar que o Brasil do século XXI é mais complexo e articulado do ponto de vista territorial, como confirma estudo do IBGE (2008) sobre a rede urbana nacional. A partir da avaliação dos níveis de centralidade das atividades administrativas, jurídicas e econômicas dos órgãos públicos da União em consonância com um amplo levantamento dos equipamentos e serviços disponíveis nas cidades (atividades de comércio, serviços e financeiras; ensino superior; saúde; domínios de internet; redes de TV aberta e transporte aéreo) conclui-se que o Brasil ostenta 711 "centros de gestão", ou seja, cidades que albergam diversos órgãos da União e que participam de redes empresariais, afetando direta ou indiretamente outros espaços. As cidades que desempenham esta função são postas em uma hierarquia por ordem de relevância na rede urbana brasileira, composta pelo nível metropolitano (São Paulo é a "grande metrópole nacional", Rio e Brasília são "metrópoles nacionais" e Manaus, Belém, Goiânia, Fortaleza, Recife, Salvador, Belo Horizonte, Curitiba e Porto Alegre são apenas "metrópoles"), capital regional (A, B e C), centro sub-regional (A e B) e centro de zona, cada qual com a sua rede de influência – cujo alcance privilegia, metodologicamente, a função de gestão do território. As 12 redes urbanas comandadas pelas metrópoles são tidas de primeiro nível, pois ocorrem ligações entre elas que se diferenciam em termos de tamanho, organização e complexidade.

Houve uma alteração profunda da hierarquia urbana no Brasil, cuja explicação reside no adensamento e emergência de redes em territórios de ocupação rarefeita (regiões Norte e Centro-Oeste), no fortalecimento do papel das capitais estaduais e no surgimento de novos centros de nível intermediário (as cidades médias), que passam a subdividir as áreas de influência dos grandes centros. Segundo o estudo, portanto, na última década o avanço da fronteira de ocupação, a introdução de novas tecnologias, a alteração nas redes técnicas e o aprofundamento da globalização da economia brasileira são elementos que "imprimiram modificações marcantes no território, o que indica a oportunidade de atualizar-se o quadro das regiões de influência das cidades" (IBGE, 2008:9). De fato, o "arquipélago econômico" foi rompido. Mas agora urge, mais do que nunca, romper o sinistro "arquipélago social", que se manifesta nitidamente nas desigualdades regionais e nas cidades fraturadas (morro e asfalto; favela e bairro nobre; centro e periferia) que se esparramam por todo o território nacional.

Considerações finais

O padrão urbano-industrial encontrou facilidade para se generalizar pelo território nacional – embora com escalas e densidades distintas –, mas a concentração do capital impulsionou uma nova divisão social e territorial do trabalho no Brasil a partir da segunda metade do século XX. Sob o nosso ponto de vista, portanto, o expressivo desenvolvimento urbano-industrial verificado desde então pode ser considerado, por si só, como suporte da chamada modernização conservadora,[9] já que o desenvolvimento social não acompanhou o ritmo do crescimento econômico e foram mantidas as estruturas de poder nada (ou quase nada) progressivas.

Os grandes projetos empreendidos após 1930 de fato causaram transformações profundas para o destino do país, com grandes repercussões de nível nacional e internacional, mas não foram capazes de alterar a correlação de forças de uma sociedade que já se encontrava em níveis tão díspares. A partir do Plano de Metas, a economia ficou mais dependente dos credores estrangeiros por causa dos inúmeros empréstimos contraídos, e o favorecimento ao capital e à tecnologia externos em setores estratégicos (bens de capital e bens de consumo duráveis) manteve o Brasil em situação desfavorável na divisão internacional do trabalho. Também houve o crescimento da

---

9 O termo "modernização conservadora" foi cunhado em 1975 por Barrington Moore Jr. para analisar o desenvolvimento capitalista no Japão e na Alemanha, sendo introduzido no Brasil por Alberto Passos Guimarães, in PIRES, Murilo José de Souza e RAMOS, Pedro. "O Termo Modernização Conservadora: Sua Origem e Utilização no Brasil". *Revista Econômica do Nordeste* (REN), Fortaleza: Banco do Nordeste, vol. 40, n. 3, julho/setembro 2009.

inflação – de 12,5% para 30,5% – e a consequente queda dos salários reais, contribuindo para a concentração da renda.

O intenso processo de industrialização e urbanização foi efetuado com a manutenção do latifúndio e da distribuição desigual da riqueza nacional, que acentuou a histórica concentração da atividade econômica na região Sudeste e conduziu a periferia ao papel de fornecedora de mão de obra barata e alimentos na divisão territorial do trabalho. Se de um lado as migrações inter-regionais favoreceram a diversificação econômica de certas regiões que se industrializavam, de outro contribuíram para uma situação de desequilíbrio do mercado nacional, pois deixou mais acanhado os mercados local e regional das chamadas zonas de expulsão, sobretudo dos Estados nordestinos (Camargo, 1960).

Segundo análise de Wilson Cano (2003), entre as décadas de 1940-1950 o processo de urbanização começa a tomar vulto. Trata-se de uma "urbanização suportável", caracterizada por baixas densidades demográficas, com a maior parte da população ainda no campo; modestas demandas sociais nas cidades e incipiente processo de periferização e verticalização. A configuração urbana de São Paulo e Rio de Janeiro, já em amplo processo de metropolização a partir dos anos 1950, era marcada por um intenso movimento de verticalização e especulação imobiliária com a valorização de bairros nobres em detrimento da expansão de cortiços e da periferia, submetendo parcelas consideráveis da população, composta sobretudo por migrantes nordestinos, a uma situação degradante.

Já na década seguinte, simultaneamente à consolidação do processo de industrialização (ou aos seus primeiros sinais de esgotamento), a urbanização deixa de ser suportável para se tornar "caótica", pois não atende às crescentes demandas sociais (saúde, educação, transporte, moradia e saneamento) das camadas mais pobres (Cano, 2003). O autor ainda ressalta que a expansão da fronteira agrícola para os cerrados do Centro-Oeste e para a Amazônia não foi suficiente para conter o ímpeto da urbanização das áreas mais procuradas pela migração, principalmente São Paulo, Rio de Janeiro e Brasília. O governo não legislou sobre as terras e as fronteiras agrícolas que se abriam com Brasília e o apoio do cruzeiro rodoviário, e não houve políticas correlatas de colonização e fundiárias que regulamentassem as novas posses e propriedades que se formavam, favorecendo a implantação de novos latifúndios e desarticulando as tribos indígenas. Ao setor industrial, interessou uma agricultura capaz de consumir máquinas e equipamentos pesados e todo o círculo químico do agronegócio (pesticidas, fungicidas, herbicidas e fertilizantes), fator extremamente viável nas grandes extensões do Planalto Central.

Nos anos 1970, durante a ditadura militar a taxa de crescimento urbano atingiu níveis inusitados e o Estado acabou privilegiando o crescimento e a diversificação da economia por meio do "Brasil potência", em detrimento dos investimentos sociais, em um processo que envolveu um estilo urbano de grande ampliação do setor terciário. O quadro geral não poderia ter sido outro: cenário de intensa verticalização, especulação imobiliária sem limites, aumento exponencial das demandas sociais e processos de periferização e favelização em progressão geométrica.

Seja em direção à "cidade grande" – que "atrai e fixa porque oferece melhores oportunidades e acena um futuro de progresso individual, mas, também, porque é considerada uma forma superior de existência" (Mello e Novais, 1998:574) – seja se aventurando na fronteira agrícola, o fator rodoviário foi uma constante em qualquer porção da nação. A rodovia, seja ela pavimentada ou não, abriu novas rotas de penetração, interligou boa parte do imenso território nacional, alterou a matriz de transportes do país, intensificou a circulação de pessoas e mercadorias, contribuiu para a expansão urbana e incrementou o mercado nacional.

Mas as camadas inferiores da população brasileira uma vez mais foram tidas como meras coadjuvantes do processo de modernização, que beneficiava as elites e classes médias já estabelecidas e o grande capital nacional e internacional, reforçados pela densidade de seus circuitos espaciais produtivos e círculos de cooperação. Nas fronteiras agrícolas, a floresta ficou à mercê da ação de posseiros, grileiros, jagunços, garimpeiros, fazendeiros e pecuaristas, que com diferentes forças e recursos migraram milhares de quilômetros atrás de sonhos e projetos e acabaram entrando em conflito com gente da própria terra. Boa parte das cidades situadas nessas zonas já nasceram manchadas de sangue.

Nas grandes cidades, a atração pelos benefícios ainda não existentes e pela esperança de uma renda melhor teve o seu limite, apesar do sucesso em termos de experiência e acumulação de recursos materiais "para um número não negligenciável de migrantes" (Garcia e Palmeira, 2003). Os fluxos migratórios relacionam-se com os problemas urbanos e o modelo de cidade desigual gerado pela "submissão do urbanismo nacional-desenvolvimentista aos interesses econômicos e políticos presentes na acumulação da riqueza e do poder pela apropriação privada do solo urbano e seus benefícios", que como resultado expressam a outra faceta da modernização econômica no meio urbano, "pela qual os trabalhadores são extorquidos de direitos sociais intrínsecos à condição de cidadãos urbanos" (Ribeiro, 2003:151).

De resolução dos problemas do capital, o migrante torna-se então um problema social, em grande parte vítima de uma segregação imposta pelas classes dominantes como espécie de controle social sobre outros grupos, especialmente a classe operária e o exército industrial de reserva (Corrêa, 2000). Demandas sociais crescentes por saúde, educação, saneamento e moradia mantêm a sua espiral de negligência da parte do poder público, que em conluio com o setor privado imobiliário aposta em lances territoriais com garantia de altas margens de lucro. As periferias ficaram repletas de sonhos incompletos ou fraturados, que um dia pegaram carona em algum ônibus ou boleia de caminhão para cruzar o país atrás de uma esperança persuadida.

Até mesmo em Brasília, tida como a "capital da esperança", a história se repetiu. Do Ceará à seara, do Maranhão à maravilha e da Paraíba ao paraíso, os milhares de nordestinos que deslumbraram na nova capital uma nova perspectiva de vida não tiveram qualquer tipo de acesso imobiliário no Plano Piloto, que eles mesmos ajudaram a edificar. Aos candangos restaram um monumento no centro da praça dos Três Poderes e as periferias ermas, áridas e violentas do Distrito Federal. O Brasil, porém, continuou a representar um futuro distante para boa parte de sua população, que novamente acabou sendo alijada dos processos de modernização.

Referências

ABREU, Silvana de. *Planejamento governamental: a Sudeco no espaço mato-grossense. Contexto, propósitos e contradições*. Tese de Doutorado, Departamento de Geografia, FFLCH/USP, São Paulo, 2001.

ANDRADE, Manuel Correia de. "Formação territorial do Brasil". In: *Geografia e meio ambiente no Brasil*. São Paulo: Hucitec, 1996.

ANDRADE, Manuel Correia de. *Paisagens e problemas do Brasil*. São Paulo: Brasiliense, 1968.

BAENINGER, Rosana. "Rotatividade migratória: um novo olhar para as migrações no século XXI", 2008, *mimeo* (trabalho apresentado no XVI Encontro Nacional de Estudos Populacionais, da Associação Brasileira de Estudos Populacionais/ABEP). Caxambu, setembro/outubro 2008.

BECKER, Bertha K. *Geopolítica da Amazônia: a nova fronteira de recursos*. Rio de Janeiro: Zahar Editores, 1982.

BECKER, Bertha K e EGLER, C. A. G. *Brasil: Uma nova potência regional na economia-mundo*. 2ª edição. Rio de Janeiro: Bertrand Brasil, 1994.

BERQUÓ, Elza. "Evolução demográfica". In: SACHS; WILHEIM; PINHEIRO (orgs.). *Brasil: um século de transformações*. 2ª reimp. São Paulo: Companhia das Letras, 2003.

BRANCO, Maria Luisa Castello. "Cidades médias no Brasil". In: SPOSITO *et al. Cidades médias: produção do espaço urbano e regional*. São Paulo: Expressão Popular, 2006.

BRASIL. *Programa de metas*. Rio de Janeiro: Presidência da República; Conselho do Desenvolvimento, Tomo II – Energia e Transportes, 1958.

CAMARGO, José Francisco de. Êxodo rural no Brasil: formas, causas e consequências econômicas principais. Rio de Janeiro: Conquista, 1960.

CANO, Wilson. "Da crise ao caos urbano". In: GONÇALVES; BRANDÃO; GALVÃO (orgs.). *Regiões e cidades, cidades nas regiões: o desafio urbano-regional*. São Paulo: Editora UNESP, 2003.

CORRÊA, Roberto Lobato. *O espaço urbano*. São Paulo: Ática, 2000.

CORTÊS, Geraldo de Menezes. *Migração e colonização no Brasil*. Rio de Janeiro: José Olympio, 1958.

ELIAS, Denise. "Novas dinâmicas territoriais no Brasil agrícola". In: SPOSITO *et al. Cidades médias: produção do espaço urbano e regional*. São Paulo: Expressão Popular, 2006.

GARCIA, Afrânio; PALMEIRA, Moacir. "Rastros de casas-grandes e senzalas: transformações sociais no mundo rural brasileiro". In: SACHS; WILHEIM; PINHEIRO (orgs.). *Brasil: um século de transformações*. 2ª reimp. São Paulo: Companhia das Letras, 2003.

GOLDENSTEIN, Lea; SEABRA, Manoel. "Divisão territorial do trabalho e nova regionalização". *Revista do Departamento de Geografia*, São Paulo, n.1, 1982.

GOUVÊA, Ronaldo Guimarães. *A questão metropolitana no Brasil*. Rio de Janeiro: Editora FGV, 2005.

GUIMARÃES, Eduardo Nunes; LEME, Heladio José de Campos. "Caracterização histórica e configuração espacial da estrutura produtiva do Centro-Oeste", em HOGAN, Daniel Joseph et al (orgs.). *Migração e ambiente no Centro-Oeste*. Campinas: Nepo/Unicamp: Pronex, 2002.

GUIMARÃES, Alberto Passos. "O termo modernização conservadora: sua origem e utilização no Brasil", em PIRES, Murilo José de Souza; RAMOS, Pedro (orgs.). *Revista Econômica do Nordeste* (REN), Fortaleza: Banco do Nordeste, vol. 40, no. 3, julho/setembro 2009.

HUERTAS, Daniel Monteiro. *Da fachada atlântica à imensidão amazônica: fronteira agrícola e integração territorial*. São Paulo: Annablume, 2009.

IBGE. *Atlas do Censo Demográfico 2010*. Rio de Janeiro: IBGE, 2013.

IBGE. *Áreas de atração e evasão populacional no Brasil no período 1960-1970*. Rio de Janeiro: FIBGE, 1979.

IBGE. *Regiões de influência das cidades 2007*. Rio de Janeiro: IBGE, 2008.

KUBITSCHEK, Juscelino. *Por que construí Brasília*. 2ª edição. Brasília: Senado Federal (Conselho Editorial) – Coleção Brasil 500 anos, 2002.

MARICATO, Ermínia. "As metrópoles brasileiras e a globalização neoliberal". In: SOUZA, Pedro de (org.). *Brasil, sociedade em movimento*. São Paulo: Paz e Terra, 2015.

MEIRELLES, Renato; ATHAYDE, Celso. *Um país chamado favela: a maior pesquisa já feita sobre a favela brasileira*. 4ª edição. São Paulo: Editora Gente, 2014.

MELLO, João Manuel Cardoso de; NOVAIS, Fernando A. "Capitalismo tardio e sociabilidade moderna". In: SCHWARCZ, Lília Moritz (org.). *História da vida privada no Brasil: contrastes da intimidade contemporânea, Vol.4*. São Paulo: Companhia das Letras, 1998.

MONBEIG, Pierre. *O Brasil*. 4ª edição. São Paulo: Difusão Europeia do Livro, 1971.

MORAES, Antonio Carlos Robert. *Território e história no Brasil*. 2ª edição. São Paulo: Annablume, 2005.

MORAES, Antonio Carlos Robert. *Geografia histórica do Brasil: cinco ensaios, uma proposta e uma crítica*. São Paulo: Annablume, 2009.

MORENO, Gislaine. *(Des)caminhos da apropriação capitalista da terra em Mato Grosso*. Tese de Doutorado, Departamento de Geografia, FFLCH/USP, São Paulo, 1993.

MORENO, Gislaine; HIGA, Tereza Cristina Souza (orgs.). *Geografia de Mato Grosso: território, sociedade e ambiente*. Cuiabá: Entrelinhas, 2005.

NETO, João Tertuliano de Almeida Lins. "A navegação fluvial amazônica na perspectiva da integração regional ao mercado nacional". Dissertação de Mestrado, Instituto de Economia, Universidade Estadual de Campinas (Unicamp), Campinas, 1991.

OLIVEIRA, Ariovaldo Umbelino de. *Integrar para não entregar: políticas públicas e Amazônia*. Campinas: Papirus, 1988.

PAIVA, Odair da Cruz. *Caminhos cruzados: migração e construção do Brasil moderno (1930-1950)*. Bauru: Edusc, 2004.

PATARRA, Neide Lopes. *Movimentos migratórios no Brasil: tempos e espaços*. Rio de Janeiro: IBGE – Textos para Discussão, no.7, 2003.

PAVIANI, Aldo. "Periferização urbana". In? PAVIANI, Aldo (org.). *Urbanização e metropolização: a gestão dos conflitos em Brasília*. Brasília: Editora UnB/Codeplan, 1987.

RIBEIRO, Luiz César de Queiroz. "Cidade, nação e mercado: gênese e evolução da questão urbana", em SACHS; WILHEIM; PINHEIRO (orgs.). *Brasil: um século de transformações*. 2ª reimp. São Paulo: Companhia das Letras, 2003.

RISÉRIO, Antonio. *A cidade no Brasil*. São Paulo: Editora 34, 2012.

ROSANELI, Alessandro Filla. *Cidades novas da fronteira do café: história e morfologia urbana das cidades fundadas por companhias imobiliárias no norte do Paraná*. Tese de Doutorado, Faculdade de Arquitetura e Urbanismo, Universidade de São Paulo (FAU/USP), 2009.

SABINO JR., Oscar. *Goiânia documentada: 25º aniversário*. São Paulo: Edigraf/Serviço de Documentação do Museu Estadual, 1960.

SANTOS, Milton. "Crescimento nacional e a nova rede urbana: o caso do Brasil". *Revista Brasileira de Geografia – Clássicos da Geografia – Edição Comemorativa*, Rio de Janeiro: IBGE, vol. 60, nos.1-2, janeiro/dezembro 2006 [1967].

SANTOS, Milton. *A urbanização brasileira*. 5ª. edição. São Paulo: Edusp, 2005 [1993].

SANTOS, Milton. *Economia espacial*. 2ª. edição. São Paulo: Edusp, 2003 [1979].

SANTOS, Milton; SILVEIRA, María Laura. *O Brasil: território e sociedade no início do século XXI*. 3ª. edição. Rio de Janeiro: Record, 2001.

SANTOS, Regina Bega. *Migração no Brasil*. São Paulo: Scipione, 1994.

TEIXEIRA, Renato Araújo; RIGONATO, Valney Dias. "Goiás: uma fronteira em constante mutação". In: CD-Rom dos *Anais do XIII Encontro Nacional de Geógrafos* (ENG), Goiânia, 2004.

VAITSMAN, Maurício. *Quanto custou Brasília*. Rio de Janeiro: Editora PS, 1968.

VLACH, Vânia Rubia Farias. *Estudo preliminar acerca dos geopolíticos militares brasileiros*. Terra Brasilis, Rio de Janeiro, anos III-IV, nos. 4/5, 2003.

XAVIER, Marcos. *O sistema rodoviário brasileiro: um elemento técnico do territorio*. Trabalho de Graduação Individual, Departamento de Geografia, FFLCH/USP, São Paulo, 1997.

A Política Externa Brasileira e a Busca por Autonomia no Sistema Internacional (1961-2010)

Ismara Izepe de Souza

A afirmação de que a política externa deve buscar a autonomia decisória é recorrente dentre os seus formuladores, sendo identificada na fala da diplomacia brasileira em vários períodos, independentemente da orientação política e ideológica dos governos que defenderam e sustentaram, ao longo do século XX, diferentes estratégias de inserção internacional. Se a palavra se faz presente nos discursos dos membros do Ministério das Relações Exteriores (MRE), há controvérsias sobre a efetiva intenção de colocá-la em prática por parte de alguns governos.

Nesse capítulo se adotará a perspectiva de que a política externa não deve ser avaliada como uma política de Estado que paira sobre os grupos que chegam ao poder. O mito de que a política externa deve ter uma racionalidade que esteja acima dos interesses políticos foi reforçado pela oposição que, nos últimos anos, utilizou o argumento de que a inserção internacional do país, a partir de 2003, teria se politizado a ponto de defender interesses meramente ideológicos. Essa estratégia acabou, juntamente com a inegável elevação do status internacional do país, acarretando um maior engajamento da sociedade nas discussões sobre esse tema.

Entendemos que a política externa brasileira deve ser abordada como uma política pública que, apesar das suas especificidades, é fruto de decisões de governo. A Constituição de 1988 deixa claro que a formulação da política externa é de competência do Presidente da República, cabendo ao Ministério das Relações Exteriores, também denominado Itamaraty, auxiliá-lo na sua formulação. Isso não exclui a ideia de que a inserção do Brasil no sistema internacional, ao longo do século XX, manteve determinados parâmetros que dão sentido à afirmação de que também se constitui em política de Estado. O pacifismo e sua ampla defesa nos organismos internacionais constitui-se em um clássico exemplo de como o país manteve, ao longo do tempo, princípios norteadores de sua inserção. Na visão de Saraiva, a busca pela autonomia obedeceu a um padrão histórico, mesmo que oscilante, da atuação do país, sendo elemento que expõe a continuidade da política externa do Brasil (2014:10).

Uma visão, mesmo que panorâmica, da história da política externa brasileira demonstra que o Brasil oscilou seu pêndulo para uma política globalista ou hemisférica, a depender da orientação ideológica dos detentores do poder. Governos de viés nacionalista, e que promoveram ações que conflitaram com os interesses imperialistas, buscaram promover uma inserção voltada ao globalismo, enquanto que políticas domésticas de grupos majoritariamente liberais, ou neoliberais, para nomear os governos da década de 1990, procuraram aproximar-se da potência hegemônica, promovendo um eixo hemisférico que limitou o exercício da autonomia brasileira.

A partir dessas considerações, o objetivo desse texto é traçar um panorama da política externa brasileira a partir da década de 1960, buscando pontos de contato entre a Política Externa Independente (PEI), lançada por Jânio Quadros e desenvolvida durante o governo João Goulart (1961-1964), e a política externa do governo Lula (2003-2010). Nos últimos anos tem se consolidado a análise de que, em contextos distintos, as estratégias de inserção do governo Lula teriam recuperado traços da PEI, especialmente no que tange a efetivação de uma política externa voltada pela busca constante de autonomia no sistema internacional. Pretende-se evidenciar rupturas e permanências, mostrando como a política externa do Brasil, para além das limitações apresentadas pelo sistema internacional, se associa às prioridades das elites políticas que controlam o aparato estatal. Também faremos algumas considerações sobre o Itamaraty, a quem coube, em muitos momentos, não apenas a execução, mas a formulação da política externa brasileira.

O texto está dividido em quatro partes, sendo que na primeira apresentamos um panorama da política externa brasileira, com foco na Política Externa Independente, considerada um marco na busca pela autonomia no sistema internacional. Analisaremos as formas pelas quais os paradigmas globalista e hemisférico se alternaram durante os governos que se sucederam após a PEI. Na segunda sessão daremos ênfase aos elementos que nortearam a política externa do governo Lula, sendo que na terceira nos dedicamos a avaliar o papel do Itamaraty na formulação e implementação da política externa, bem como a tecer considerações sobre o perfil de seus quadros. Os pontos de convergência entre a política externa desenvolvida durante os governos de João Goulart e Lula da Silva serão analisados na última parte, especialmente no que se refere a sua instrumentalização por grupos opositores a esses governos.

Panorama da inserção internacional do Brasil (1961-2002)

A gestão de Rio Branco (1902-1912) é considerada um marco nas relações exteriores do Brasil. Para além da resolução dos problemas fronteiriços e da incorporação do Acre ao território brasileiro, o eminente chanceler é lembrado por inaugurar o caráter pragmático da política externa. Rio Branco lançou as bases de uma política de defesa dos interesses nacionais, aproximando-se dos EUA. As trocas comerciais e o afluxo de capitais eram vistos como fundamentais para o desenvolvimento nacional, mas tal aproximação, que levaria a um alinhamento de caráter político, não poderia ser feita a partir de automatismos. Em sua gestão a busca pela autonomia decisória constituiu-se em princípio norteador do MRE. Especialmente a partir da 1ª Guerra Mundial, as relações econômicas do Brasil com a Europa caracterizaram-se pela perda paulatina de força, havendo a rotação do eixo diplomático brasileiro de Londres para Washington (Cervo; Bueno, 2011).

O pragmatismo da política externa permitiu que, nos anos 1930, o Brasil vivenciasse uma primeira experiência de relativa autonomia. A equidistância pragmática praticada frente ao sistema de poder alemão e norte-americano permitiu ao país barganhar recursos para o seu projeto de industrialização. Embora demonstrasse afinidades pessoais ao nazi-fascismo, chefiando um governo que detinha similaridades no que tange aos elementos inerentes ao autoritarismo, como propaganda política e repressão, Vargas optou, em 1938, por entregar a condução da política externa a Oswaldo Aranha, simpático ao fortalecimento das relações com os EUA. A adoção de uma política pendular – ora acenando para a aproximação política com a Alemanha nazista, ora mostrando interesse na aproximação com os norte-americanos – foi bem-sucedida no contexto de eminência da deflagração de um conflito mundial, fazendo com que o Brasil obtivesse dos EUA os recursos necessários para o financiamento de sua indústria de base. Para Gerson Moura (2012), a adesão aos Aliados, em 1941, foi um processo longamente negociado, reforçando o caráter instrumental da colaboração hemisférica e o pragmatismo da política externa brasileira.

Com o fim do conflito mundial e a ascensão dos EUA como potência hegemônica as condições para uma política externa de barganha chegavam ao fim, ou pelo menos, estavam nitidamente reduzidas. O governo Dutra (1946-1950) promoveu uma política de alinhamento automático aos EUA, resultante das ilusões das elites políticas sobre a manutenção do status brasileiro de aliado preferencial. Amparado na ideologia da Escola Superior de Guerra (ESG), o governo apostou com forças num projeto econômico de capitalismo associado. Em 1951, ao retornar ao Palácio do Catete, Getúlio Vargas rompeu com os parâmetros diplomáticos do presidente Dutra, procurando reestabelecer a política de barganha com os EUA, sendo as questões de ordem econômica o principal ponto de discórdia entre Rio de Janeiro e Washington.

A autonomia brasileira nas decisões internacionais estava limitada pelo contexto da Guerra Fria e o governo de Juscelino Kubitschek (1956-1961) acabou por colocar de lado a política de barganha. No entanto, esse hiato se encerrou com a Operação Pan-Americana (OPA), que, lançada em 1958, propunha a união dos países latino-americanos num projeto multilateral de desenvolvimento econômico. A OPA objetivava chamar a atenção dos EUA para a necessidade de investimentos no continente, e inaugurou uma estratégia que seria melhor desenvolvida durante a PEI: a de associar a "subversão" à falta de apoio externo para o desenvolvimento nacional. Na década de 1950 o conceito de autonomia decisória no campo das relações exteriores já vinha sendo discutido pela intelectualidade brasileira, como as obras de

Hélio Jaguaribe atestam, mas foi a partir do governo Jânio Quadros (1961) que alcançou forte dimensão política.[1]

A PEI foi lançada durante o curto governo de Jânio Quadros (janeiro a agosto de 1961) e serviu como contraponto a uma política doméstica conservadora, podendo ser entendida como um aprofundamento da barganha nacionalista de Getúlio Vargas e Juscelino Kubitschek. Sua base interna, segundo Vizentini (2004:124), estaria ancorada no crescimento da sociedade brasileira e nas necessidades econômicas de ampliar o mercado externo. Dentre os objetivos dessa política externa estava a ampliação das relações econômicas com o mundo, sem que as questões de ordem ideológica pudessem influenciá-la. Procurando quebrar os enquadramentos criados pela Guerra-Fria, Jânio ressaltou que sua política externa reforçaria a solidariedade com os países em desenvolvimento. Deu atenção especial àqueles que emergiam do processo de descolonização, adotando uma postura anticolonialista e uma percepção positiva do papel do continente africano na ordem internacional. A política africana do Brasil nasceu nesse período, no qual a dimensão comercial se aliou a uma justificativa de proximidade baseada na história e cultura comuns (Saraiva, 2012). Houve a ampliação do número de embaixadas brasileiras na África, e a criação de uma divisão africana interna no Itamaraty. No entanto, a política africana do Brasil encontrou os limites que a Guerra Fria e a situação africana impunham.

---

1 Lançada em 1958, a obra *O Nacionalismo na Atualidade Brasileira*, escrita por Helio Jaguaribe, foi responsável por intensificar as discussões dos membros do Instituto Superior de Estudos Brasileiros (ISEB) sobre a relação entre o nacionalismo e o desenvolvimento brasileiro. O autor teceu críticas ao "nacionalismo exagerado", defendendo a presença do capital estrangeiro na exploração do petróleo. Jaguaribe dedicou vários capítulos do livro à política exterior do Brasil, abordando temas tais como a dimensão política e ideológica do americanismo, e a adesão brasileira ao neutralismo (Jaguaribe, 2005).

A defesa da formulação autônoma dos planos de desenvolvimento econômico constituiu-se num dos pilares dessa nova proposta de inserção internacional, proporcionando, nas palavras de Saraiva, "um laboratório particular de emanações discursivas em torno do conceito de autonomia em política externa" (2014:30).

Em setembro de 1961, após a renúncia de Jânio e a fracassada tentativa de golpe militar que encontrou resistência na Campanha da Legalidade liderada por Leonel Brizola, os grupos políticos de esquerda e direita adotaram uma "solução de compromisso": o estabelecimento do parlamentarismo, que garantia a posse de João Goulart, mas retirava-lhe parte dos poderes. Com o parlamentarismo houve alteração no processo decisório e Francisco Clemente de San Tiago Dantas foi indicado para liderar o Ministério das Relações Exteriores. Dantas manteve e aprofundou os princípios da PEI, defendendo uma postura internacional que libertasse o Brasil do maniqueísmo Leste-Oeste e exaltasse a tendência universalista de nossa política externa. A consonância com a política interna também foi reforçada, já que a política de alinhamento incondicional à potência hegemônica foi denunciada como empecilho para a efetivação de um projeto de desenvolvimento que incluía a superação da pobreza. Tal política externa, na perspectiva da oposição, reforçava o caráter esquerdista do governo de João Goulart (Vizentini, 2004:176).

Dantas deixou profundas marcas na diplomacia brasileira, sendo considerado um ícone da corrente de pensamento intitulada por Manzur (2009) como universal-independentista, que pregava a pluralidade e o distanciamento brasileiro dos dois blocos ideológicos antagônicos. O chanceler brasileiro demonstrava ter grande conhecimento intelectual dos conceitos de política internacional, apresentando vontade política de implementar os princípios da PEI. As estratégias de inserção internacional pensadas no início da década de 1960 inauguraram o caráter globalista da política exterior brasileira, pautada pela minimização do caráter ideológico de suas ações. Mas naquele momento de acirramento das divergências políticas internas, as ações levadas adiante pelo Itamaraty foram confundidas com a adesão a um paradigma antiamericanista de projeção internacional. A dicotomia globalismo *versus* americanismo esteve presente nas discussões travadas pelos atores políticos do país em vários momentos da história brasileira. Enquanto o americanismo é definido como o paradigma que eleva os Estados Unidos ao eixo principal ao qual deve girar a política externa brasileira, o globalismo defende a diversificação de nossas relações como condição para o aumento do poder de barganha do Brasil no mundo (Pinheiro, 2000:308).

Com o golpe civil-militar de 1964, houve uma redefinição da política externa. "Um passo fora da cadência" rumo ao projeto nacional-desenvolvimentista é como Amado Cervo se refere à política externa "Interdependente" do governo de Castelo Branco (2011:368). Uma "correção de rumos" se tornava necessária para compensar o apoio norte-americano na derrubada do governo de Jango. A "Diplomacia da Interdependência" aceitava a hegemonia norte-americana sobre a América Latina, entendida como necessária em face ao perigo comunista. Sintomático dessa nova postura foi a conhecida afirmação do ministro Juracy Magalhães de que "o que é bom para os EUA é bom para o Brasil". Tal percepção do papel brasileiro não perdurou, pois os militares e a elite econômica rapidamente perceberam que pensar a política externa a partir da crença na "fraternidade norte-americana" não traria resultados concretos.

Os "linha-dura" que chegaram ao poder com Costa e Silva voltaram a incorporar elementos da PEI, no sentido de defender uma maior autonomia do país e o fim do alinhamento automático com os EUA. A "Diplomacia da Prosperidade", no entanto, não contemplou a relação entre o comportamento externo brasileiro e a necessidade de reforma social, como ocorreu durante o governo João Goulart. A situação econômica do Brasil ao final da década de 1960 dava sinais de melhora, tendo as taxas do PIB voltado a crescer. O desenvolvimento industrial tornou-se prioridade do governo, que desconsiderou os custos sociais de um modelo fundamentado na concentração de renda. A confrontação com os Estados Unidos no plano internacional não impediu que o Brasil estabelecesse relações harmoniosas com o Fundo Monetário Internacional (Vizentini, 1998:81).

Foi a política externa do governo Ernesto Geisel (1974-1979), intitulada de "Pragmatismo Responsável", que teve condições de retomar com força os princípios da PEI, sendo a que, dentre os militares, mais se aproximou do conceito de autonomia. No âmbito interno, Geisel inaugurou o processo de distensão formulado pelo General Golbery do Couto e Silva, que vislumbrou a perspectiva dos militares deixarem o poder através de uma abertura "lenta, gradual e segura". No externo, resgatou com vigor o pragmatismo e, com as consequências da crise internacional batendo à porta, aproximou-se dos países árabes, exportando produtos primários em troca de petróleo. Houve também o fortalecimento das relações com potências regionais como Argélia, Líbia, Iraque e Arábia Saudita, através de venda de armas e acordos de cooperação científica e tecnológica (Pereira, 2010:91). O reatamento de relações diplomáticas e comerciais com a China comunista, em 1974, e o reconhecimento do governo marxista em Angola, mostram uma perspectiva realista na avaliação das circunstâncias. O acordo nuclear fechado com a Alemanha Ocidental, em 1975, foi o ponto alto de atrito entre Brasil e EUA.

O governo João Baptista Figueiredo (1979-1985) procurou trilhar os mesmos caminhos do pragmatismo de Geisel, no entanto, a crise da dívida externa e o segundo choque petrolífero diminuíram as possibilidades de aprofundamento do modelo de inserção autônoma. Entregar o poder aos civis, dentro de certos limites ao processo de redemocratização, foi uma das principais metas do governo, que teve como inovação na área internacional a atenção dedicada à América Latina.

Durante o regime militar chama atenção a diferença entre os projetos de política interna e externa, sendo que a última "pode ser qualificada de avançada, democrática e até esquerdista, em oposição à interna, tida por retrógrada em sua forma" (Cervo; Bueno, 2011:399). Essa ambiguidade explica a tolerância norte-americana com o projeto de Brasil-Potência do início da década de 1970. O Brasil era um aliado importante na manutenção da estabilidade da região, ao garantir apoio aos demais golpes militares na América do Sul. Durante o regime militar, salvo os primeiros anos do governo de Castelo Branco, predominou a busca por um eixo global-multilateral de política externa, havendo uma compreensão de que os EUA eram apenas uma dentre as possibilidades de aliança no sistema internacional (Pecequilo, 2011). Pensando a questão na longa-duração, os militares levaram ao ponto máximo a estratégia nacional-desenvolvimentista iniciada por Vargas na década de 1930. Os objetivos alcançados por esse modelo foram limitados pela crise internacional dos anos 1980, levando parte da diplomacia e das elites políticas a vislumbrarem outro projeto de inserção internacional.

Na década de 1990, a matriz desenvolvimentista de inserção internacional do Brasil foi abandonada em nome da nova ordem mundial. A adequação da política externa ao Consenso de Washington resultou na liberalização da economia brasileira sem contrapartidas, e em uma política de alinhamento subordinado aos interesses norte-americanos. A aposta dos governos Fernando Collor (1990-1992) e Fernando Henrique Cardoso (1995-2002) foi em uma inserção afinada com a globalização e com os novos temas da agenda internacional, prevalecendo uma cultura diplomática de admiração pelo "Primeiro Mundo". Exemplar dessa análise, que proclamava a dependência como "destino manifesto" é a afirmação de que o "O

Brasil não pode querer ser mais do que é". Essa frase, que muitos atribuem a Luiz Felipe Lampreia, chanceler do governo Fernando Henrique Cardoso, deixa evidente a noção de que o desenvolvimento nacional passava pela aceitação da nova ordem mundial. Em 1998, Lampreia afirmou que o país tinha como credenciais para uma inserção positiva no sistema internacional a consolidação da democracia e a estabilidade econômica. Em suas palavras "Não faria sentido, por conseguinte, termos uma política externa cujo eixo principal fosse uma crítica aguda e agressiva da ordem mundial e de seus principais atores" (Lampreia, 1998:10).

Há dentre os estudos sobre a política externa diferentes avaliações sobre o grau de alinhamento à potência hegemônica que a política externa de FHC promoveu. Se é fato que a política de aproximação com a América Latina foi aprofundada e que, após os ataques de 11 de setembro de 2001, em fóruns internacionais o país reforçou o seu discurso de autonomia, a liberalização da economia apontou para uma visão de aceitação de um mundo unipolar. Com as eleições de 2002, a política externa sofreria uma nova guinada, com importantes alterações em suas estratégias e visões sobre o papel do Brasil no mundo.

A política externa ativa e altiva e o resgate da autonomia na inserção internacional brasileira (2003-2010)

A chegada de Luiz Inácio Lula da Silva à Presidência da República, em 2003, constituiu-se em um marco na história do país. Se em um primeiro momento a política econômica de seu governo não se estruturou a partir de um rompimento com os preceitos do governo anterior, uma vez que os compromissos do presidencialismo de coalizão levaram a uma conformação dos interesses de diversos setores, na política externa houve espaço para uma mudança significativa de prioridades. Foi no MRE que os preceitos históricos do Partido dos Trabalhadores (PT) puderam se afirmar com maior rapidez.

Amado Cervo, ao identificar paradigmas para a política externa brasileira ao longo do século XX, enquadra o governo Lula num "Estado logístico" (Cervo, 2011). Este autor identifica na gestão do PT um abandono do "Estado Normal" que teria caracterizado a política externa neoliberal da década de 1990. A despeito das diferenças de contexto interno, o governo Lula teria resgatado na política externa o projeto nacional-desenvolvimentista que foi ensaiado pela Política Externa Independente, e chegou ao seu auge no Pragmatismo Responsável de Geisel.

A coerência entre os objetivos internos e externos foi uma das marcas da política externa do governo Lula. Entre 2003 e 2010, as ambições e projetos de atuação na esfera internacional se alinharam aos projetos internos, evidenciando-se uma postura de críticas às estruturas de poder da governança global. Houve, nesse momento, uma apropriada e rara conjunção de lideranças com a mesma percepção do sistema internacional. Lula nomeou Celso Amorim para conduzir o Itamaraty, um diplomata ativo politicamente, havendo coerência de ideais e propósitos entre o PT, o presidente e o chanceler. Novidade também foi a criação do cargo de assessor especial da Presidência da República para Assuntos Internacionais, para o qual foi nomeado Marco Aurélio Garcia. A intensa atuação brasileira nos fóruns multilaterais também contou com o componente da diplomacia presidencial, já exercida por Fernando Henrique Cardoso, mas elevada a um patamar distinto entre 2003 e 2010. Nas palavras de Vizentini, Lula revelou-se uma "liderança carismática de nível mundial" (2013:112).

Intitulada de "ativa e altiva", a política externa formulada e chefiada por Celso Amorim dotou-se de uma forte dimensão estratégica, concebendo o Brasil como um ator capaz de influenciar na reestruturação das regras do sistema internacional. A referência ao "(des)congelamento do poder mundial" foi resgatada na fala da diplomacia brasileira como resultado de uma ação mais propositiva do papel do Brasil nos fóruns multilaterais. Junto à ONU, o Brasil demonstrou querer influir no descongelamento do poder mundial quando se empenhou na reforma do Conselho de Segurança, defendendo sua inserção como membro permanente (Souza, 2014: 75).

As relações Sul-Sul foram entendidas como essenciais para enfrentar as adversidades sistêmicas e para ampliar as possibilidades de cooperação e parcerias. Convém lembrar que a prioridade a um eixo-global de política externa não caracterizou o abandono das relações hemisféricas-bilaterais, tendo o governo Lula, como sustenta Pecequilo (2008), equilibrado a dimensão Norte-Sul com a Sul-Sul, optando por eixos combinados de cooperação horizontal e vertical. Realizada sob outros parâmetros, o fortalecimento das relações com a América do Sul, que já vinha ocorrendo no governo anterior, fez-se através de ações que valorizaram a integração regional. Iniciativas como a Comunidade Sul-Americana de Nações (CASA) que, em 2007, transformou-se na União de Nações da América do Sul (UNASUL) ofereceram uma dimensão política ao projeto de integração.

Na esfera multilateral, cumpre assinalar o empenho em dar visibilidade às demandas dos países em desenvolvimento junto à Organização Mundial do Comércio (OMC). O G-20, constituído sob a liderança brasileira para dar voz aos países exportadores de produtos agrários, foi fundamental para reivindicar regras mais justas para o comércio internacional, especialmente no que tange ao protecionismo dos países ricos que, ao oferecerem subsídios aos seus produtores, prejudicam grande parte dos países em desenvolvimento. A aproximação com Estados dependentes acabou por gerar conflitos pontuais com os países desenvolvidos. Tais conflitos na esfera multilateral não impediu que se desenvolvesse o adensamento das relações com os EUA, existindo tentativas de correlacionar forças de forma equilibrada (Pecequilo, 2012:140).

A aproximação com os países árabes teve resultados positivos no aspecto comercial e multilateral. O ápice dessa política engajada ocorreu em 2010, com o acordo costurado por Brasil e Turquia, que objetivou solucionar a delicada situação do Irã, no que se refere ao seu programa nuclear. À época, o Brasil logrou negociar o acordo, que só não se efetivou pelo boicote realizado pelos EUA. O fortalecimento das relações com o Oriente Médio e a África permitiu ao Brasil articular a posição dos países dessas regiões nos fóruns multilaterais.

O governo Lula propiciou a elevação da política africana a patamares até então nunca vistos. A dimensão cooperativa foi associada a objetivos pragmáticos, como o da internacionalização de empresas brasileiras, que vislumbraram no crescimento econômico africano a possibilidade de fazer frente à influência chinesa na região. A aproximação entre Brasil e África gerou polêmicas de fortes conotações políticas e suscitou o questionamento sobre o objetivo dessa relação na perspectiva brasileira: prestígio, cooperação ou negócios? Vizentini, ao responder esse questionamento, que assim é colocado no título de seu livro sobre as Relações Brasil-África, nos aponta para a não exclusão desses três elementos afirmando que: "... a experiência histórica mostra que apenas a vontade política e uma retórica de solidariedade são insuficientes sem vínculos econômicos sólidos" (2016:178). No entanto, o próprio autor afirma que, ao entrarem simultaneamente no sistema mundial, o continente africano e o Brasil fortaleceram sua identidade histórica e cultural (Vizentini, 2016:175).

A dimensão solidária e cooperativa não se inviabiliza pelo reconhecimento da importância da África para os interesses da burguesia interna no Brasil. A Comunidade de Países de Língua Portuguesa (CPLP) criada no final dos anos 1980, se revigorou, sendo um mecanismo muito utilizado para aprofundar as relações com o continente africano. A diplomacia solidária tem como um dos seus maiores exemplos a presença da Empresa Brasileira de Pesquisa Agropecuária (Embrapa) no outro lado do Atlântico Sul. Zâmbia, Benin, República do Congo, dentre outros, foram países receptores de programas na área de saúde, como aqueles relativos à prevenção e tratamento de doenças como HIV/Aids, malária e doença falciforme (Visentini, 2016: 97).

No que tange aos aspectos econômicos cabe lembrar que a abertura de novos mercados de exportação, por conta da expansão internacional de *commodities*, gerou benefícios para setores da burguesia interna. A internacionalização de empresas brasileiras também compôs a plataforma neodesenvolvimentista do governo Lula, que mostrou na dimensão econômica de sua política externa diferenças notáveis em relação ao projeto neoliberal ortodoxo dos anos 1990 (Berringer, 2015: 221).

O Itamaraty e os seus quadros

Esse panorama da ação internacional do Brasil não pode ser completo sem a avaliação do papel do Itamaraty na condução e implementação da política externa brasileira. O Ministério das Relações Exteriores se constituiu em uma burocracia insulada que, em muitos períodos, foi além da sua propalada função que, em tese, é a de auxiliar o Executivo na implementação das ações internacionais. Durante a ditadura militar, os diplomatas foram responsáveis por formular a política externa, portando "carta branca" dos militares para isso. Evidente que os diplomatas que alçaram postos elevados foram aqueles que não demonstraram afinidades com as ideologias de esquerda e não contestaram o perfil autoritário do regime militar. Interessante observar que a maioria dos quadros do Itamaraty soube se preservar das contingências políticas, mantendo-se no ministério após 1964. Alterações de postos e de importância foram feitas, mas os expurgos efetivados logo após o golpe – de quatro diplomatas – foram menores, quando comparados aos realizados em outros ministérios (Vargas, 2013:140).

A carreira de Araújo Castro é emblemática, pois foi um dos formuladores da Política Externa Independente (1961-1964) e chanceler de João Goulart entre julho de 1963 e março de 1964. Quando, em 13 de março de 1964, Goulart discursou no famoso comício da Central do Brasil, no Rio de Janeiro, manifestando a intenção de levar adiante as reformas de base, o único ministro de seu governo a não comparecer foi Araújo Castro, que também proibiu os diplomatas de participarem. A radicalização política, na avaliação de Castro, tinha efeitos negativos sobre a política externa (Vargas, 2013: 137). Apesar de se identificar com a PEI, Castro não foi alvo da perseguição política dos militares. Depois de um breve período de ostracismo, em postos de menor importância, conseguiu projeção em sua carreira. O último chanceler antes do golpe é lembrado por dois discursos memoráveis em defesa de uma ação autônoma para o país. Em 1963, na abertura da 18ª Assembleia Geral da ONU, proferiu um discurso paradigmático que ficou conhecido como o dos 3ds, uma vez que evocou a necessidade da comunidade internacional defender a descolonização, o desarmamento e o desenvolvimento (Castro, 1963, *apud* Correa, 2007). Sua fala incidia sobre a retirada da bipolaridade como parâmetro das discussões naquele fórum, e sobre os esforços que deveriam ser realizados na referida tríade. Segundo o chanceler brasileiro, havia afinidades e reivindicações comuns às nações subdesenvolvidas que se sobrepunham a uma visão ideológica do mundo, e aos interesses das grandes potências.

Castro chegou ao posto de embaixador brasileiro em Washington e, em 1971, no auge do regime militar, expôs novamente suas considerações acerca das assimetrias do poder mundial, defendendo o seu descongelamento. As críticas de Castro incidiam especialmente sobre duas pautas que, segundo ele, evidenciariam o imobilismo do quadro político-estratégico mundial: o Tratado de Não Proliferação Nuclear (TNP) assinado em 1967, e a Carta de São Francisco, que institucionalizava, através do número restrito de países com direito ao veto no Conselho de Segurança, a desigualdade entre eles. Segundo Castro o TNP congelava o poder mundial, na medida em que estabelecia duas diferentes categorias de nações: países fortes, considerados "adultos e responsáveis" e países fracos (Castro, 1971, *apud* Garcia, 2008:566). Sua crítica à obstrução do desenvolvimento dos países periféricos encontrou pontos de contato com as ideias de construção de uma potência média industrializada, e de universalização da política externa do país, temas centrais do Pragmatismo Responsável. A trajetória profissional de Araújo Castro nos remete a duas características importantes do Itamaraty: seu insulamento e o espírito de corpo dentre os seus membros. Em nome da preservação do caráter estatal da burocracia a maioria dos diplomatas, ainda hoje, procura se preservar, evitando manifestações políticas.

Ao longo de sua existência o MRE foi pouco permeado pela sociedade civil e a incipiente discussão pública sobre a inserção internacional do país se deve a muitos fatores, mas entre eles certamente se insere o insulamento burocrático do Itamaraty, que até o final do século XX monopolizou a *expertise* nos assuntos internacionais (Faria, 2012:316). São notáveis junto à diplomacia brasileira a formação altamente especializada e o perfil elitizado de seus membros.

A análise dos relatórios redigidos por muitos diplomatas nas décadas de 1940 e 1950 dão a dimensão da visão que possuíam acerca do país. No intuito de projetar uma imagem positiva do Brasil, negavam o caráter multirracial e multicultural do povo brasileiro. Em 1945, por exemplo, Roberto Mendes Gonçalves, cônsul brasileiro em Barcelona, relatou ao Itamaraty as atitudes que tomou em sinal de protesto contra os artigos publicados por um periódico, que afirmavam que a maioria da população brasileira era composta de "negros e analfabetos". O cônsul, mostrando-se envaidecido por cumprir com a sua função de zelar pela boa imagem do país, afirmou ao MRE que solicitou ao jornal que corrigisse tais informações, "esclarecendo" a esse "não exceder de 10% a população negra no Brasil, porcentagem mais ou menos igual a dos Estados Unidos".[2] Relatos como esses eram comuns junto à diplomacia, que entendia que a propaganda sobre o país deveria ocultar a importância da influência africana na composição da sociedade brasileira.

Os discursos sobre a realidade brasileira certamente se alteraram com o passar das décadas, mas a elitização do perfil dos representantes brasileiros atravessou o século XX. Em 2002, o Itamaraty lançou, até então, o único programa de ação afirmativa racial da administração pública federal, visando promover um perfil de representantes mais condizentes com uma sociedade multirracial. No entanto, em 2012, pesquisas apontavam que dez anos após o início de tal projeto, apenas 2,6% do total de 741 diplomatas ingressantes na carreira eram negros.[3]

A discussão sobre o perfil dos diplomatas enseja também uma reflexão sobre a centralidade das decisões de política externa nas mãos de uma única agência, e a possibilidade de sua democratização. Há um movimento que se tornou ativo nos últimos anos, no sentido de reivindicar ao Itamaraty maior porosidade às demandas de outros atores estatais e societários, ensejando mecanismos

---

2   Ofício n. 153 de Roberto Mendes Gonçalves, cônsul do Brasil em Barcelona para Pedro Leão Velloso, ministro das Relações Exteriores do Brasil. Barcelona, 6 de dezembro de 1945. Consulados Brasileiros. Ofícios recebidos de Barcelona (1944). Arquivo Histórico do Itamaraty/RJ.

3   Fallet, João. Apesar de ação afirmativa, só 2,6% dos novos diplomatas são negros. BBC Brasil, 21 de novembro de 2012. Disponível em http://www.bbc. com/portuguese/noticias/2012/11/121120_itamaraty_acoes_afirmativas_ jf.shtml (acesso em 21 de fevereiro de 2017).

de participação da sociedade civil na condução da política externa brasileira tornando-a, assim, mais democrática (Lopes, 2013).

A resistência da grande imprensa aos projetos autônomos de política externa

O cuidado com os anacronismos deve nortear todo trabalho que se propõe a estabelecer uma análise comparativa entre dois períodos. A década de 1960 e o início do século XXI apresentam contextos muito distintos, especialmente quando pensamos no cenário internacional e no perfil da sociedade brasileira. Sobre esse último aspecto poderíamos aqui esmiuçar a questão do acesso à informação, do nível de escolaridade e de outros elementos que se alteraram em função do próprio desenvolvimento do capitalismo brasileiro, mas não é nosso intuito adentrar essa seara. O que convém assinalar é que, se temos contextos sociais e econômicos distintos, também resultantes de um outro sistema internacional, presencia-se na primeira década do século XXI similaridades no discurso e nas estratégias dos opositores aos projetos políticos e sociais colocados em pauta pelos governos aqui analisados.

Chama a atenção o papel que as classes médias desempenharam na derrubada do governo Goulart. Fomentado pela grande imprensa, o "perigo vermelho" permeou o imaginário das classes médias, que também viam no apelo às reformas de base uma ameaça à preservação de seus privilégios. Identifica-se, em pleno século XXI, a manutenção de algumas estruturas no imaginário político e social das classes médias e que se manifestam, sobretudo, no resgate do anticomunismo e nas críticas às políticas de redistribuição de renda. A afirmação de Marcos Napolitano, acerca do medo que esses setores tinham do descenso social nos anos 1960, pode nos servir para a avaliação do cenário político dos últimos anos: "Na lógica particular da classe média brasileira, a ascensão dos ´de baixoˊ é sempre vista como ameaça aos que estão nos andares de cima do edifício social" (Napolitano: 2015:48). Os meios de comunicação foram cruciais para alimentar tais concepções.

A simbiose entre a imprensa escrita e os rumos políticos do país constitui-se em um traço importante da história brasileira. Portadores de uma retórica liberal e anti-esquerdista os periódicos nacionais de maior projeção influenciaram diretamente na manutenção ou derrubada de governos. Com grande poder de influência sobre os rumos internos do país, os periódicos não apresentaram interesse permanente pelos temas de política externa, sendo esporádicas as suas atenções nessa esfera. Especialmente em momentos históricos nos quais as estratégias externas passaram por uma inflexão, houve maior interesse da imprensa sobre a questão. Os principais veículos de informação no país, por exemplo, marcaram suas posições e opinaram sobre qual deveria ser o papel do Brasil nas duas guerras mundiais, mas tal interesse foi momentâneo e se justificou pelo impacto desses eventos na vida política e econômica do país. No entanto, durante o início da década de 1960 e o governo Lula os assuntos relativos à inserção internacional do Brasil foram conquistando mais atenção dos meios de comunicação. Como em poucas vezes na história, as discussões sobre política externa romperam o círculo fechado, sendo pauta não apenas dos meios de comunicação, mas de amplos segmentos da sociedade.

A grande imprensa abraçou as demandas da oposição política a esses governos e o ataque que realizaram à Política Externa Independente e à política "ativa e altiva" nos chamam a atenção. Nos anos 1960, os meios de comunicação reforçaram a oposição entre a "democracia" e o "comunismo", o que refletiu na forma pela qual as ações externas foram avaliadas. Exemplar desse clima de polarização ideológica e de como ela afetou a avaliação da política externa foram as manifestações contrárias ao reatamento de relações diplomáticas com a URSS, efetivado em novembro de 1961. San Tiago Dantas explicou que a medida se constituía na incorporação do Brasil ao rol dos 71 países que mantinham relação com aquele país, dentre os quais muitas nações desenvolvidas e democráticas (Vizentini, 2004:177). Os argumentos de Dantas atacavam duas dimensões da inserção internacional brasileira: a política e a econômica. Nessa última esfera a alegação era a de que o comércio internacional do bloco soviético era o que mais crescia naquele momento, e que havia vantagens concretas para o Brasil nessa aproximação. O argumento político, que abria espaço conceitual para o econômico, enfatizava a necessidade de convivência entre os opostos, mas com a convicção de que, no espectro ideológico, o Brasil estava ao lado dos melhores (Fonseca, 2014: 992).

Apesar de oferecer detalhadas e longas explicações sobre a sua decisão, San Tiago Dantas enfrentou duras reações que, rapidamente, ganharam espaço na imprensa. O jornal O *Estado de S. Paulo*, doravante *OESP*, um dos mais influentes e tradicionais no país e o de maior circulação nesse Estado, insistia no caráter perigoso desse gesto, tomando-o como incentivador das atividades comunistas no Brasil, e como um feito que não contava com a aprovação da sociedade. *OESP* defendeu que a aproximação com o Brasil servia aos propósitos soviéticos de se utilizar de todas as estratégias, inclusive as de apelo econômico, para minar as bases do ocidentalismo e das democracias. Declarava também a inutilidade das relações econômicas com o bloco socialista para os interesses comerciais brasileiros, alertando para os prejuízos espirituais e morais que tal aproximação acarretaria.

A defesa do liberalismo sempre foi majoritária junto à grande imprensa brasileira. *O Estado de S. Paulo*, desde o início da Primeira Guerra Mundial, já defendia maior alinhamento do Brasil com os EUA. Assim ocorreu nas duas guerras mundiais e em momentos cruciais após a Segunda Guerra. Essa postura, mesmo com a reconfiguração do sistema internacional e o fim da hegemonia norte-americana ao final do século XX, permaneceu como central na linha editorial de *OESP*. Foram recorrentes os editoriais que apontaram para o erro cálculo que a política externa estaria incorrendo, ao se distanciar dos EUA.

A questão cubana na Organização dos Estados Americanos (OEA), em 1962, foi acompanhada com interesse pela opinião nacional porque havia a percepção, tanto da direita quanto da esquerda, de que ela poderia moldar as relações hemisféricas. Na Conferência de *Punta del Este* ficou evidente que a intenção dos EUA era aprovar drásticas sanções à Cuba. Liderando um grupo de "conciliadores", o Brasil foi condizente com os princípios de autodeterminação, lançando o projeto que ficou conhecido como o da "finlandização de Cuba". Por essa proposta a ilha se transformaria num Estado neutro, comprometendo-se a cumprir um tratado de obrigações negativas. Em uma exposição em defesa do Direito Internacional, a delegação brasileira opôs-se frontalmente aos EUA, ressaltando a inoperância e a ilegalidade de sanções que poderiam consolidar a influência soviética na ilha chefiada por Fidel Castro. Ao final da Conferência o Brasil votou pela não expulsão de Cuba da OEA, mas aceitou sua retirada do Conselho Interamericano de Defesa. Mesmo tendo como argumento principal a defesa do Direito Internacional, a postura do Brasil foi duramente criticada pelos principais veículos de comunicação do país.

A alegação dos jornais se concentrava no caráter perigoso dos procedimentos em defesa de Cuba, sendo o temor ao comunismo o elemento central do discurso. Havia grande receio quanto às possibilidades que Jango abria às esquerdas, especialmente quando o presidente colocava em caráter de urgência as reformas sociais. Nesse contexto, a PEI acirrava as discussões, uma vez que a inserção internacional do Brasil tinha como uma de suas estratégias a aproximação comercial com o bloco socialista. A Revolução Cubana contribuiu sobremaneira para radicalizar o discurso daqueles que viam com maus olhos a defesa que o Itamaraty já fazia, desde a década de 1950, de uma política externa mais autônoma e menos dependente dos EUA.

A profusão do discurso anticomunista se constituiu em marca identitária da imprensa brasileira. Em 1964, baseados no "perigo vermelho", os veículos de informação majoritariamente defenderam a intervenção militar como forma de praticar uma profilaxia no país, sendo protagonistas de um movimento do qual, pouco depois, foram vítimas, haja vista a censura que se impôs sobre os meios de comunicação.

A aproximação do Brasil com os países de "terceiro mundo" e socialistas na década de 1960 foi alvo de críticas que, apesar das diferenças no cenário internacional, foram retomadas nos últimos anos. A imprensa brasileira, com algumas exceções, incidiu na ideia de que o governo Lula, ao investir na aproximação com os países do Sul, estaria resgatando o terceiro-mundismo de outras épocas. A crítica ao posicionamento de defesa do diálogo com Cuba, afastada do concerto interamericano desde 1962, também é um aspecto que se verifica desde a época da Guerra Fria. Ataques aos investimentos brasileiros na construção do Porto de Mariel, na ilha governada por Raul Castro, são frequentes por parte da grande imprensa, que desconsiderou o sentido pragmático e estratégico da empreitada, insistindo no seu caráter pretensamente ideológico.

Pesquisa realizada por Guilherme Casarões aponta que a política externa de Lula recebeu uma análise negativa na maioria dos editoriais de *OESP*, o que também se identifica, em menor escala, no jornal *Folha de S. Paulo* (FSP). Esse autor afirma que a *FSP* foi mais amena em suas considerações, elogiando, por vezes, os objetivos da política externa do período e direcionando a maioria das críticas à figura de Lula. Já *OESP* divergiu praticamente em todas as esferas, discordando nas visões de mundo, atores e métodos (2012:231). A *Folha de S. Paulo*, embora mantenha o mesmo perfil de crítica aos governos progressistas, demonstra ter uma perspectiva menos reacionária quando analisa os temas de inserção internacional. Durante o governo João Goulart, por exemplo, o jornal apoiou, por vezes, os objetivos da política de San Tiago Dantas, especialmente no que se refere ao seu caráter pragmático. Esse jornal, no entanto, nunca retirou de seu horizonte e linha editorial a preocupação com a necessidade de vigilância às ideias socialistas no país.

A política africana do governo Lula foi analisada como representativa do resgate do terceiro-mundismo e as críticas nessa esfera foram frequentes nos meios de comunicação. A afirmação recorrente foi a de que o país deveria considerar o pragmatismo comercial, mas não poderia deixar de lado a defesa dos direitos humanos, um princípio universal de nossa atuação internacional. Em 2010, numa espécie de balanço da política africana do país, *OESP* voltou a denunciar a aproximação do Brasil com países ditatoriais, dedicando atenções à visita de Lula à Guiné Equatorial. Após descrever o *curriculum* sanguinário do ditador do país, Teodoro Obiang, o jornal voltou à carga nas críticas à estratégia de priorizar as relações com a África. O editorial menosprezava o aumento do comércio dos países africanos com o Brasil, insistindo que a prioridade atribuída à África pela diplomacia brasileira seria parte de uma "ilusão terceiro-mundista dominante a partir de 2003".[4] A palavra ilusão foi, por diversas vezes, utilizada para fazer referência ao inegável impacto positivo que o renascer de uma política de aproximação com a África teve para o Brasil. As consequências positivas não são identificadas somente na esfera bilateral, sendo visíveis os resulta-

---

4   *Viagem a África Imaginária*, 4 de julho de 2010, *OESP*.

dos alcançados em âmbito multilateral, especialmente no que tange às coalizões com países em desenvolvimento.

A prioridade ao continente africano não foi a única dimensão da política externa do governo Lula criticada pela grande imprensa. As relações com o entorno, tanto no âmbito do Mercosul, quanto em suas estratégias de caráter político, expressas na criação da UNASUL, foram alvos de referências negativas. A alegação recorrente foi a de que a política externa obedeceu a critérios ideológicos, tendo Lula e sua diplomacia presidencial recebido ataques por estabelecer um diálogo positivo com líderes da esquerda como Hugo Chavez, Fidel Castro e Evo Morales.

Expressando e constituindo-se como a voz da oposição, a mídia se dispôs a tecer análises que, muitas vezes, demonstraram a opção pelo sensacionalismo e pela polêmica infundada. Interessante observar que, ao contrário, a academia e os intelectuais, de forma geral, tem uma visão positiva da ação internacional dos governos de João Goulart e de Lula, reafirmando as estratégias que se direcionaram para uma política de busca de autonomia no sistema internacional (Freixo; Freitas, 2011).

A postura da imprensa diante da política externa dos governos João Goulart e Lula da Silva desperta a discussão acerca da mudança de paradigma da inserção internacional brasileira. Nesses períodos, os argumentos da oposição centraram-se na ideia de que as opções nessa área obedeciam a critérios ideológicos, atendendo aos interesses de setores supostamente antiamericanos. Se na década de 1960, a tentativa de se distanciar dos enquadramentos da Guerra Fria levava quase que automaticamente a essa compreensão, durante o governo Lula tais afirmações parecem obedecer a um maniqueísmo proposital, que pouco reflete a complexidade das transformações do sistema internacional.

Considerações finais

No início da década de 1960 e durante o governo Lula, como em poucos momentos da história brasileira, estiveram em evidência projetos políticos que procuraram reduzir o imenso déficit social do país, propiciando um ambiente favorável para que a sociedade promovesse a discussão sobre os rumos que deveriam ser traçados para se alcançar o desenvolvimento. Isso incidiu sobre a formulação das estratégias de inserção internacional que, sob responsabilidade de lideranças como San Tiago Dantas e Celso Amorim, partiram do pressuposto de que o Brasil deveria, no campo internacional, jogar de acordo com o seu potencial.

Durante a PEI foram tomadas medidas consideradas ousadas e representativas do desejo de manter a autonomia brasileira nas decisões internacionais. Isso se identifica em ações tais como o reatamento de relações com a URSS e a defesa que o Brasil fez da autodeterminação de Cuba junto à Organização dos Estados Americanos, ambas em 1962, aqui analisadas sob a perspectiva da reação que desencadearam. As possibilidades de execução plena dos princípios da PEI encontraram limites na configuração política interna marcada pela crise, bem como na conjuntura internacional. No início do século XXI a ascensão de novas potências econômicas e a perda relativa de poder dos países desenvolvidos deixam evidente que o Brasil vivenciou um cenário muito mais favorável e propício para desenvolver uma política de autonomia.

A postura assertiva do país, reforçando o universalismo como princípio da sua inserção internacional, é facilmente identificada nas políticas "Independente" e "Ativa e Altiva". Guardadas as especificidades históricas pode-se afirmar que, em ambos os períodos, a imprensa foi responsável por veicular uma profusão de discursos que demonstram intensa resistência às ações pensadas a partir de parâmetros mais altivos e autônomos de inserção internacional.

A atitude altiva e de prestígio internacional arrefeceu durante o governo de Dilma Roussef (2011-2016) que, embora tenha defendido os princípios da política externa de Lula, não logrou mantê-los com o mesmo vigor. Com o *impeachment* da presidenta um ciclo da história política brasileira se encerrou. O nível de interação do Brasil na globalização tornou polêmica a manutenção da dicotomia entre as opções universalistas *versus* hemisféricas para a avaliação de sua inserção internacional. A fluição do capital financeiro no mundo nos leva a refletir sobre os limites impostos aos Estados no gerenciamento das políticas domésticas e externas. Mas é fato que, com o afastamento de Dilma, o MRE movimentou-se no sentido de destruir as pontes e laços criados desde 2003.

José Serra, que tomou posse em maio de 2016, afirmou que levaria adiante uma política externa livre da influência ideológica e partidária, proclamando uma "Nova Política Externa". Na prática o que se verificou com grande velocidade foi a regressão na política de cooperação com os países do Sul, perda em seu teor solidário, desprezo pela integração regional e pelo Mercosul, e ações de desrespeito para com os países vizinhos. A política de realinhamento com os EUA tem ocorrido em vários âmbitos. As negociações que vêm sendo travadas sobre a utilização da Base de Alcântara e a alteração do marco regulatório de exploração do Pré-Sal – um projeto liderado pelo chanceler e que favoreceu sobremaneira os interesses de empresas estrangeiras – suscitam a retomada de um termo recorrente na década de 1950: o "entreguismo". As ações promovidas em menos de um ano demostram que há uma nova percepção do papel que o Brasil deve exercer no sistema internacional e que se afina ao projeto social e econômico em âmbito doméstico. Parece cada vez mais distante do horizonte a efetivação de uma política externa que leve em conta a célebre frase de Amorim de que "o país não pode ter uma política externa de país pequeno" (Amorim, 2007:7). Uma política externa de sucesso e prestígio deve combinar a legitimidade internacional com a doméstica. Na atualidade, não a temos em nenhum dos dois campos.

Araújo Castro, em 1971, encerrou seu discurso sobre o congelamento do poder mundial afirmando que o Brasil estava destinado à grandeza (Castro *apud* Garcia, 2008: 579). Essa colocação, reafirmada por Celso Amorim dentro de outras circunstâncias, pode soar para muitos cidadãos como a manifestação de um ufanismo ingênuo, mas nos suscita a reflexão sobre a necessidade de apostar em uma inserção internacional mais autônoma e que se reverta, verdadeiramente, em benefícios à sociedade brasileira.

Referências

AMORIM, Celso. *A diplomacia multilateral do Brasil: um tributo a Rui Barbosa*. Brasília: FUNAG, 2007.

BERRINGER, Tatiana. *A burguesia brasileira e a política externa nos governos FHC e Lula*. Curitiba: Appris, 2015.

CASARÕES, Guilherme Stolle Paixão e. "A mídia e a política externa no Brasil de Lula". *Austral: Revista Brasileira de Estratégia e Relações Internacionais,* vol. 1, no. 2, 2012.

CERVO, Amado e BUENO, Clodoaldo. *História da política exterior do Brasil*. Brasília: Editora UnB, 4ª edição, 2011.

CORREA, Luis Felipe de Seixas (Org). *O Brasil nas Nações Unidas 1946-2006*. Brasília: FUNAG, 2007.

FARIA, Carlos Aurélio Pimenta de. "O Itamaraty e a política externa brasileira: do insulamento à busca de coordenação dos atores governamentais e de cooperação com os agentes societários". *Contexto Internacional*, vol. 34, n. 1, 2012.

FONSECA, Gelson. "Francisco Clementino San Tiago Dantas: O conflito leste-oeste e os limites do argumento racional. In: PIMENTEL, José Vicente de Sá. (org.). *Pensamento diplomático* brasileiro, vol. 3: *formuladores e agentes de política externa (1750-1964)*. Brasília: FUNAG, 2013.

FREIXO, Adriano de; FREITAS, Jacqueline Ventapane. "Um tema, múltiplas interpretações: um breve balanço da produção acadêmica sobre a política externa da Era Lula. FREIXO, Adriano de et al (orgs.). *A política externa brasileira na Era Lula: um balanço*. Rio de Janeiro: Apicuri, 2011.

GARCIA, Eugenio Vargas (org). *Diplomacia brasileira e política externa. Documentos históricos (1493-2008)*. Rio de Janeiro: Contraponto, 2008.

JAGUARIBE, Helio. *O nacionalismo na atualidade brasileira*. Brasília: FUNAG, 2013.

LAMPREIA, Luis Felipe. "A política éxterna do governo FHC: continuidade e renovação". *Revista Brasileira de Política Internacional*, vol.42, no. 2, 1998.

LOPES, Dawisson Belém. *Política externa e democracia no Brasil*. São Paulo: Editora UNESP, 2013.

MANZUR, Tania Maria P. Gomes. *Opinião pública e política exterior do Brasil (1961-1964)*. Coleção Relações Internacionais. Curitiba: Juruá, 2009.

MOURA, Gerson. *Relações exteriores do Brasil 1939-1950. Mudanças na natureza das relações Brasil – Estados Unidos durante e após a Segunda Guerra Mundial*. Brasília: FUNAG, 2012.

NAPOLITANO, Marcos. *1964, História do regime militar brasileiro*. São Paulo: Contexto, 2016.

PECEQUILO, Cristina Soreanu. "A política externa do Brasil no século XXI: os eixos combinados de cooperação horizontal e vertical". *Revista Brasileira de Política Internacional*, vol. 51, no. 2, 2008.

PECEQUILO, Cristina Soreanu. *As relações Brasil-Estados Unidos*. Belo Horizonte: Fino Traço, 2012.

PEREIRA, Analúcia Danilevicz. *Relações exteriores do Brasil III (1964/1990). Do regime militar à nova República*. Petrópolis: Vozes, 2010.

PINHEIRO, Letícia. "Traídos pelo desejo: um ensaio sobre a teoria e a prática da política externa brasileira contemporânea". *Contexto Internacional*, vol. 22, no. 2, 2000.

SARAIVA, José Flávio Sombra. *África parceira do Brasil Atlântico. Relações internacionais do Brasil e da África no início do século XXI*. Belo Horizonte: Fino Traço, 2012.

SARAIVA, José Flávio Sombra. "Autonomia na inserção internacional do Brasil: um caminho histórico próprio". *Contexto Internacional*, vol. 36, no. 1, 2014.

SOUZA, Ismara Izepe de. "O resgate da discussão sobre o ´congelamento do poder mundial´ nos governos Lula e Dilma (2003-2014)". *Revista Conjuntura Austral*, vol. 5, no. 26, 2014.

VARGAS, João Augusto Costa. *Um mundo que também é nosso: o pensamento e trajetória diplomática de Araújo Castro*. Brasília: FUNAG, 2013.

VIZENTINI, Paulo Fagundes. *Relações exteriores do Brasil (1945-64). O nacionalismo e a política externa independente*. Petrópolis: Vozes, 2004.

VISENTINI, Paulo Fagundes. *A projeção internacional do Brasil (1930-2012)*. Rio de Janeiro: Elsevier, 2013.

VISENTINI, Paulo Fagundes. *A relação Brasil-África: prestígio, cooperação ou negócios?* Rio de Janeiro: Alta Books, 2016.

As políticas externa e de defesa do Governo Lula

Flávio Rocha de Oliveira

Prólogo

A eleição de Luiz Inácio Lula da Silva em 2002, do Partido dos Trabalhadores (PT), e apoiado por um arco de alianças que tinha desde partidos da tradicional esquerda brasileira, como o PCdoB, passando por representantes do centro político, como o PL, e agregando importantes movimentos sociais e sindicais, dos quais se destacam o MST e a CUT, marcou uma mudança nas relações políticas domésticas.

Contribuiu, para esse resultado, o que foi percebido como o esgotamento do modelo de ajuste empreendido pelo governo do presidente Fernando Henrique Cardoso. Em sua despedida do senado, Cardoso faz um discurso em que diz que o autoritarismo era uma etapa superada na história brasileira. Todavia, um dos legados desse autoritarismo ainda insistia em retardar o avanço do Brasil: a Era

Vargas. Com a sua política de intervenção do Estado na economia e de desenvolvimento autárquico, esse modelo estaria superado. Os sucessivos choques que acometeram o Brasil no *front* econômico ao longo da década de 1980 seriam um exemplo do esgotamento desse modelo, que estava impedindo o país de se adequar às transformações econômicas por que passava o mundo.[1]

Como o resultado, o Governo FHC empreendeu uma série de reformas econômicas. Seguindo o corolário do chamado "Consenso de Washington", que embutia um conjunto de medidas para sanear os países assolados pelas crises das dívidas externas. Houve uma abertura rápida da economia, com forte valorização da moeda brasileira, o Real, frente ao dólar.

Isso significou uma política de ajustes fiscais para conter a inflação, com elevadas taxas de juro que serviriam, de quebra, para atrair o capital internacional, e a privatização de uma série de empresas estatais que haviam sido responsáveis pela modernização econômica do Brasil na segunda metade do século XX. Vale do Rio Doce, Usiminas, Cosipa e Banespa foram algumas dessas empresas estatais que foram leiloadas para grupos nacionais e estrangeiros. Empresas privadas brasileiras também foram compradas por grupos do exterior, como é o caso do Metal Leve, adquirida pela alemã Mahle. Um dos resultados desse movimento – privatização, apreciação cambial, juros altos e compra de empresas privadas nacionais que não estavam preparadas para a competição com corporações europeias, americanas ou japonesas – foi o elevado índice de desemprego, que atingia a proporção de 12,2% em 2002.[2]

---

[1] Discurso de despedida do Senado Federal – Filosofia e diretrizes de governo (14/12/94) Brasília, Presidência da República, Secretaria de Comunicação Social. Disponível em http://goo.gl/V2m1Vu.

[2] Conforme dados do IBGE disponíveis em http://goo.gl/zC1I91, e acessados em 20.12.2015. Ressalte-se que o desemprego só começa a cair – e com variações – a partir de agosto de 2004.

Em relação à política externa, houve uma acomodação do governo brasileiro. Tendo como meta principal a estabilização econômica e a readequação do país às formas capitalistas emanadas pelos centros hegemônicos nos anos 1990 – a tríade EUA, UE e Japão –, o governo FHC procurou atuar de modo a mostrar o Brasil como um ator confiável, uma democracia liberal estável e que havia criado marcos legais que o tornariam um destino seguro dos investimentos internacionais. Segundo Williams Gonçalves (2011) a visão liberal que orientava a execução da política externa brasileira (PEB), entendia que a dimensão econômica havia sobrepujado a dimensão geopolítica, ou estratégica, das relações internacionais.

Sendo um país periférico, que se encontrava numa situação econômica ainda frágil, não fazia sentido a confrontação com as grandes potências que controlavam as regras que garantiam a ordem internacional, e organismos-chave como a ONU e o FMI. O mais racional seria o bom entendimento, e em especial com a única superpotência que restou depois do fim do bloco Soviético: os Estados Unidos da América. O resultado, segundo os liberais que comandavam a as políticas doméstica e externa do governo FHC, seria o acesso aos amplos mercados dos países ricos, a atração dos seus vastos capitais e a boa vontade das grandes instituições financeiras internacionais das quais o Brasil era fortemente dependente nos anos 1990, a começar pelo próprio FMI.

Essa opção de política externa também esteve presente na formação das concepções brasileiras em matéria de segurança e política de defesa (PD), ainda que exista uma singularidade brasileira que será explicada logo mais: historicamente, a área da defesa e a área de relações exteriores caminham ao longo de "retas paralelas", com pouca formulação conjunta, e que resulte em articulação com vistas a atender aos interesses do Brasil, dessas duas importantes áreas por parte da elite política nacional (Saint-Pierre, 2006). Tendo sido eleito em 1994, a situação brasileira ainda sentia o peso do regime autoritário civil-militar, que havia se instalado em 1964. Havia, *simultaneamente*, uma resistência por parte das Forças Armadas em serem "instruídas" em termos estratégicos pela liderança civil, e uma carência de uma nova missão institucional, de um novo direcionamento, e que deveria ser atribuída pelo próprio governo Fernando Henrique Cardoso.

Além do problema de relacionamento com os militares, o governo FHC não tinha nenhuma propensão em fazer grandes investimentos no sentido de modernizar tecnologicamente as Forças Armadas. As necessidades de estabilização econômica colocaram o setor de defesa muito abaixo na lista de prioridades do segundo governante civil eleito pelo sufrágio popular (depois do regime autoritário). A área financeira, comandada pelos liberais que viam o país como um ator periférico no tabuleiro internacional, não tinha propensão em permitir que os preciosos recursos econômicos fossem desviados da modernização capitalista e dos poucos programas sociais que o governo matinha, na direção do dispositivo militar.

Não obstante, é no governo FHC, em 1999, que é criado o Ministério da Defesa (MD). Segundo o próprio presidente, a ideia inicial é dotar a administração dos recursos militares de uma nova racionalidade, que pudesse levar em conta as situações de ajuste porque passava o país, o novo cenário internacional e as necessidades operacionais das forças singulares. Já em 1996, é elaborado o primeiro documento da política de Defesa brasileiro, que, segundo Soares (2011), se destacava por ser genérico e ter contornos superficiais. Outra coisa que chamava atenção era o fato de os ocupantes da pasta não serem entusiastas ou conhecedores da área, como era o caso dos primeiros ministros da Defesa indicados pelo presidente Cardoso, Élcio Álvares e Geraldo M. Quintão. O resultado, aqui, é que os comandantes militares continuaram gozando de ampla autonomia, o que, na verdade, simbolizava a falta de uma direção político-estratégica por parte do governo civil e permitia que cada força tivesse uma concepção particular do que seria a sua missão em termos de garantir a segurança do Brasil.[3] É importante notar que as Forças Armadas do Brasil, nessa época, resistem a um papel de força policial, conforme propugnado pelos Estados Unidos numa tentativa de reordenar a segurança hemisférica no pós-Guerra Fria – o que, de resto, poderia ser interpretado como uma tentativa de continuar, com baixo custo, com uma política de aconselhamento e cooperação militar que esteve em voga após o término da Segunda Grande Guerra: os estadunidenses cuidariam da defesa contra ameaças extracontinentais, o que demandaria grandes recursos materiais, e os militares latino-americanos se concentrariam nas ameaças internas dada a escassez de dinheiro por parte de seus países. A diferença é que, na época da URSS, essas ameaças internas seriam guerrilhas urbanas e camponesas de inspiração marxista, e nos anos 1990, o crime organizado, especialmente na forma do narcotráfico.

Em termos de política externa, os diferentes grupos que tinham interesse nela terminaram se acomodando. Liberais oriundos do mundo das finanças, da indústria e da agropecuária, viram nas escolhas econômicas e de política externa do governo FHC uma série de medidas que atenderia aos seus interesses. Os burocratas de projeção, que deveriam ter uma visão mais de longo prazo em relação ao Estado brasileiro, foram cooptados ou dobrados a essa visão, como foi o caso dos ministros do Itamaraty e da Fazenda, por exemplo. No mundo acadêmico, até mesmo nacionalistas his-

---

3   É nesse intervalo que o Exército passa a insistir na defesa da Amazônia como prioridade para a sua atuação. Também é desse período a resposta da Marinha, na forma do conceito de "Amazônia Azul". Ambas as forças formularam essas prioridades sem orientação dos governos civis pós-regime militar.

tóricos, como Bresser-Pereira, terminaram se alinhando com essa visão, às vezes por convicção, ou porque achavam que, apesar do caráter ultra-liberal do governo, havia uma possibilidade de modernização das estruturas do Estado – caso do próprio Bresser-Pereira. O fato é que o país logrou sofrer uma modernização de seu parque produtivo, mantendo uma posição de destaque no cenário mundial, ainda que numa posição subalterna. Contribuíram para tal realidade a diversidade da economia brasileira, em especial no setor de serviços (bancos), no setor agrícola, no setor mineral e na geração de energia. A adoção de políticas sociais de amplo espectro, problemáticas, mas desenhadas para incorporar a parte mais pobre da população à massa de consumo produtivo do país, ainda que de uma maneira muito frágil, como mostram as estatísticas de desemprego, reforça os ganhos acumulados a duras penas com a experiência dos anos 1990. É com esse legado que tem início a chamada Era Lula.

O governo Lula e a política externa

A eleição do presidente Lula aconteceu num contexto que sinalizava as mudanças que começariam a tomar forma no cenário internacional. A China entrava definitivamente dentro da economia capitalista mundial, crescendo aceleradamente e já ensaiando os primeiros passos que a levariam para uma transição de país em desenvolvimento para o *status* de grande potência. Com um forte desenvolvimento industrial, feito em parceria com empresas japonesas e ocidentais (Europa e EUA), os chineses começam a desenvolver uma sofisticada diplomacia em busca de recursos naturais e agrícolas, o que os leva a buscar um estreitamento com países capazes de lhes fornecer esses produtos.

A diplomacia chinesa aproxima Pequim dos países africanos, em condições de fortes parcerias econômicas e poucos questionamentos políticos, em especial em questões como democracia e direitos humanos. Ao mesmo tempo, há uma aproximação com a América Latina, e em especial com o Brasil. Aqui está aberto um caminho que irá ajudar nos projetos de política externa do governo Lula da Silva.

Também faz parte desse contexto os atentados de 11 de Setembro de 2001, contra os EUA. A resposta desse país, em especial durante a Guerra do Iraque, em 2003, marca o auge do poderio americano, e os seus limites. Países aliados, como a Alemanha e a França, questionam as justificativas de Washington para a campanha militar contra o governo de Sadam Hussein. O mesmo acontece com a Rússia, que tem o apoio discreto da China, e o Brasil, que se coloca abertamente contra a intervenção. O fato é que já se desenham as fissuras na hegemonia estadunidense, e o desejo mundial de um reordenamento do poder global por parte dos chamados países emergentes irá colocar, na mesma rota de interesses, o Brasil, a China, a Rússia, a Índia e a África do Sul.

Com esse contexto colocado, a política externa do presidente Lula irá efetuar dois movimentos. Um, de aproveitamento de um legado histórico da PEB: a utilização do Itamaraty e da diplomacia como agentes importantes para alavancar o desenvolvimento econômico do país. A visão desse papel da burocracia *itamarateca* não era algo novo, e remontava, pelo menos, o período imediatamente posterior à Segunda Guerra Mundial (Oliveira, 2005). Esse papel ficou mais acentuado ainda depois dos anos 1980, e, nos anos 2000, com a centralidade do Ministério das Relações Exteriores (MRE) nas negociações comerciais junto à Organização Mundial do Comércio (OMC). O outro, de reorientação da atuação externa do país: ao invés de privilegiar a parceria tradicional com EUA, Europa e Japão, marca da era FHC, o governo Lula orientará o Itamaraty no sentido a privilegiar as relações com os países do Sul político. O objetivo, aqui, era aproveitar e dinamizar os contatos econômicos brasileiros com regiões do mundo que estavam crescendo fortemente, caso da China e da Índia, e com outros países que já respondiam por 50% das exportações brasileiras, caso da América Latina, Ásia e África. Não houve uma ação deliberada de cortar laços ou diminuir o contato econômico com as grandes potências, mas, antes, a busca por mercados que acabaram se revelando mais promissores, tanto do ponto de vista econômico como político.

Um dos formuladores dessa nova orientação foi Marco Aurélio Garcia, assessor de relações internacionais da Presidência da República, e que foi levado para o governo pelo presidente Lula. Nas palavras dele, houve uma compreensão, partilhada pelo presidente, por setores da sociedade civil, por diplomatas de carreira, como Celso Amorim, e por parte do empresariado de que a política externa seria um elemento importante na construção de um projeto nacional brasileiro. No âmbito interno, a distribuição de renda e a inclusão social criariam as condições de apoio social a esse projeto nacional, com ramificações internacionais (Garcia, 2010).

Ponto importante, e que marca uma diferença em relação ao governo FHC, foi a tentativa do governo de usar as ligações históricas do PT com os partidos de esquerda latino-americanos de modo a conseguir apoio para as aspirações brasileiras. Um destaque, nesse sentido, está em relação ao chamado Fórum de São Paulo (FSP). Segundo Almeida, Ruivo & Toledo (2015), várias das formulações de destaque do FSP, como a solidariedade aos povos, e a resistência às ingerências americanas na América Latina, e a defesa de uma nova ordem internacional que ajudasse nos objetivos de desenvolvimento e na postura anti-imperialista dos países da América Latina e Caribe, foram incorporadas em algum grau, pelo governo Lula. Vale notar, todavia, que o PT havia suavizado sua linguagem em termos de política internacional desde os anos 1990, abandonando, nos documentos internos, alusões mais duras, ao contrário do que ainda era defendido pelo Fórum de São Paulo.

Nessa nova orientação, é interessante recorrer, novamente, a Williams Gonçalves (2011). Assim, como ele classificou a política externa de FHC de tributária de uma visão liberal, a política externa do governo Lula seria caracterizada pelo que ele chamou de "visão nacionalista". Aqui, a lógica das relações internacionais seria pautada, ainda, por concepções políticas e estratégicas. A economia poderia ser o dado fundamental, e mesmo importante, mas decisões políticas tornariam o país mais apto a perseguir seus interesses, fugindo do "canto da sereia" das propostas das grandes potências, que pouco ou nada davam em troca da adesão às suas teses. A inserção do Brasil se daria em torno da ideia da luta pelo desenvolvimento, que, dados os entraves históricos do país e as assimetrias do sistema internacional, não poderiam ser obtidas unilateralmente.

Para Gonçalves, o governo Lula havia entendido que era necessário buscar uma alteração no funcionamento da ordem internacional. Esta, do jeito que foi constituída depois da Segunda Guerra e da Guerra Fria, se constituía num formidável obstáculo ao desenvolvimento brasileiro, bem com às suas aspirações de ação autônoma no cenário internacional. Como forma de superar essa situação, a busca de coalizões e o reforço do multilateralismo entrariam na ordem do dia.

As coalizões seriam buscadas com países que teriam objetivos convergentes. Na questão agrícola, por exemplo, por ocasião das discussões na OMC sobre a liberação do comércio mundial, ficou patente que a resistência dos europeus e americanos não seria superada por uma atuação isolada do Brasil. Logo, foi buscado um reforço em coalizões com países como a Índia e a Argentina. Não obstante, Gonçalves chama a atenção de que essas coalizões nem sempre foram fáceis de ser operacionalizadas pelo governo Lula. Em que pesem os objetivos convergentes de várias nações, o poder dos países desenvolvidos era muito forte, e se espalhava por vários tabuleiros do jogo político mundial, o que conferia a eles um poder de retaliação em setores diversos.

Cervo (2008), por seu turno, comenta que sob o governo Lula o país agora estava sob a égide do que ele chama de *estado logístico*. Por esse conceito, ele entendia uma combinação de posturas, decisões e ideias do tradicional desenvolvimento brasileiro com uma visão mais aberta a certos pressupostos do liberalismo econômico, próprios da era FHC, e que aceitavam a necessidade de melhorar as trocas comerciais no cenário internacional. Ao mesmo tempo, o país procuraria requalificar o multilateralismo, de modo a atender aos seus interesses.

Seria um multilateralismo marcado pela decisão do governo Lula de agir dentro da ordem internacional, deixando em segundo plano as relações bilaterais, em especial com os países mais poderosos. Ao liderar coalizões nas relações econômicas internacionais, como o G20, ou ao propugnar a reforma do Conselho de Segurança das Nações Unidas, em parceria com Índia, Japão e Alemanha, a PEB teria como objetivo tornar o Brasil um dos ordenadores do sistema internacional. Nesse caso, o país atuaria como um dos produtores das regras de funcionamento das relações internacionais contemporâneas, ajudando a construí-las nos fóruns multilaterais mais importantes e que abarcasse as esferas da política, da economia e da segurança.

Ainda segundo o autor, o governo FHC também havia advogado o multilateralismo, com um protagonismo dentro da questão ambiental. A diferença, agora, se dava pela postura mais realista do governo Lula. O uso do multilateralismo deveria projetar o protagonismo do Brasil, com ganhos palpáveis, em várias esferas. Para isso, seria necessário a compreensão de que seria preciso recusar enfaticamente certas imposições ou solicitações das grandes potências, e confrontá-las em alguns períodos, como foi o caso da denúncia feita por Lula contra o governo americano quando da Guerra do Iraque. A recusa do governo brasileiro em patrocinar a criação da Área de Livre Comércio das Américas (ALCA) estava nessa lógica, pois houve a avaliação de que os custos para economia nacional na competição com os EUA não compensariam – nesse último caso, o fórum multilateral de discussão foi usado pelo Brasil para travar e torpedear a implantação da área de livre comércio.

Uma questão interessante, dentro do exercício da PEB, foi o fato de que o governo Lula executou ações diplomáticas no sentido de expandir a área de atuação de empresas nacionais. Além dos aportes feitos internamente por conta do BNDES, foi feita uma decisão política no sentido de se utilizar recursos do banco de desenvolvimento para investir em projetos de infra-estrutura em países latino-americanos e que beneficiassem, diretamente, grupos econômicos brasileiros.

Não obstante, o governo Lula não foi um simples executor dos interesses dos grupos nacionais. Segundo Albanez (2015), o governo Lula desenvolveu um projeto de atuação internacional mais assertivo, de modo a tornar o país um grande *player* global. A América do Sul se configurou no espaço privilegiado de atuação em que o Brasil ensaiaria esse movimento. A diplomacia concentraria esforços na atuação nesse espaço, em apoio a grupos brasileiros, parte imprescindível desse processo.

Todavia, essa mesma diplomacia teria como objetivo privilegiar a liderança e a imagem do país, o que limitaria a sua atuação na defesa das empresas nacionais quando surgissem conflitos, o que ocorreu envolvendo o Equador e a empreiteira Odebrecht. Apesar do Brasil ter atuado de modo a salvaguardar a empresa, o que ficou patente foi que o Itamaraty agiu de modo a defender o projeto de integração regional do governo brasileiro, e sua imagem junto ao Equador e a América Latina.

Uma interpretação parecida pode ser feita em relação a Bolívia. Em 2006 o governo Morales, ocupa as instalações da Petrobras nos primeiros dias de seu governo, e decreta a nacionalização da empresa. A ação contrariou o governo Lula, que via no presidente Morales um aliado ideológico dentro do campo da esquerda. Ao mesmo tempo, o governo brasileiro sofreu uma barragem de críticas de vários setores, a começar pela imprensa e pelos partidos de oposição. Ao invés de agir com a dureza demandada pelas oposições, ainda mais em período eleitoral, o governo deixou o caso esfriar e abriu negociações com La Paz.

Ainda envolvendo a Bolívia, houve o caso do movimento separatista da meia-lua, na região de Santa Cruz de la Sierra. Com a centralização da arrecadação dos impostos oriundo da exploração dos hidrocarbonetos, e que vem na sequência das nacionalizações, os interesses de algumas regiões produtoras, a começar por Santa Cruz, foram afetados. O que houve foi um crescendo de choques, que ameaçaram mergulhar o país numa guerra civil. O governo brasileiro, e os demais governos sul-americanos, reagem por meio da União das Nações Sul Americanas (UNASUL) em setembro de 2008 e, no Chile, condenam qualquer tentativa de quebra da ordem institucional.

Um evento que diz muito a respeito do desejo do governo Lula de um papel mais protagonista do Brasil foi a tentativa de mediação de um acordo entre o Irã e a "comunidade internacional", termo eufemístico que significa, nos dizeres irônicos de Celso Amorim (2015), os membros do Conselho de Segurança mais a Alemanha. Dito de uma maneira resumida, o Brasil tentou, junto com a Turquia, uma intermediação de um acordo que afastasse a possibilidade de um ataque americano contra as instalações nucleares iranianas. Inicialmente, o governo Obama sinalizou favoravelmente. Mas, com o passar do tempo, sua secretária de Estado começou a criticar a iniciativa, e progressivamente Washington começou a se opor. O governo de Israel foi adversário desde o início, o que não causou surpresa, mas que poderia explicar, parcialmente, a mudança de postura dos estadunidenses.

Apesar das críticas, externas e internas, o presidente Lula optou por levar a tentativa de negociação até o fim, com o dirigente turco, Recep Edorgan. A mediação falha, mas o governo brasileiro pode dizer que cumpriu a sua parte. O que é importante notar, nesse evento, é a busca por uma ação autônoma por parte do governo brasileiro. Ele procurou cavar um espaço de atuação, e fez isso de modo a se credenciar como um país capaz de participar de um grande tema da segurança internacional. A oposição dos EUA, de Israel e de vários governos europeus não bastou para demover o Brasil de tentar um acordo até o final. Ainda de acordo com Celso Amorim, o governo brasileiro entendeu de que não era necessário pedir a permissão do governo americano, ou de qualquer outro país, para buscar a combinação da defesa dos interesses nacionais com a tentativa de estabilizar uma região inerentemente conflituosa do globo, o Oriente Médio.

A política de Defesa

Na questão da política de defesa, o governo Lula procurou ousar e estabelecer parâmetros de atuação bem diferentes do que aconteceu durante os governos anteriores, em que pesem as diferenças históricas e contextuais. Todavia, duas características devem ser explicitadas antes de uma discussão sobre esse tema. A primeira, já aludida, diz respeito a uma peculiaridade na questão da defesa brasileira: ela não caminha de maneira articulada com a política externa. Ao contrário de outros países, potências médias ou grandes, não há uma complementaridade entre as duas áreas.

Após a Guerra do Paraguai (1864-1870), o país só vai se envolver num conflito externo de envergadura, com um envio considerável de tropas, na Segunda Guerra Mundial. O entorno regional não levou a necessidade da construção de dispositivos militares para conter algum perigo nas fronteiras, em que pesem as rivalidades históricas com a Argentina. Os militares brasileiros, durante todo o período republicano, foram agentes decisivos, mas com uma visão focada numa modernização conservadora das estruturas econômicas e políticas nacionais. Desenvolveram uma dimensão doméstica do exercício de seu poder estamental, e tiveram pouco incentivo para atuar sobre as relações exteriores.

Os diplomatas, por sua vez, viram seu prestígio aumentar ao longo do tempo, começando com a política externa de Rio Branco. Praticamente ficaram insulados na condução das relações exteriores, atuando em consonância com as elites econômicas e políticas de diferentes períodos. Com a consolidação do poder econômico nas mãos da oligarquia rural, a diplomacia trabalhou de modo a manter os ganhos econômicos do setor exportador de café.

As elites brasileiras, por seu turno, pouco incentivo tiveram para realizar uma "atuação normal", articulando as relações exteriores e a defesa na busca dos interesses nacionais. No âmbito da defesa, os militares praticamente não sofreram influência das elites civis. Certamente, em alguns períodos as burocracias se aproximaram, e houve um direcionamento modernizador, como na Era Vargas, mas que não resultou numa prática política de Estado no sentido de operacionalizar os trabalhos desses dois setores.

A outra característica diz respeito ao desenvolvimento. Assim como houve uma concepção de se utilizar a PEB como um instrumento para auxiliar no desenvolvimento do país, houve, no governo Lula, a mesma percepção em relação ao setor de defesa.[4] Esse

---

4   Essa percepção também existiu durante o regime militar. Na década de 1970, e parte da de 1980, o Brasil foi um grande exportador de material bélico, o que ajudava a manter as indústrias em atividade e a trazer divisas para o país. Todavia, não foi um grande comprador e, quando o final da Guerra Fria produziu

setor passou a ser revisto como potencialmente capaz de alavancar outros setores da indústria nacional, pelo seu potencial de *spin off*. Ao mesmo tempo, houve, também, o reconhecimento de que o país precisaria de um setor militar modernizado se quisesse levar adiante uma projeção maior do Brasil (Lopes, 2014).

No contexto histórico em que o presidente Lula exerce seu mandato, há outro arranjo dos grupos e forças que tem interesse na política de defesa, bem como na política externa. Há burocratas que tem, agora, a possibilidade de estabelecer novas prioridades e desenvolver um planejamento de longo prazo para a atuação do Estado brasileiro. Celso Amorim e Samuel Pinheiro Guimarães são dois exemplos na área externa, sendo que o primeiro torna-se Ministro da Defesa no governo Dilma. Nas forças singulares, como a Marinha e o Exército, surgem oficiais que procurarão adequar-se às propostas do governo, especialmente por conta do nacionalismo que percebem nele. Assim, a Marinha reforça a pesquisa e a ideia da proteção dos ativos presentes na Amazônia Azul, e o Exército desenvolve uma atuação no sentido de enfatizar a importância da segurança cibernética – ainda que os resultados nem sempre sejam os melhores.

Há os setores empresariais, que perceberão no novo governo a oportunidade de desenvolverem projetos que demandam inovação tecnológica, como é o caso, aqui, da defesa. Empresas grandes, como a Odebrecht, serão "convocadas" pelo governo para construir os novos submarinos da Marinha. Há as forças sociais organizadas pelos sindicatos, que terão um interesse no desenvolvimento de um parque industrial voltado para a defesa, algo que se desenvolve rapidamente no berço do sindicalismo brasileiro e origem política do

uma retração nos gastos bélicos, não houve nenhum esforço governamental para salvar esse parque industrial.

próprio presidente, e que é o caso de São Bernardo do Campo. E existe a comunidade acadêmica, que começa a aumentar a participação junto ao governo, aos diplomatas, e as Forças Armadas que tem interesse na construção de uma articulação entre política de defesa e política externa.

Após duas indicações problemáticas de ministro da Defesa, a de José Viegas (2003-2004) e Waldir Pires (2006-2007), com um interregno na qual o vice-presidente, José Alencar, foi chamado a assumir o ministério, o presidente Lula logrou colocar Nelson Jobim, que tinha interesse pelo assunto da defesa e noção da necessidade de estabelecer uma hierarquia que colocasse o poder civil como diretor do estamento militar. Essa movimentação sinalizou uma alteração no prestígio da pasta, e ocorreu num momento em que a descoberta do petróleo na camada do Pré-Sal lançava um outro conjunto de possibilidades para a política de defesa do governo.

Outro marco importante está no plano da política de Estado, que foi estabelecida por esse governo. A primeira expressão está em forma de documento com o curioso nome de Programa de Aceleração da Defesa, em 2007, e que tinha um cronograma de finalização em 7 de setembro de 2008. O documento foi elaborado por uma comissão interministerial, presidido por Nelson Jobim e por Roberto Mangabeira Unger, chefe da Secretaria de Assuntos Estratégicos. Na articulação desse documento, não houve a preocupação com a área diplomática, o que reforça a tese já apresentada de dissociação entre a PD e PEB.

Posteriormente, o documento foi rebatizado de Estratégia Nacional de Defes (END) a, e o próprio ministro Jobim reforçou a ideia de que o objetivo era efetivar o controle civil sobre o dispositivo militar, e colocar a defesa no debate nacional. A END foi aprovada pelo Conselho Nacional de Defesa, e pressupõe a aquiescência do MRE, já que seu secretário geral à época, Samuel Pinheiro Guimarães, participou da reunião.[5] O ponto a destacar nesse documento, é o reconhecimento de que o Brasil começa a ocupar uma posição destacada no cenário internacional. Isso demanda uma nova postura na área de defesa. É mencionado, ainda, que o país ascenderá ao primeiro plano no mundo, sem a necessidade de assumir uma postura hegemônica. Há, nos dizeres de Soares (2011), a retomada de uma perspectiva de que o Brasil irá se tornar uma potência. Finalmente, a END abre caminho para o lançamento do *Livro Branco de Defesa*, em 2012 e já durante o governo Dilma Rousseff, e que será o documento principal elaborado pelo governo brasileiro para área.

Um último aspecto, simbólico e, ao mesmo tempo, exemplar das necessidades de defesa e das transformações nessa área que acontecerão no governo Lula, diz respeito ao Pré-Sal. Durante os anos 1990, a Marinha tenta emplacar o conceito da *Amazônia Azul*, que diria respeito a preocupações com a zona marítima de exploração exclusiva do Brasil e ao fato de que o comércio internacional do país seria feito através do oceano Atlântico. Também está embutida, aqui, a ideia de sensibilizar a opinião pública e tomadores de decisão para as necessidades de aparelhamento da força, e que pode ser entendido, sinteticamente, como *marketing institucional*.

Entre 2007 e 2008, a Petrobras fez vários comunicados dando conta da existência de Petróleo nessa região, e que seria, a partir daí, denominada de Pré-Sal (Lopes, 2014). A região iria do litoral do Espírito Santo até o de Santa Catarina, e a estimativa é que os poços de petróleo e gás totalizariam algo em torno de 5 a 8 bilhões de barris, sendo que alguns informes relatavam algo acima de 30

---

5 Ministério da Defesa, "Lula e Conselho aprovam Estratégia Nacional de Defesa", 12 Dez. 2008, Disponível em <http://www.alide.com.br/joomla/index.php/component/content/article/36-noticias/252-lula-econselho-aprovam-estrategia-nacional-de-defesa> . Acesso em 27 out. 2009.

bilhões.⁶ A profundidade variaria entre 5000 e 7000 metros, embaixo de um colchão de sal de algumas centenas de metros. Um conjunto de visões, à época, defendia a ideia de que os grandes jogadores da geopolítica mundial procurariam estabelecer boas relações e influenciar a prospecção, exploração e venda dessas reservas no mercado mundial. Some-se a isso o fato de que a economia brasileira era diversificada, e o país tinha condições políticas estáveis que o tornavam um vendedor com capacidade de concorrer com os turbulentos centros produtores do Oriente Médio, ou mesmo da potencialmente instável Venezuela (Kuhlmann e Oliveira, 2009).

A Marinha aproveitou a descoberta para construir toda uma reivindicação de modernização. Baseando-se no fato de que era necessário defender o Pré-Sal de uma potencial cobiça internacional, ela passa a expor a situação de seus *assets* navais e aéreos. Há problemas com aviação de caça embarcada, que não voa por falta de manutenção. O mesmo ocorre com o porta-aviões São Paulo, comprado dos franceses. Ao mesmo tempo, ela apresenta planos de construção de novos navios e de submarinos que serão necessários para negar o uso do mar a alguma força inimiga que ameaçasse a soberania brasileira nessa região. O governo Lula responde incorporando a END à necessidade da organização da Base Industrial de Defesa e uma política de recomposição dos efetivos da Marinha, do Exército e da Aeronáutica, dentro de uma lógica que deverá prever a construção de uma Estratégia Nacional de Desenvolvimento.

Posteriormente, e em cima da necessidade de reequipar a esquadra, o governo Lula estabelecerá o que chama de uma parceria estratégica com a França, para a construção de submarinos convencionais, e para a transferência de parte da tecnologia ne-

6   *Folha Online*, "Entenda o que é a camada pré-sal". 31 Ago. 2009. Disponível em <http://www1.folha.uol.com.br/folha/dinheiro/ult91u440468.shtml>

cessária para construir um submarino nuclear. Dentro do Programa de Desenvolvimento de Submarinos (Prosub), há a expectativa da transferência de tecnologia que possibilitará ao país, no futuro, projetar seus próprios submersíveis, inclusive com propulsão nuclear. Para Franzoni, o cenário internacional é favorável ao Brasil (Franzoni, 2015). Dada a crise que existe na Europa desde 2008, há um cenário propício para países como o Brasil para que negociem em melhores condições a compra de equipamentos e serviços nos países desenvolvidos que detém o *know-how* na construção de armamentos sofisticados.

Considerações finais

O governo Lula embutiu uma mudança no padrão de política exterior levado a cabo pelo Brasil. De uma postura de atrelamento a ordem internacional patrocinada pelo centro hegemônico, o país assumiu o papel de um dos defensores da multipolarização do sistema. O reforço de um multilateralismo que foi julgado, pelo presidente e por seus assessores mais próximos, como necessário para valorizar os interesses brasileiros num contexto de grandes assimetrias, foi combinado com a busca por uma atuação autônoma em questões por vezes espinhosas, como foi o caso de intermediação de negociações envolvendo o programa nuclear iraniano.

No setor de defesa, houve a compreensão de que a construção de um dispositivo militar condizente com as aspirações do país, e com a sua posição de uma das dez maiores economias do mundo, era necessário do ponto de vista político. Também houve o entendimento de que a construção de uma base industrial de defesa serviria não só para reforçar a posição geopolítica brasileira, mas que também contribuiria para o desenvolvimento econômico civil pelos seus efeitos irradiadores.

Ainda assim, a divisão histórica entre as áreas de defesa e diplomacia ainda persiste no Brasil. Há que se reconhecer, todavia, que há menos divisão agora do que nas últimas décadas, com o reforço do controle do poder civil sobre o poder militar. Os próximos anos podem trazer uma reversão e uma normalização na articulação entre o MRE e o MD. Certamente, os governos que se seguirão ao do presidente Lula deverão assumir essa necessidade como uma política de Estado. Mas a constatação empírica ainda deverá esperar pelo teste do tempo nos próximos anos.

Referências

ALBANEZ, Murillo Pimentel. "El proceso de toma de decisiones de la política exterior brasileña para la defensa de los intereses nacionales de negocios en América del Sur: un caso aplicado". *Papel Político Estudantil*, Bogotá, vol. 11, número 1, janeiro/junho 2015.

ALMEIDA, Giordano; RUIVO, Mariana & TOLEDO, Sara. "O Foro de São Paulo e a política externa do Partido dos Trabalhadores: convergências ou divergências nos governos Lula da Silva e Dilma Rousseff". Trabalho apresentado no 8º Congresso Latinoamericano de Ciência Política, ALACIP. Lima, Peru. 2015.

AMORIM, Celso. *Teerã, Ramala e Doha. Memórias da política externa ativa e altiva*. São Paulo: Editora Saraiva, 2015.

CERVO, Amado Luiz. *Inserção internacional. Formação dos conceitos brasileiros*. São Paulo: Editora Saraiva, 2008.

FRANZONI, M. "Las principales directrices de la política de defensa brasileña en los últimos doce años: panorama y perspectivas". *Papel Político Estudantil*, Bogotá, vol. 11, número 1, janeiro/junho 2015.

GARCIA, Marco Aurélio. "A política externa brasileira". In: *2003-2010 – O Brasil em transformação. A nova política externa*, Vol. 4. Fundação Perseu Abramo, 2010.

GONÇALVES, Williams. "Panorama da política externa do governo Lula". In: ALVES, V.C.; RODRIGUES, T.M.; PEDONE, L & FREIXO, A. (orgs.). *A política externa na Era Lula. Um balanço.* Rio de Janeiro: Apicuri, 2011.

KUHLMANN, Paulo Roberto L.; OLIVEIRA, Flávio Rocha de. "Questões quanto à articulação dos Ministérios da Defesa e das Relações Exteriores: estratégia nacional de defesa e pré--sal". Trabalho apresentado em 09.11.2009 no V Seminário de Ciência Política e Relações Internacionais da UFPE.

LOPES, Roberto. *Nas garras do cisne.* Rio de Janeiro: Record, 2014.

OLIVEIRA, Henrique Altemani. *Política externa brasileira.* São Paulo, Saraiva, 2005.

SAINT-PIERRE, Héctor. "Política de defesa e relações internacionais no Brasil: o destino das paralelas". *Meeting of the Latin American Studies Association.* San Juan, Puerto Rico, n.15, 18 de março de 2006.

SOARES, Samuel A. "A Defesa na política externa da era Lula." In: ALVES, V.C.; RODRIGUES, T.M.; PEDONE, L & FREIXO, A. (orgs.). *A política externa na Era Lula. Um balanço.* Rio de Janeiro: Apicuri, 2011.

O Brasil ainda é um país de Terceiro Mundo?

Daniel Monteiro Huertas[1]

> *Esta é precisamente a diferença: os países do Terceiro Mundo seriam definidos pela presença simultânea e pela interdependência de um conjunto de características cujo princípio fundamental repousa finalmente sobre o fato de que os espaços subdesenvolvidos são, antes de tudo, espaços derivados.*
>
> Milton Santos 2009, p.130.

---

[1] O autor agradece o compartilhamento das leituras e reflexões acolhidas no grupo de estudos "Terceiro Mundo: Conceitos, Autores, Diálogos e Processos Históricos", desenvolvido em 2014 no Laboratório de Geografia Política, Planejamento Ambiental e Territorial (Laboplan) do Departamento de Geografia da Universidade de São Paulo (DG/USP).

Introdução

O título deste artigo não deixa de ser uma pergunta intrigante, mas desperta para uma questão ainda mais intrigante que a precede: pode-se dizer que no período atual existe um Terceiro Mundo? É sabido que as teorias que deram suporte intelectual ao conceito de Terceiro Mundo foram concebidas entre os anos 1950 e 1960 em meio à efervescência da Guerra Fria e dos movimentos nacionais de libertação e antiimperialistas espalhados pelos continentes africano e asiático. O sistema internacional entrara em nova fase após duas guerras mundiais devastadoras que colocaram na berlinda as antigas potências imperiais europeias, geraram uma nova ordem mundial e, consequentemente, engendraram transformações internas no que viria a ser chamado de Terceiro Mundo, amplamente diferenciado do Primeiro Mundo (países capitalistas desenvolvidos) e do Segundo Mundo (países socialistas).

O historiador britânico Eric Hobsbawn atribui ao demógrafo francês Alfred Sauvy a origem do termo Terceiro Mundo. Em um artigo publicado em 1952, Sauvy enxergava um terceiro conjunto de países caracterizado pelo subdesenvolvimento, mas partícipe de uma nova fase, marcada por altos crescimentos vegetativos e pela previsibilidade do aumento da expectativa de vida por conta da introdução gradativa de melhorias médicas. Para ele, um "caldeirão humano" que poderia cair na armadilha, a curto prazo, do gasto desmensurado em armas, reprimindo investimentos mais necessários em saúde e educação.

Em 1954, uma publicação da Organização das Nações Unidas (ONU) explicitou o abismo econômico do mundo do ponto de vista quantitativo – América do Norte e Europa, incluindo a então União das Repúblicas Socialistas Soviéticas (URSS), detinham 83% de toda a renda do planeta, mas representavam apenas 32% da população mundial; a renda per capita/ano nos países desenvolvidos era de

US$ 586 (US$ 1.879 nos EUA), contra US$ 65 nos subdesenvolvidos – e estimulou a emergência do conceito de subdesenvolvimento, que acabou se agarrando ao Terceiro Mundo como uma espécie de denominador comum (Lacoste, 1971).

Ancorado na força dos números então expostos e em sua implicação territorial, o geógrafo francês Yves Lacoste (1971) foi além, e afirmou que o subdesenvolvimento é "contemporâneo de duas descobertas": a miséria e a explosão demográfica. Todavia, o mero aparato estatístico não é suficiente para explicar o subdesenvolvimento, um "fenômeno global" ou uma situação complexa que "só pode ser apreendida tomando-se em consideração não somente um único critério, nem um único fator (...), mas uma combinação de fatores" (Lacoste, 1971:22) – tidos por ele como funcionais.

O também geógrafo Alain Musset nos lembra que alguns anos antes, mais precisamente em 20 de janeiro de 1949, o discurso inicial do segundo mandato do presidente dos Estados Unidos, Harry Truman, pode ser considerado a "certidão de nascimento oficial do subdesenvolvimento". "Nessa ocasião, ele apontou a grande pobreza que afetava a metade da humanidade e colocava em perigo não somente os equilíbrios geopolíticos instaurados no dia seguinte à vitória dos Aliados, mas também as perspectivas de crescimento econômico dos 'países livres' em um mundo já em globalização" (Musset, 2009:95). Ainda de acordo com o autor, não se pode perder de vista o nexo político entre tomada de consciência e instrumentalização da noção de subdesenvolvimento a serviço de um "mundo livre" ameaçado pela pobreza e pelo comunismo.

> Descolonização e revolução transformaram de modo impressionante o mapa político do globo. O número de Estados internacionalmente reconhecidos como independentes na Ásia quintuplicou. Na África, onde havia um em 1939, agora eram cerca de cinquenta. Mesmo nas Américas, onde

a descolonização no início do século XIX deixara atrás umas vinte repúblicas latinas, a de então acrescentou mais uma dúzia. Contudo, o importante não era o seu número, mas seu enorme e crescente peso demográfico, e a pressão que representavam coletivamente (Hobsbawm, 2013:337).

De um ponto de vista mais geopolítico, o termo Terceiro Mundo foi aceito na Conferência de Bandung, que em abril de 1955, sob a liderança do egípcio Nasser, do indiano Nehru, do indonésio Sukarno e do chinês Chou En Lai ousou protestar contra a configuração do eixo leste-oeste (ou "eixo da segurança"), que opunha os dois grandes blocos vencedores da Segunda Guerra Mundial. O então Movimento dos Países Não-Alinhados (MPNA), composto substancialmente por nações afroasiáticas recém-criadas, reinvindicava em uníssono por mecanismos institucionais internacionais que garantissem não apenas a sua soberania política, mas também condições suficientes para a garantia do bem-estar de seus povos. Desse modo, temáticas amplas e complexas como igualdade racial, injustiça econômica e liberação cultural ampliaram o escopo do Direito Internacional no pós-guerra.

É nesse contexto explosivo, cindido entre capitalistas, socialistas e um grupo de países que procurava buscar uma alternativa à hegemonia estadunidense e soviética que surgem teorias que corroboram intelectualmente o conceito de Terceiro Mundo, destacando-se duas frentes amparadas pelo chamado estruturalismo: lógica centro-periferia e a teoria da dependência. É vasta a bibliografia desenvolvida com enfoque nessas linhas metodológicas, que na sua essência procuraram compreender os mecanismos da geração e manutenção das desigualdades e assimetrias econômicas no mundo sempre a partir de uma perspectiva histórica. Cabe ressaltar que, já em 1776, Adam Smith subdividia o mundo em "nações selvagens" e "nações prósperas e civilizadas", uma das peças da engrenagem ortodoxa e liberal para a expansão do capitalismo internacional, comandada pela "economia-mundo" tão bem analisada pelo historiador francês Fernand Braudel.

O economista Ladislau Dowbor propõe uma reflexão acerca da visão de Smith: "Como foi que esta linha divisória entre selvagens e civilizados deslocou-se, englobando praticamente num mesmo saco a América Latina, a Ásia e a África, e criando o que hoje se chama o Terceiro Mundo?" E continua: "Hoje, é claro, já não somos selvagens: fomos promovidos a colônias e, mais tarde, a nações" (Dowbor, 1989:7).

Aqui um ínterim, pois cabe lembrar que esta perspectiva história já havia sido colocada por Lênin no que ficou conhecido como teoria do imperialismo. Em contraposição à base neoclássica da teoria econômica do final do século XIX, o revolucionário soviético inseriu pela primeira vez na discussão sobre a evolução das sociedades a problemática da exploração dos povos subdesenvolvidos. Enquanto os neoclássicos analisavam o mundo com base na teoria malthusiana do crescimento demográfico, do progresso tecnológico e da divisão do trabalho de Smith, da formação e utilização do excedente de David Ricardo e na evolução diferenciada dos setores da economia, Lênin, em meio à Primeira Guerra Mundial, observou e ressaltou os fatores estruturais e históricos do desequilíbrio.

A formação dos grandes monopólios, a ascensão do capital financeiro e a espoliação dos recursos naturais das colônias fundamentaram analiticamente a rapina internacional (chamada por ele de "partilha do mundo") que permitia o funcionamento do mecanismo de oferta-procura dos países do Norte (Lênin, 1917).

Cabe ainda ressaltar que a teoria do desenvolvimento desigual e combinado, desenvolvida por Trotsky no início do século XX, é outra referência de grande envergadura intelectual às teorias que décadas mais tarde conformariam o conceito de Terceiro Mundo – embora houvesse algumas distinções para com os chamados "teóricos da dependência". Utilizando a categoria de totalidade do ponto de vista metodológico e enlaçando a análise econômica à sociocultural, Trotsky pretendia alçar as suas ideias como proposição de alcance universal.

"Esta perspectiva mais complexa, não somente econômica e técnica, mas também cultural e política, permite a Trostsky escapar à concepção evolucionista que fazia da história uma sucessão de etapas rigidamente pré-determinadas e de esboçar uma visão dialética do desenvolvimento histórico através de saltos súbitos e de fusões contraditórias" (Lowy, 1995:77). Para ele, a teoria do desenvolvimento desigual e combinado era uma tentativa de explicar as alterações verificadas com o auge da Segunda Revolução Industrial e "dar conta da lógica das contradições econômicas e sociais dos países do capitalismo periférico ou dominados pelo imperialismo" (Lowy, 1995:73).

Teóricos e teorias afirmativas do Terceiro Mundo

De volta ao pós-guerra, o economista e sociólogo alemão André Gunder Frank é tido como um dos criadores da teoria da dependência com o argumento de que a configuração de cadeias metrópole-satélites drena para o centro a mais-valia gerada em cada estágio da produção. Consequentemente, os satélites empobrecem, enquanto os centros acumulam e crescem (Frank, 1971). "Para ele, o sistema capitalista precisa ser visto como um sistema único que estabelece, por meio da própria dinâmica do capitalismo, a contradição entre países exploradores e países explorados. Essa seria a unidade dialética do capitalismo reconhecida a partir da noção de imperialismo" (Vasconcellos, 2013:3).

Em perspectiva analítica refinada, o economista sueco Gunnar Myrdal cunhou o "princípio da causação circular e acumulativa" para explicar o círculo vicioso que retroalimenta o subdesenvolvimento, cuja aplicação conduz qualquer estudo muito além das fronteiras da economia tradicional. "Quanto mais conhecermos a maneira pela qual os diferentes fatores se interrelacionam – os efeitos que a mudança primária de cada fator provocará em todos os outros – mais seremos capazes de estabelecer os meios de obter a maximização dos resultados de determinado esforço político, destinado a mover e alterar o sistema social" (Myrdal, 1965:43).

Adentrando numa visão mais *strictu sensu* da Economia Política, o economista britânico Michael Barratt Brown se vale do conceito de imperialismo para rebater as teses keynesianas sobre o processo de desenvolvimento econômico global. Afirma que o "imperialismo não é um conceito econômico preciso", e que "não pode ser reduzido a um conjunto de modelos de equilíbrio geral" (Brown, 1978:15). E vai além: "Além do mais, embora se possa dizer que a atividade econômica diz respeito à satisfação de necessidades humanas, estas são tanto vastas como variadas. Incluem não apenas os bens serviços que satisfazem nossas necessidades físicas, mas também o dinheiro e o poder" (Brown, 1978:16).

Dinheiro e poder que engendram um conjunto de estruturas políticas e econômicas que ajudam a compreender "o que os homens descreveram como impérios", alicerçados no "impulso para o exterior de certos povos". "O conceito tem estado, portanto, associado a uma relação econômica desigual entre Estados, não apenas desigualdade de grande e pequeno sócios comerciais ricos e pobres, mas desigualdade de dependência política e econômica dos últimos em relação aos primeiros" (Brown, 1978:18).

Outra visão bastante alicerçada em requisitos puros da Economia Política, se assim podemos dizer, foi proporcionada pelo economista russo naturalizado estadunidense Paul Baran. Em artigo publicado em 1952, descreve a exploração e a estagnação como "regra geral" nos países subdesenvolvidos, cujos benefícios com a entrada de capital estrangeiro sempre foram "raros e dispersos". "O capital não emigrou dos países onde sua produtividade marginal era baixa para países onde se supunha ser possível uma produtividade mais alta, ou então, quando isso se deu, foi apenas a fim de extrair lucros dos países atrasados, os quais frequentemente correspondiam à parte do leão dos acréscimos de produto total decorrentes dos investimentos originais" (Baran, 2010:107).

Baran remete à questão das classes para elaborar um arcabouço analítico que vê uma relação direta entre a inserção do capitalismo ocidental e as tensões socioecômicas gritantes dos países subdesenvolvidos. Nesse aspecto, demonstra que a classe média "assimilou os valores políticos, morais e culturais da classe dominante", e que a "burguesia pobre e inexperiente dos países subdesenvolvidos não buscou nada além de se manter acomodada à ordem vigente". Seguindo o seu raciocínio, essa classe média se mostrou incapaz de encarar o desafio histórico de se identificar com as forças populares, abandonando atitudes progressistas e suas clássicas atitudes antiimperialistas e nacionalistas. "A ordem econômica e política, mantida pela coligação reinante das classes proprietárias, invariavelmente se mostra estranha às necessidades mais urgentes dos países subdesenvolvidos. Nem o tecido social se constrói nem as instituições sobre as quais seu poder se fundamenta conduzem ao desenvolvimento econômico" (Baran, 2010:107).

Para o autor existe uma conexão visceral entre o domínio do capitalismo monopolista e do imperialismo nos países adiantados e o atraso econômico e social nos países subdesenvolvidos, que "representam apenas aspectos diferentes do que é, na verdade, um problema global" (Baran, 1984:222). E continua: "Tendo transferido as noções da democracia burguesa para as relações internacionais, proclamou que a 'comunidade mundial' se compunha de países iguais e soberanos, reconhecendo, por essa insistência da condição de igual na igualdade de direitos das potências imperialistas e de suas dependências dos grandes e dos pequenos, dos dominantes e dos dominados, a profunda desigualdade dos povos que habitam, respectivamente, os países adiantados e os subdesenvolvidos" (Baran, 1984:255).

Outro clássico da problemática do subdesenvolvimento é o economista chileno Osvaldo Sunkel, fundador e diretor da agência brasileira da Comissão Econômica para América Latina e Caribe (Cepal), orgão criado em 1948 e ligado à Organização das Nações Unidas (ONU) com o objetivo de problematizar o desenvolvimento regional com a busca de soluções endógenas. O autor lança a questão da ambiguidade entre desenvolvimento e subdesenvolvimento ao colocá-la como um sistema único de estruturas parciais, mas interdependentes. A partir de uma correlação do que chamou de processos de polarização internacional e nacional, Sunkel procura demonstrar as interdependências e suas consequências aos países do Terceiro em relação à estrutura produtiva interna e aos mecanismos nacionais de transferência de renda.

Ademais, analisa o que chamou de "estrutura e superestrutura do sistema econômico mundial", tido como um sistema de poder; "un sistema de dominación y dependencia que ha favorecido en forma sistemática el desarrollo de los países hoy desarrollados y el subdesarrollodo de los paises actualmente subdesarrollados" (Sunkel, 2014:31). Desde uma perspectiva histórica, ou de estrutura, o autor mostra como a expansão do capitalismo mundial, chancelado pelas forças hegemônicas, desencadeou um processo de acumulação e concentração do capital no centro do sistema que, sobretudo ao crescente papel do Estado tanto na economia nacional quanto internacional, teve como resultado o que chamou de superestrutura das relações econômicas internacionais. Seguindo a sua análise, esta seria conformada pelas relações diretas e bilaterais de governo a governo e pelas organizações econômicas multilaterais ou internacionais. Com esses pressupostos, ele corrobora a configuração entre dominação e dependência, correlacionando variáveis ligadas à brutal expansão das empresas multinacionais, cuja integração transnacional seria responsável pela desintegração nacional. Em suma, uma leitura dialética da economia internacional em relação aos ativos fixos do mundo, aos centros de comando e decisão, à geração de tecnologia, ao efeito-demonstração e à restrição das burguesias nacionais no Terceiro Mundo.

> La corporación internacional actúa y planea em términos que están más allá de los conceptos políticos de un Estado-nación. Tal como el Renacimiento del siglo XV trajo consigo el término del feudalismo y de la aristocracia y el papel dominante de la iglesia, el renacimiento del siglo XX está trayendo consigo el fin de la sociedad de clase media y el dominio del Estado-nación. La medula de la nueva estructura de poder radica en la organización internacional y em los tecnócratas que la dirigen (Sunkel, 2014:39).

Contemporâneo de Sunkel, o economista egípcio Samir Amin (1976) também se debruçou exaustivamente sobre a problemática do subdesenvolvimento. O autor, a exemplo dos demais, parte de uma perspectiva histórica para explicar o capitalismo extravertido na periferia. No quesito relacionado à dependência, Amin identifica três níveis – comercial, financeiro e tecnológico –, salientando que os problemas econômicos se originam na balança de pagamentos. Uma perspectiva de autonomia dos países subdesenvolvidos, para Amim, deveria necessariamente contemplar um sistema monetário independente que pudesse controlar as economias locais de pequena escala e políticas de desenvolvimento econômico associadas aos mecanismos de investimento e crédito.

Não podemos deixar de contemplar algumas parcelas da contribuição brasileira, a começar pelo antropólogo Darcy Ribeiro, que nos lembra, de antemão, do vezo europeu à dicotomia arcaico *versus* moderno. "Por isto, suas descrições nada retratam das Américas de ontem e de hoje, com suas populações, primeiro, maciçamente degradadas pelo escravismo e compulsoriamente deculturadas e, depois, marginalizadas do sistema produtivo e imersas numa 'cultura da pobreza'" (Ribeiro, 1983.18).

O autor esclarece, ainda, que a sociologia tem realizado estudos em um plano explicativo – a partir de meras descrições de contrastes – e num plano normativo, com doutrinas desenvolvimentistas indutoras de uma intervenção limitada no sistema econômico. "Operam, assim, como formas ideológicas dissuasórias de qualquer tentativa de diagnosticar as causas reais do atraso e de formulação de projetos intencionais de mobilização popular para o desenvolvimento generalizado a toda a população" (Ribeiro, 1983:19).

O embaixador Samuel Pinheiro Guimarães vê o Terceiro Mundo como um grande amálgama de Estados periféricos, isolados entre si e que se enxergam "pelos olhos vigilantes dos países centrais". Admitindo contrastes e semelhanças entre eles, afirma que recentes ou antigas, homogêneas ou heterogêneas, "todas as sociedades periféricas estão sujeitas ao impacto ininterrupto das ideias, dos costumes e das políticas geradas no centro da sociedade internacional, difundidos pelos meios globais de comunicação." (Guimarães, 2007:21).

Do ponto de vista metodológico, o autor encontra mais semelhanças do que contrastes em um grupo que denominou de "grandes Estados periféricos", países não-desenvolvidos dotados de grande população e larga extensão territorial não-inóspita, e "razoavelmente passível de exploração econômica e onde se constituíram estruturas industriais e mercados internos significativos" (Guimarães, 2007:26). Para ele, nações com grande potencial econômico, científico, tecnológico e militar – como Brasil, China e Índia –, que acabam se distinguindo dos demais países da periferia por serem menos vulneráveis e dependentes das estruturas hegemônicas de poder.

O cientista social Ruy Mauro Marini e o economista Theotonio dos Santos estão entre os chamados "teóricos da dependência", mas um dos principais expoentes sobre as causas do subdesenvolvimento e a configuração de um Terceiro Mundo é o economista Celso Furtado, com larga obra sobre a temática. Em análise a partir do desenvolvimento industrial, Furtado (2009) evoca o papel do imperialismo vitoriano numa primeira fase do desenvolvimento industrial, demarcada pela liberalização do comércio, maciças exportações de capital, funcionamento a plena capacidade da indústria de equipamentos e grande ofensiva comercial internacional. Em um segundo momento, demonstra "a íntima interdependência existente entre a evolução da tecnologia nos países industrializados e as condições históricas do seu desenvolvimento econômico" (Furtado, 2009:159).

Ao estabelecer correlações entre o desenvolvimento industrial desencadeado na Europa com as "estruturas subdesenvolvidas", o autor enfatiza as três direções distintas tomadas por esse "poderoso núcleo dinâmico", que "passou a condicionar o desenvolvimento econômico subsequente em quase todas as regiões da Terra" (Furtado, 2009:160). Em primeiro lugar, destaca a desorganização da economia artesanal pré-capitalista dentro da própria Europa Ocidental. Em seguida demonstra o deslocamento da economia industrial europeia para além de suas fronteiras, "onde quer que houvesse terras ainda desocupadas e de características similares às da própria Europa" (Furtado, 2009:160). E finaliza com a expansão em direção às regiões já ocupadas, sendo que "algumas delas densamente povoadas, com seus sistemas econômicos seculares de variados tipos, mas todos de natureza pré-capitalista" (Furtado, 2009:161).

Ao longo do processo histórico esse contato das vigorosas economias capitalistas europeias com regiões de antiga colonização não se deu de modo uniforme, gerando o que chamou de "estruturas híbridas", ou um tipo de economia dualista que acabou constituindo "o fenômeno do subdesenvolvimento contemporâneo" (Furtado, 2009:161).

> O subdesenvolvimento é, portanto, um processo histórico autônomo, e não uma etapa pela qual tenham, necessariamente, passado as economias que já alcançaram grau superior de desenvolvimento. Para captar a essência do problema das atuais economias subdesenvolvidas necessário se torna levar em conta essa peculiaridade (Furtado, 2009:161-162).

Ainda no campo da economia, Ladislau Dowbor reafirma que os problemas econômicos do mundo subdesenvolvido são específicos e podem ser divididos em dois grandes grupos analíticos: o processo de estruturação da economia e a inserção em meio a um mundo já desenvolvido e um espaço econômico ocupado. "Na realidade, ninguém se ilude: todos sabemos (...) quem está por cima e quem está por baixo, quem dita as regras e quem a elas obedece, quem é o 'primeiro' mundo, e quem é o Terceiro" (Dowbor, 1989:8).

Já o geógrafo Milton Santos rebate veementemente a expressão em desenvolvimento, e afirma que o Terceiro Mundo é um mundo subdesenvolvido, caracterizado por economias deformadas e desequilibradas. "O estudo da história dos países hoje subdesenvolvidos permite revelar uma especificidade de sua evolução em relação às dos países desenvolvidos. Essa especificidade aparece claramente na organização da economia, da sociedade e do espaço e, por conseguinte, na urbanização, que se apresenta como um elemento numa variedade de processos combinados." (Santos, 2008:19).

Ao discorrer sobre as especificidades do espaço nos países subdesenvolvidos, Milton Santos chama a atenção para a categoria de "espaço derivado", que reflete "uma espécie de história espacial seletiva" na qual os "princípios de organização devem muito mais a uma vontade longínqua do que aos impulsos ou organizações simplesmente locais" (Santos, 2009:123). Espaço derivado porque "periférico", e não apenas no sentido consagrado, mas se trata de "uma periferia verdadeiramente periférica" cujas consequências serão duradouras, "como as diferenças de modernização e de desenvolvimento, e os problemas de articulação consequentes a uma dominação interna" (Santos, 2009:124).

Espaço derivado porque "aberto", em que para atender às demandas dos países industrializados "há ocupação de terras tornadas economicamente úteis ou transformação na utilização de algumas delas" (Santos, 2009:124). Espaço derivado porque "seletivo", já que as "variáveis modernas não são todas recebidas ao mesmo tempo nem no mesmo lugar" (Santos, 2009:125). Espaço derivado porque "incompletamente organizado", consubstanciado pela descontinuidade e fracionamento do espaço, que "não é nem completamente organizado pelas vias de comunicação, nem completamente utilizado ou transformado pelo trabalho" (Santos, 2009:126).

Espaço derivado porque descontínuo, "não somente pelo fato de que as zonas 'vazias' sucedem às zonas ocupadas, mas também pelo fato de que as combinações de variáveis podem passar muito rapidamente de uma situação de densidade para uma situação de rarefação" (Santos, 2009:126). Espaço derivado porque "fracionado", "objeto de uma multiplicidade de decisões cuja descontinuidade é responsável por uma soma de influências e de polarizações de toda espécie" (Santos, 2009:127). Espaço derivado porque "não-integrado", pois "as regiões estão sobretudo ligadas a polos exteriores a elas e dotados de um poder de comando indiscutível", fato que se apresenta como "uma das causas da tendência às migrações das zonas rurais atrasadas rumo às zonas rurais modernas ou às regiões pioneiras, tanto quanto do êxodo urbano" (Santos, 2009:128).

Espaço derivado por conta de sua "instabilidade", cujos "elementos de modernização que correspondem à evolução mundial não realizam seu impacto ao mesmo tempo", ou seja, "são defasados quanto às diversas variáveis cuja combinação caracteriza o lugar" (Santos, 2009:128). E finalmente espaço derivado porque "diferenciado", como "resultado de um compromisso entre um *tempo externo* representado pelas variáveis impostas de fora e um *tempo interno* representado pelas variáveis já localmente amalgamadas" (Santos, 2009:129, grifos do autor). A consequência é uma diferenciação do espaço funcional nos países do Terceiro Mundo.

Afinal das contas, o Brasil ainda é um país de Terceiro Mundo?

Após este breve resumo acerca das teorias que geraram e reforçaram a visão do que é o Terceiro Mundo, retornamos à questão inicial – e título deste artigo. Se considerarmos que o mundo no período atual ainda se encontra configurado pela lógica centro-periferia – da qual o Terceiro Mundo aparece como o "elo frágil"; uma espécie de zona muito mais receptora da onda neoliberal globalizante do que o inverso –, é no mínimo razoável inserir o Brasil nesta porção do mundo.

Concebido a partir da América Latina (a periferia mais antiga do sistema capitalista) e dos Estados pós-coloniais que surgiram após a Segunda Guerra, obviamente que o Terceiro Mundo não é e nunca foi homogêneo. E, do ponto de vista metodológico, fica complicado agrupar num mesmo conceito países tão díspares em todos os sentidos – da Gâmbia a Eritreia; do Senegal ao Lesoto; da Malásia a Bangladesh; de Omã ao Laos; do Chile ao México; ou do Brasil ao Suriname.

O que importa, entretanto, não são os indicadores socioeconômicos, os padrões socioculturais da população ou o nível de produção de riqueza. Embora essas questões devam obrigatoriamente adentrar a análise, não podemos nunca perder de vista que existe um denominador comum que entrelaça o Terceiro Mundo em um viés estrutural: um processo histórico que mais desagregou do que uniu, que mais explorou do que construiu, que se moldou mais aos interesses exógenos do que aos endógenos. Em outras palavras, um mundo forjado a partir da dependência do velho mundo imperial e industrial.

> Apesar do evidente absurdo de tratar Egito e Gabão, Índia e Papua Nova Guiné como sociedades do mesmo tipo, isso não era inteiramente implausível, na medida em que todos eram pobres (comparados com o mundo desenvolvido), todos eram dependentes, todos tinham governos que queriam "desenvolver", e nenhum acreditava, no mundo pós-Grande Depressão e Segunda Guerra Mundial, que o mercado mundial capitalista (isto é, a doutrina de "vantagem comparativa" dos economistas) ou a empresa privada espontânea internamente alcançassem esse fim (Hobsbawm, 2013:349 e 350).

E o Brasil não foge à regra. Mesmo tendo alçado uma posição de destaque em muitos quesitos da chamada agenda internacional, ainda é um ator periférico do sistema internacional. Apesar de ter constituído algumas "ilhas de excelência" do ponto de vista tecnológico e produtivo, ainda ocupa um papel subalterno na divisão internacional do trabalho. As grandes empresas aqui constituídas nem de longe obtiveram a envergadura observada nas multinacionais das potências centrais. O mesmo vale para os bancos e para outras atividades.

O fato é que o Brasil se mantém como um país sangrado pelos mesmos problemas estruturais oriundos do período colonial, embora estes hoje apareçam com outros conteúdos e escalas ou até mesmo dispersos em vários matizes. Mas não há o que esconder: praticamente metade da população brasileira vive em condições ainda longe de um nível mínimo de dignidade, com toda a complexidade que esta afirmação enseja em um mundo amplamente caracterizado pela explosão do consumo e pela quantificação da vida.

O padrão do que se pode considerar como básico da vida humana para um desejável avanço físico, moral e intelectual da sociedade – moradia, saneamento básico, saúde, educação e transporte público – demonstra que ainda há muito que ser feito. Queremos chamar a atenção para o fato histórico: forças conservadoras, internas e externas, têm deliberadamente atrasado o verdadeiro desenvolvimento nacional. Este ponto, infelizmente, é uma variável constante no Terceiro Mundo, com poucas exceções. Este é o denominador comum que, segundo o ponto de vista aqui defendido, enxerga a configuração de um Terceiro Mundo e o Brasil como um de seus partícipes. Nessa perspectiva o termo "em desenvolvimento" serve apenas para mascarar a realidade ou iludir àqueles que acreditam que ao Brasil resta apenas a tarefa de seguir o exemplo do Primeiro Mundo, manchado historicamente pelo sangue tirânico do imperialismo. A resolução do problema do subdesenvolvimento exige a busca de soluções endógenas e a superação da dicotomia entre problemas conjunturais e estruturais.

O 'B' de Brasil no centro de uma possível ressurgência do Movimento dos Países Não-Alinhados

Há algo de novo na atmosfera global. Décadas depois da Conferência de Bandung e 20 anos após a infeliz e famigerada tese do "fim da História" levada a cabo pelo estadunidense Francis Fukuyama, ressurge com força um movimento que pode revitalizar algo que ficou perdido no Movimento dos Países Não-Alinhados. Nota-se que rapidamente ganhou força na mídia o acrônimo Bric, cunhado em 2001 por um alto executivo do Goldman Sachs para designar os quatro países emergentes (Brasil, Rússia, Índia e China) com maior probabilidade de se transformarem em potências econômicas a longo prazo. A despeito da ausência de unidade política, geográfica, econômica e diplomática, e do descompasso na busca de objetivos comuns, o fato é que esta "ideia despretensiosa" acabou se transformando em um grupo político efetivo na *reapolitik* deste início de século XXI.

Alguns números bastaram para convencer o *establishment* internacional, com penetração posterior na seara acadêmica, do potencial reprimido do Bric, que representa cerca de 43% da população mundial, 20% da superfície terrestre e 17% do PIB mundial. A pergunta mais comum entre os analistas, sobretudo a parcela que sempre desconfiou da real possibilidade de crescimento do grupo, repousava sobre a capacidade de sua evolução política.

Ocorre que em 2008, na longínqua Ecaterimburgo (cidade russa aos pés dos Montes Urais), registrou-se o Primeiro Encontro Ministerial do Bric. Naquela oportunidade, o documento oficial elaborado afirmou como prioridade declarada do grupo o reforço do multilateralismo e do papel da ONU para a paz e segurança internacional, com defesa explícita de uma reforma do órgão supranacional com o objetivo de torná-lo mais eficiente para enfrentar os atuais desafios globais. Detalhe: a crise econômica ainda não havia sido deflagrada.

No ano seguinte, na mesma Ecaterimburgo e já em meio ao turbilhão da crise econômica desencadeada pela quebra dos *subprimes* no sistema financeiro estadunidense, ocorreu a 1ª Cúpula Presidencial do Bric, fato que gerou um efeito-demonstração de impacto no sistema internacional e com grande repercussão na mídia.

Entre os pontos discutidos, podemos destacar a intenção de atuação coordenada no sistema financeiro internacional, a reivindicação por maior representação nas instituições financeiras internacionais e a efetivação de encontros ministeriais periódicos nas áreas de economia, energia e agricultura.

A 2ª Cúpula Presidencial foi realizada em Brasília, em 2010, e reforçou o apoio ao multilateralismo e alertou para o estágio da economia mundial, vulnerável a incertezas. Os países se comprometeram a manter os esforços nacionais, com destacado impulso aos mercados domésticos, como medida anticíclica para amenizar os efeitos da crise – no caso brasileiro, o Programa de Aceleração do Crescimento (PAC), anunciado pelo então presidente Luiz Inácio Lula da Silva, cumpriu este papel.

A grande surpresa da 3ª Cúpula Presidencial, realizada na cidade chinesa de Sanya, em 2011, foi a admissão da África do Sul como membro do agora Brics. O bloco ainda defendeu o aumento da regulamentação do sistema financeiro internacional, manifestou preocupação com o aumento do fluxo de capitais (sobretudo a emissão desenfreada de dólares por parte do *Federal Reserve*) e voltou a reivindicar maior representatividade na direção de organismos econômicos multilaterais. Ademais, na área da saúde formaram uma coalizão para pressionar os países ricos por maior acesso a remédios para as populações mais pobres, por uma reforma da Organização Mundial de Saúde (OMS) e pelo acesso a tecnologia de ponta para garantir uma produção local de medicamentos. Cabe lembrar que Índia e Brasil são líderes mundiais na produção de genéricos, fato que não interessa às multinacionais que controlam o setor farmacêutico.

Em 2012, na 4ª Cúpula Presidencial de Nova Délhi, foi anunciada a criação de um grupo de trabalho para a efetivação de um banco de desenvolvimento comum, uma espécie de fonte alternativa de financiamento para os chamados "países emergentes". O então ministro da Fazenda, Guido Mantega, falou em "solidariedade financeira", pois os respectivos bancos nacionais de desenvolvimento – apenas a China possui bancos da Agricultura, do Comerciante, de Construção, de Comunicações e Industrial e Comercial – assinaram um acordo para definição de regras gerais para concessão de linhas de crédito em moeda local.

No ano seguinte, a 5ª Cúpula Presidencial, em Durban (cidade portuária do litoral sul-africano), declarou que o bloco obteve consenso quanto à necessidade de criação de um Arranjo Contingente de Reservas (ACR), uma linha de socorro cambial de US$ 100 bilhões (US$ 41 bi aportados pela China, US$ 54 bi, por Brasil, Índia e Rússia em partes iguais, e US$ 5 bi, pela África do Sul) em contraponto ao Fundo Monetário Internacional (FMI).

A 6ª Cúpula Presidencial, realizada em Fortaleza a 10 dias da abertura da Copa do Mundo de 2014, causou alvoroço global com o anúncio oficial do Novo Banco de Desenvolvimento (NBD), ou "Banco do Brics", com sede em Xangai, direitos iguais de voto, capital inicial de US$ 50 bilhões (cotas iguais de R$ 10 bi) e mais US$ 40 bi em garantias. A meta declarada do Brics com este instrumento é a de financiar projetos de desenvolvimento, infraestrutura e programas sociais. O supracitado ACR também foi anunciado oficialmente para empréstimos emergenciais de curto prazo e falta de liquidez.

Em 2015, a 7ª Cúpula do Brics foi realizada na cidade russa de Ufá em uma conjuntura desfavorável aos membros do bloco – queda do crescimento econômico na China, recessão na Rússia, fraco crescimento na África do Sul e crise política e econômica no Brasil –, que acabaram reconhecendo no documento oficial a necessidade de realização de reformas estruturais e ajustes domésticos para manter a rota do crescimento econômico.

Na pauta do Brics consta também a criação de fundos especiais, negociações sobre um mecanismo de comércio em moedas locais, capacidade de coordenação nos foros internacionais e ampliação da cooperação interna em vários setores. Cabe ressaltar, ainda, que em 2010 representantes dos institutos oficiais de estatísticas dos países-membro (naquela ocasião a África do Sul ainda não compunha o bloco) se reuniram na sede do Instituto Brasileiro de Geografia e Estatística (IBGE), no Rio de Janeiro, para discutir a produção de indicadores socioeconômicos comparáveis a fim de harmonizar a divulgação de informações. O resultado, pouco difundido no Brasil, é a publicação anual intitulada *BRICS: Joint Statistical Publication*.

Considerações finais

Neste mundo turbocapitalista globalizado, permanentemente caótico, com crescente escalada de conflitos de toda a ordem, além do já verificado progressivo aumento das desigualdades e da concentração de renda (vide o recente impacto da obra do economista francês Thomas Piketty), é possível vislumbrar algum indício de mudança que possa ser favorável ao Terceiro Mundo? Retomando Trotsky, é possível buscar elementos que corroborem a sua visão do "privilégio dos retardatários", na qual os periféricos se tornariam a vanguarda da transformação seguinte? Ou ainda, na percepção de Milton Santos, é possível prospectar outra globalização, alicerçada em uma consciência universal que coloque abaixo o pensamento único alimentado pelo império das finanças e da informação?

Samir Amin analisa que no período atual existem diferenças similares nos programas e ações de movimentos populares dispersos pelo Terceiro Mundo em luta contra os sistemas de poder vigentes. Para ele, a pauta é ampla, mas concentrada em assuntos como direitos democráticos, direitos sociais, cuidado ecológico, gênero, políticas econômicas e acesso à terra. Para Amim, entretanto, o eixo de solidariedade em prol da mudança deve ser organizado com enlace obrigatório entre África, América Latina e Ásia, cuja luta "puede formularse como la construcción de un frente común contra la globalización imperialista neoliberal desequilibrada" (Amin, 2015:20). Por esse motivo, para o autor, não é possível reconstruir exatamente o modelo de Bandung, do qual a América Latina ficaria alijada por vários motivos.

Para o cientista social chinês Gao Xian, o "espírito de Bandung" não está obsoleto, pois traçou um caminho para o estabelecimento de uma nova ordem política e econômica internacional, que se pretende justa e razoável.

> De hecho, (...) no sólo enfatizó en un mundo de cooperación e integración, sino que también hizo hincapié en las normas universales sobre la soberanía, la justicia, la democracia y el derecho internacional. Ayudó a promover la cooperación Sur-Sur, así como a mejorar las relaciones Norte-Sur. Reflejaba una visión común por la paz, el desarrollo, la cooperación y el beneficio mutuo (Xian, 2015:21).

A cientista política Beatriz Bissio segue em caminho semelhante ao afirmar que os projetos já anunciados pelo Brics permitem traçar um paralelo com as metas – frustradas – do MPNA. Ela vê o Brics como uma alternativa de estrutura de poder sem que haja uma disputa aberta com os poderes hegemônicos, permitindo criar con-

Compreensão da Realidade Brasileira   353

dições para um crescimento global mais inclusivo. "Hoy en día, los BRICS comienzan a modificar las reglas de juego de la macroeconomía mundial simplemente haciendo uso de sus propios recursos y actuando con voluntad política clara" (Bissio, 2015:25). E conclui dizendo que MPNA e Brics são dois momentos, dois estilos e um mesmo objetivo: um ambiente global menos desigual, com oportunidades de desenvolvimento e justiça social para a maioria, em um clima de cooperação e paz.

O malaio Martin Khor (2015:9) é enfático ao afirmar que as batalhas pretéritas que envolveram África, Ásia e América Latina pela descolonização econômica "siguen siendo tan pertinentes y válidas como nunca", mas existe a necessidade de coordenação e cooperação em várias pautas entre os países subdesenvolvidos – que ainda dispõem de interesses comuns a defender e promover.

Milton Santos (2004) nos ensina que há uma transição em marcha, demarcada pela cultura popular, pela conscientização e riqueza da nação passiva, pela centralidade da periferia e pela possibilidade de reversão da globalização atual. Um novo mundo é possível, mas para que isso ocorra, segundo o autor, existe a necessidade de atuação de um bloco revolucionário na humanidade e de efervescência de uma nova consciência de um ser mundo, seguidas de uma grande mutação contemporânea. E essas mudanças, completa Milton Santos, sairão dos países subdesenvolvidos.

De um ponto de vista menos abstrato, acreditamos que um conjunto de variáveis precisará ser assimilado e trabalhado arduamente pelo Terceiro Mundo caso se verifique uma convergência mínima de confrontação aos interesses do Primeiro Mundo – e o fortalecimento e aperfeiçoamento do Brics poderia se tornar uma ferramenta bastante interessante nesse sentido. A ruptura de cooptação das elites e de parte das classes médias pelo centro do sistema é uma delas. A geração de soluções endógenas para a superação dos problemas estruturais é outra, assim como a consolidação dos mercados internos. Mas, para além de fatores estratégicos intelectualmente produzidos, sejam eles de cunho geopolítico, tecnológico, econômico ou cultural, uma questão deve ser colocada como ponto inicial da discussão: o Terceiro Mundo é a grande maioria do planeta, em número absoluto de países e de habitantes. A ampla consciência desse dado, por si só, tem capacidade para potencializar um largo espectro de ações transformadoras.

Referências

AMIN, Samir. "De Bandung (1955 a 2015): viejos e nuevos desafíos". *Revista América Latina en Movimiento*, Quito, ano 39, maio, 2015.

AMIN, Samir. *Unequal development: an essay on the social formations of peripheral capitalism*. Sussex: The Harvester Press Limited, 1976.

BARAN, Paul Alexander. *A economia política do desenvolvimento*. São Paulo: Abril Cultural, 1984 (1957).

BARAN, Paul Alexander. "Sobre a economia política do atraso". In: AGARWALA, A. N., SINGH, S. P. (orgs.). *A economia do subdesenvolvimento*. Rio de Janeiro: Contraponto/Centro Internacional Celso Furtado, 2010 [1952].

BISSIO, Beatriz. "De Bandung a los BRICS: dos estilos, un objetivo". *Revista América Latina en Movimiento*, Quito, ano 39, maio, 2015.

BROWN, Michael Barratt. *A economia política do Imperialismo*. Rio de Janeiro: Zahar, 1978.

DOWBOR, Ladislau. *A formação do Terceiro Mundo*. 11ª edição. São Paulo: Brasiliense, 1989.

FRANK, André Gunder. *Sociologia del desarrollo y subdesarrollo. El desarrollo del subdesarrollo*. Barcelona: Anagrama, 1971.

FURTADO, Celso. *Desenvolvimento e subdesenvolvimento*. 5ª edição. Rio de Janeiro: Contraponto/Centro Internacional Celso Furtado, 2009 (1961).

GUIMARÃES, Samuel Pinheiro. *Quinhentos anos de periferia: uma contribuição ao estudo da política internacional*. 5ª edição. Rio de Janeiro: Contraponto, 2007.

HOBSBAWM, Eric. *Era dos extremos. O breve século XX: 1914-1991*. 2ª edição. São Paulo: Companhia das Letras, 2013.

KHOR, Martin. "El compromiso renovado de Bandung". *Revista América Latina en Movimiento*, Quito, ano 39, maio, 2015.

LACOSTE, Yves. *Geografia do subdesenvolvimento*. 3ª edição. São Paulo: Difusão Europeia do Livro, 1971.

LÊNIN, Vladimir. *O imperialismo, etapa superior do capitalismo*, mimeo (edição francesa e alemã), 1917.

LÖWY, Michael. "A teoria do desenvolvimento desigual e combinado". *Actuel Marx*, Paris, n.18, 1995.

MUSSET, Alain. "De Lênin a Lacoste: os arquétipos espaciais de subdesenvolvimento". RIBEIRO, Maria Teresa Franco; MILANI, Carlos Roberto Sanchez (orgs.). *Compreendendo a complexidade socioespacial contemporânea: o território como categoria de diálogo interdisciplinar*. Salvador: EDUFBA, 2009.

MYRDAL, Gunnar. *Teoria econômica e regiões subdesenvolvidas*. Rio de Janeiro: Saga, 1965.

RIBEIRO, Darcy. *As Américas e a civilização: formação histórica e causas do desenvolvimento desigual dos povos americanos*. 4ª edição. Petrópolis: Vozes, 1983.

SANTOS. Milton. *Por uma outra globalização: do pensamento único à consciência universal*. 11ª edição. São Paulo: Record, 2004.

SANTOS. Milton. *O espaço dividido: os dois circuitos da economia urbana dos países subdesenvolvidos*. 2ª edição. São Paulo: Edusp, 2008 (1979).

SANTOS. Milton. *O trabalho do geógrafo no Terceiro Mundo*. 5ª edição. São Paulo: Edusp, 2009 (1978).

SAUVY, Alfred. "Trois mondes, une planète", *L'Observateur*, mimeo, n. 118, 14 de agosto, 1952.

SUNKEL, Osvaldo. "Desarrollo, subdesarrollo, dependencia, marginación y desigualdades espaciales: hacia um enfoque totalizante". *Eure*, Santiago, 2014.

VASCONCELLOS, Dora Vianna. "Pequenos apontamentos acerca da teoria de Andre Gunder Frank". *Anais do XXIX Congresso Alas Chile*, Santiago, 2013.

XIAN, Gao. "El espíritu de Bandung y la globalización". *Revista América Latina en Movimiento*, Quito, ano 39, maio, 2015.

Sobre os autores

CLÁUDIA ALESSANDRA TESSARI é graduada em Economia pela Universidade Estadual Paulista (UNESP), mestre em História Econômica e doutora em Desenvolvimento Econômico pelo Instituto de Economia da Universidade Estadual de Campinas (IE-Unicamp). É professora associada da Escola Paulista de Política, Economia e Negócios da Universidade Fedral de São Paulo (Eppen/Unifesp), no curso de Ciências Econômicas onde leciona unidades curriculares das áreas de História Econômica e de Formação Econômica do Brasil. Foi editora da revista *História Econômica e História de Empresas*, entre 2012 e 2015, editada pela Associação Brasileira de História Econômica, da qual é membro e compôs a diretoria geral (2015-2017). É autora de *Braços para a Colheita: Sazonalidade e Permanência do Trabalho Temporário (1890-1915)* (2012). Pesquisa temas relacionados à formação do mercado de trabalho, tendo defendido mestrado e doutorado, publicado livro e artigos sobre o assunto.

Claudia Moraes de Souza é graduada em História, mestra e doutora em História Social pela Universidade de São Paulo. É professora adjunta da Escola Paulista de Política, Economia e Negócios da Universidade Federal de São Paulo (Eppen/Unifesp), onde atua na graduação da área Multidisciplinar na unidade curricular "Compreensão da Realidade Brasileira". Atua na pós-graduação interdisciplinar Humanidades, Direitos e outras Legitimidades, da Universidade de São Paulo, desde 2012. Pesquisadora-membro da Academics Stand Against Poverty (ASAP), coordenando no "Chapter Brazil" o grupo de trabalho "Rights to the City!". Pesquisadora membro do Diversitas: Núcleo de Estudos das Diversidades, Intolerâncias e Conflitos da USP. É autora (com Ana Claudia Machado) de *Movimentos Sociais no Brasil Contemporâneo* (1997) e *Pelas Ondas do Rádio: Camponeses, Cultura Popular e o Rádio nos Anos de 1960* (2014). Tem experiência em pesquisa em temas que se interseccionam aos estudos culturais e ao debate das relações Estado e sociedade civil no Brasil, com foco na interação entre atores sociais e instituições políticas abrangendo a temática dos movimentos sociais, resistências culturais e políticas, participação popular, conselhos participativos e formação política.

Daniel Monteiro Huertas é graduado em Geografia pela Universidade Federal de Uberlândia e Jornalismo pela Universidade Metodista de São Paulo, mestre e doutor em Geografia Humana pela Universidade de São Paulo. É professor adjunto da Escola Paulista de Política, Economia e Negócios da Universidade Federal de São Paulo (Eppen/Unifesp), onde atua na graduação da área Multidisciplinar na unidade curricular "Compreensão da Realidade Brasileira". Tem experiência na área de Geografia Humana, com ênfase em Geografia Econômica, atuando principalmente com temas relacionados à circulação, transportes e logística. É autor de *Da Fachada Atlântica à Imensidão Amazônica: Fronteira Agrícola e Integração Territorial* (2009). Em 2015, no XI Encontro da Associação Nacional de Pós-Graduação e Pesquisa em Geografia (Anpege), realizado em Presidente Prudente, a tese de doutorado "Território e Circulação: Transporte Rodoviário de Carga no Brasil" foi premiada com menção honrosa e publicada como livro homônimo em 2018.

Fábio Venturini é graduado em Jornalismo pela Universidade São Judas Tadeu, mestre e doutor em História pela Pontifícia Universidade Católica de São Paulo. É professor adjunto da Escola Paulista de Política, Economia e Negócios da Universidade Federal de São Paulo (Eppen/Unifesp), onde atua na graduação na área da área Multidisciplinar na unidade curricular "Pensamento e Metodologia do Trabalho Científico". Atua nas áreas de história do Brasil e contemporânea, economia política, pensamento marxista e metodologia científica em Ciências Humanas, Sociais e Sociais Aplicadas. Pesquisa as relações de poder no Brasil, tendo como recorte espaço-temporal os períodos pós-1964 e pós-1988.

Flávio Rocha de Oliveira é graduado em Ciências Sociais, mestre e doutor em Ciência Política pela Universidade de São Paulo. Atuou de 2011 a 2015 como professor adjunto da Escola Paulista de Política, Economia e Negócios da Universidade Federal de São Paulo (Eppen/Unifesp), no curso de Relações Internacionais, e atualmente é professor adjunto da Universidade Federal do ABC no curso de Relações Internacionais. Organizou (com Moisés da Silva Marques) o livro *Introdução ao Risco Político* (2014), e tem pesquisado nas áreas de segurança internacional, política externa, estudos estratégicos e análise de risco político.

Ismara Izepe de Souza é graduada em História, mestre e doutora em História Social pela Universidade de São Paulo. É professora do Departamento de Relações Internacionais da Escola Paulista de Política, Economia e Negócios da Universidade Federal de São Paulo (Eppen/Unifesp), na área de Política Externa Brasileira: história e contemporânea. Atua como professora do quadro permanente do Programa de Pós-Graduação em Relações Internacionais da Universidade Federal do ABC (Ufabc). É autora da tese de doutorado *Caminhos que se Cruzam: As Relações Históricas entre Brasil e Espanha*"(2009), e dos livros: *Espanhóis: História e Engajamento* (2006) e *Solidariedade Internacional: A Comunidade Espanhola do Estado de São Paulo e a Polícia Política diante da Guerra Civil da Espanha* (2005). Pesquisa temas relacionados à imigração espanhola, repressão política, relações hispano-brasileiras e política externa brasileira. Entre suas publicações mais recentes estão "Os jornais *O Estado de S. Paulo* e *Folha de São Paulo* diante da Política Externa Independente" (*Monções*: Revista de Relações Internacionais da UFGD, v. 7, n. 13, 2018) e "El peligro rojo: el anticomunismo como fator de acercamiento entre Brasil y España em la década de 1950" (In: FIGALLO, Beatriz. *Desarrollismo, Franquismo y Neohispanidad. Historias conectadas entre España, America Latina y Argentina*. Buenos Aires: Editorial Teseo, 2018).

Julio Cesar Zorzenon Costa é graduado em História pela Pontifícia Universidade Católica de São Paulo, mestre e doutor em História Econômica pela Universidade de São Paulo. É professor associado da Escola Paulista de Política, Economia e Negócios da Universidade Federal de São Paulo (Eppen/Unifesp), no curso de Ciências Econômicas onda leciona as disciplinas de Formação Econômica do Brasil I e II. Atualmente tem se dedicado ao estudo dos processos de integração econômica no Brasil, tendo, por isso, publicado recentemente os artigos: "Núcleos Coloniais Estatais em São Paulo: Instrumentos de Apoio à Acumulação nas Atividades Econômicas Dominantes no Pré e no Pós 1930", em *História e Economia: Revista Interdisciplinar*, volume 15, n. 2, 2015, em parceria com Cláudia Alessandra Tessari, e "Colonização Privada e Oficial no Primeiro Governo Vargas: Integração do Mercado e Desenvolvimento Econômico", em *História Econômica & História de Empresas*, volume 17 n. 1, 2014.

MARCELLO SIMÃO BRANCO é graduado em Jornalismo pela Universidade Metodista de São Paulo e graduado em Ciências Sociais pela Universidade de São Paulo, e é mestre e doutor em Ciência Política pela Universidade de São Paulo. É professor adjunto da Escola Paulista de Política, Economia e Negócios da Universidade Federal de São Paulo (Eppen/Unifesp), onde atua na graduação da área Multidisciplinar na unidade curricular "Compreensão da Realidade Brasileira". É autor de, entre outros, *Os Mundos Abertos de Robert Silverberg* (2004), *Democracia na América Latina: Os Desafios da Construção (1983-2002)* (2007), e organizou as antologias *Assembleia Estelar: Histórias de Ficção Científica Política* (2011) e *As Melhores Histórias Brasileiras de Horror* (2018) – esta com Cesar Silva. Colabora no projeto *Varieties of Democracy*, da University of Gothenburg, como "Brazil Country Expert", e pesquisa sobre instituições políticas, democracia e os processos de democratização no Brasil e na América do Sul.

MURILO LEAL PEREIRA NETO é graduado em História, mestre e doutor em História Social pela Universidade de São Paulo. É professor associado da Escola Paulista de Política, Economia e Negócios da Universidade Federal de São Paulo (Eppen/Unifesp), onde atua na graduação da área Multidisciplinar na unidade curricular

"Compreensão da Realidade Brasileira". É autor de À *Esquerda da Esquerda; Trotskistas, Comunistas e Populistas no Brasil Contemporâneo (1952-1966)* (2002), *A Reinvenção da Classe Trabalhadora (1953-1964)* (2011) e *Olavo Hanssen, uma Vida em Desafio* (2013). Pesquisa sobre a história da esquerda brasileira e sobre as relações de trabalho na indústria no período 1950 a 1980.

Alameda nas redes sociais:

Site: www.alamedaeditorial.com.br
Facebook.com/alamedaeditorial/
Twitter.com/editoraalameda
Instagram.com/editora_alameda/

Esta obra foi impressa em São Paulo na primavera de 2020. No texto foi utilizada a fonte Minion Pro em corpo 10,5 e entrelinha de 15,5 pontos.